Fiches de politique financière de l'entreprise

Rappels de cours et exercices corrigés

Guy Van Loye
Professeur en sciences de gestion IAE de l'université de Lille I

ellipses

ISBN 9782340-004658

32, rue Bargue 75740 Paris cedex 15

www.editions-ellipses.fr

Sommaire

Partie V. Les méthodes d'évaluation des financements : coût, valeur de marché, prime de risque

Partie VI. La politique financière et la valeur de l'entreprise

Partie VII. Quelques approfondissements méthodologiques

Partie VIII. Prolongements : le financement des investissements par la dette ; l'horizon d'évaluation des capitaux propres

Avant-propos

Pour toute entreprise, la politique de financement est une question centrale en étroite liaison avec la problématique de la valeur et la capacité à l'augmenter. Quels sont les déterminants de la politique financière ? Quelles sont ses conséquences sur la valeur ?

Ces questions ne font pas l'objet d'une démarche exclusive. Le sujet a reçu l'éclairage de plusieurs analyses qui, tour à tour, sont venues renouveler son intérêt. L'apport de nouveaux schémas explicatifs permet de procéder à la réinterprétation des décisions financières avec la particularité de puiser des arguments dans des domaines variés de la gestion.

Comprendre la logique d'ensemble qui prend forme pas à pas n'est possible qu'en partant des fondamentaux de la discipline, forcément épurés, avant de traiter des développements venant combler des vides ou des insuffisances. Le mouvement n'est pas achevé.

La finalité du propos est de fournir les grandes orientations des modes de raisonnement et les outils qui leur sont associés. La technicité de certains développements est soulagée par des applications.

La valeur de marche des actifs financiers

L'objectif premier est de circonscrire la valeur des actifs financiers par un ensemble de variables et de liaisons qui constituent autant de maillons de la chaîne d'évaluation.

L'investisseur doit disposer d'une règle d'évaluation commune à tous les actifs financiers, sachant qu'il est placé dans un futur nécessairement incertain. Cette règle établit une connexion logique entre le prix, le risque et le taux de rentabilité.

Le marché doit pouvoir remplir cette mission d'évaluation dans des conditions pleinement satisfaisantes pour que le prix soit juste et la transaction équitable.

Mais les conditions requises pour cerner correctement la valeur sont exigeantes et donc contestables. Leur discussion a fait l'objet de nombreux travaux. En parallèle à leur présentation, l'étude propose de retracer l'évolution historique de la réflexion en finance et de montrer comment sa transformation l'a conduit d'un cadre normatif et parfait, mais comportant des restrictions, à une analyse plus fine du contexte.

La réunion de plusieurs actifs financiers différents

Circonscrire l'analyse à un actif financier isolé et de nature indéterminée permet de mettre à jour des principes généraux d'évaluation. La question est de savoir ce qu'il advient en présence de deux catégories distinctes d'actifs lorsqu'ils sont regroupés pour former la structure financière de l'entreprise : les capitaux propres et les dettes.

Comment procéder au choix des financements et à quelle hauteur fixer la part respective de chacun d'eux ?

Le cadre théorique de base, conçu pour évaluer des actifs isolément, a la particularité de s'appliquer aussi à leur regroupement. Un état de dualité est viable s'il autorise des aménagements dans les proportions de ressources utilisées. En vérifiant que les substitutions sont possibles à l'intérieur de l'ensemble, le modèle établit que tout montage associant des dettes et des actions peut s'équilibrer dès lors que les apporteurs de capitaux obtiennent une juste rémunération pour les risques encourus.

Mais le cadre reste construit sur un référentiel unique et normalisé au prix d'hypothèses simplificatrices. Les opérations sont présumées être réalisées dans un univers parfait et dégagé de toute insuffisance ou manquement, dans le souci de préserver le pouvoir de généralisation du modèle.

Les résultats, pour importants qu'ils soient, ne tranchent que partiellement le problème. Il apparaît clairement que seul l'abandon de certaines hypothèses est de nature à faire avancer le raisonnement. C'est à ce stade toutefois que les fondamentaux de la discipline financière sont posés.

L'élargissement du cadre d'analyse

L'analyse de la valeur est améliorée par la prise en compte de variables supplémentaires qui dépassent la sphère financière et sont extraites de l'observation plus complète du mode de fonctionnement des entreprises.

Dans la recherche d'une meilleure connaissance des entreprises, l'attention se tourne en priorité en direction des acteurs, pour analyser leurs comportements, ainsi que vers les actifs investis, qui sont autant de facteurs porteurs de risques particuliers.

À l'approche technique fondée sur l'unicité de deux titres de financement mis côte à côte, se substitue une analyse approfondie des relations entre acteurs avec deux conséquences. Aux apporteurs de capitaux s'ajoute un troisième intervenant en la personne du dirigeant ou manager. La différenciation à l'intérieur de chaque catégorie de base leur fait perdre leur homogénéité première.

Le changement des structures soulève le problème des capacités d'adaptation d'un mécanisme de substitution présenté plus haut comme efficient.

L'analyse théorique de l'entreprise

Le cadre ainsi élargi s'enrichit par la prise en compte de variables organisationnelles mises en avant par deux courants de pensée. Ces courants apportent une vision d'ensemble de l'entreprise régentée par des règles.

L'apport des droits de propriété à l'analyse des structures d'entreprise :

La propriété de chaque forme de capital, qu'il soit financier ou humain, confère des droits particuliers et est régie par des règles spécifiques qui, une fois réunies, structurent les rapports entre les différents participants. L'analyse des droits du management requiert une réflexion spéciale.

L'apport de l'approche contractuelle à l'analyse des structures d'entreprise :

Tout contrat est conçu pour régler et encadrer les termes précis d'un accord. En généralisant leur présence, l'entreprise apparaît sous la forme d'un nœud de contrats dont les composantes sont hiérarchisées. L'un d'eux est mis en avant par la théorie de l'agence : par mandat, le détenteur d'un droit peut en confier l'exercice à un tiers. En pratique, ce transfert émane de l'actionnaire et échoit au management.

La notion d'assemblage de contrats entre détenteurs de formes complémentaires de capital intègre des éléments nouveaux dans l'analyse des interactions entre participants. Il est admis que les dispositions de tout contrat peuvent buter sur des limites de rationalité.

La présence d'imperfections d'origine contractuelle dans un contexte animé par la recherche de l'intérêt privé et marqué par l'exercice d'un pouvoir discrétionnaire est une source potentielle de différends. La gravité de ces dysfonctionnements est à discuter selon les circonstances pour pouvoir appliquer ensuite les remèdes adéquats.

La politique financière de l'entreprise

L'analyse des groupes d'acteurs, considérés dans l'exercice de droits de propriété, permet de mieux cerner les variables explicatives de leurs comportements. Vue sous cet angle, la structure financière est mise sous l'influence du jeu de leurs intérêts.

Les critères d'utilisation des financements sont à considérer de près pour commencer. Les capitaux ont pour mission première la réalisation des investissements nécessaires au bon fonctionnement des activités. Mais se limiter à ce point de vue occulterait les droits de gestion qui leur sont attachés, outre le fait qu'ils peuvent être délégués.

Chaque financement (actions, dettes) obéit à des règles qui lui sont propres et prévoit les conséquences du non-respect des obligations exigées en contrepartie. On perçoit ainsi sans mal l'autre fonction qu'il est possible de lui faire endosser : celle d'agir sur les modes de gestion et d'interférer sur les comportements. On parle, à cet effet, de modes de gouvernance attachés aux capitaux. En d'autres termes, un financement peut être appréhendé comme le point d'appui des relations entre acteurs.

Ces quelques remarques préliminaires convergent vers le besoin d'une étude plus complète des risques pour en considérer d'autres formes. Ils sont chacun porteurs de coûts spécifiques.

Sur le volet des investissements, il convient tout d'abord de se pencher plus attentivement sur le risque venant de la nature des actifs, sur les situations de restructuration et les périodes de difficulté. La détresse financière conduit à considérer les situations terminales, où les possibilités de sortie deviennent l'enjeu majeur. Elles dépendent de la valeur récupérable des actifs ou de leur valeur de redéploiement en cas de réorientation des activités.

Sur le volet des relations entre groupes d'acteurs, l'analyse du risque s'oriente plutôt vers la connaissance des biais comportementaux. C'est ce point relatif aux rationalités qui sera le plus développé.

Le positionnement dans une logique d'acteurs montre en particulier que les financements (actions et dettes) confèrent des prérogatives décisionnelles à leurs titulaires et sont des instruments d'exercice du pouvoir et de contrôle.

Toutes les parties prenantes, guidées notamment par des préoccupations différentes en matière de prise de risque, peuvent entrer mutuellement en conflit.

Ainsi, une friction apparaît-elle comme source de tension préjudiciable pour certains, tandis qu'elle constitue une opportunité d'enrichissement pour d'autres. Cette altération des relations vient du fait que tous les financements n'ont pas des facultés d'ajustement identiques.

L'éventualité de la présence de catégories lésées a une double conséquence : des risques de redistribution de richesse d'un côté et des décisions de réalignement des positions de l'autre. Les opérations financières font partie intégrante de ces deux enjeux.

En résumé, l'approche financière se montre plus soucieuse de la complexité des relations et donne une autre inflexion à ses modèles. Elle s'éloigne de l'idée de perfection obtenue au prix d'une forte abstraction du raisonnement.

L'analyse plus poussée des fonctions des financements est de nature à changer le cours de la démonstration. En effet, aussi longtemps que l'on raisonne sur des contrats exclusivement financiers où les ajustements sont présumés parfaits dans la dualité restreinte aux actions et aux dettes, il n'y a pas de motif probant pour manifester une quelconque préférence en faveur d'une combinaison des financements plutôt qu'une autre.

Il en va différemment en présence de frictions dans la conduite des opérations financières. Elles compromettent l'harmonie des relations et mettent à mal la logique des montages parfaitement équilibrés et régulés.

Selon le type de frictions, certains financements s'avèrent mieux adaptés que d'autres. Ils seront préférés comme outils de gestion et de contrôle pour les corrections qu'ils permettent d'instaurer. La connaissance des imperfections contractuelles devient l'élément fort de la détermination de la structure financière.

Mais il y a d'autres explications en matière de politique financière. L'une d'elles met en avant la fonction informative des financements. Selon le caractère favorable ou défavorable du signal envoyé aux investisseurs par la décision d'émettre un financement plutôt qu'un autre, la théorie parvient à établir un ordre de préférence général et de classement des ressources.

La mise en pratique

Cet autre volet s'attache à développer les aspects techniques de la politique financière au travers des formules, méthodes d'évaluation et modes de calcul en vigueur, dans la limite des domaines où une quantification est possible.

Deux points de vue symétriques sont mis en parallèle : celui des apporteurs de fonds qui recherchent une certaine rentabilité et celui de l'entreprise qui a en charge de la rendre possible. La politique financière n'est qu'une composante d'un problème plus vaste si l'on considère son impact sur les actifs de l'entreprise par le choix des investissements.

Dans un cadre statique, l'accent est mis sur l'emploi de deux mécanismes centraux : le levier financier et le coût du capital de la société, ce qui implique le retraitement de certaines données. Parmi les travaux préparatoires, se trouve la mise en forme adéquate du bilan. L'homogénéisation préalable des financements aux conditions du marché est indispensable pour aboutir aux deux seules catégories requises par les modèles (les capitaux propres et la dette).

Cette analyse met en évidence le rôle décisif d'un facteur externe à l'entreprise dans le choix de ses financements : la fiscalité et la capacité à réaliser des économies d'impôt. L'étude débouche sur le calcul de la rentabilité des investissements en privilégiant la méthode de la valeur actuelle nette (VAN).

Dans un cadre dynamique, toute société a pour objectif légitime de réduire le coût du capital par la recherche d'un taux d'endettement cible. L'étude intègre la réalisation des changements de politique financière et ses effets. Ils se traduisent par la nécessité d'ajuster toutes les composantes du coût du capital. Techniquement, il s'agit de reconstituer un univers mis provisoirement à l'abri de l'impôt pour convertir les exigences de rentabilité aux nouvelles conditions de risque. Cette voie s'ouvre aussi sur une autre méthode d'évaluation des investissements : la VAN ajustée.

Les précautions méthodologiques qui entourent ces transformations sont présentées, en particulier au regard du mode de traitement des impôts.

Fiche 1

La valeur des titres financiers

I. La valeur, un phénomène de marché

II. Le risque

III. Les stratégies face au risque

Mots clés

Valeur de marché, prix, risque, prime de risque, taux de rentabilité, aversion au risque, *trade-off*.

Le thème central traite d'une préoccupation majeure : celle de l'origine de la valeur attribuée aux actifs. À terme, il s'agit de procéder au choix des investissements.

Ce thème traverse l'ensemble de la discipline financière et est indissociable de l'existence d'un marché. L'analyse de la valeur met en œuvre des concepts et des outils souvent complexes. Pour cette raison, il est souhaitable de commencer par présenter, en plusieurs volets, les grands principes fondamentaux et généraux d'évaluation d'un actif financier.

I. La valeur, un phénomène de marché

Pour guider les agents dans leurs choix, le marché présente l'avantage de fournir un cadre de référence de premier plan. Aux conditions qu'il édicte, la valeur de marché est celle que donne l'ensemble des participants par confrontation entre une offre et une demande. Si la valeur est une expression du marché, celle-ci est une construction collective. Dans ce qui suit, l'analyse des choix économiques est volontairement simplifiée.

A. Le marché : un gisement d'alternatives

Face à un projet donné, l'agent recherche une autre solution en guise d'alternative (la voie susceptible de rendre le même service ou d'offrir un usage similaire) pour établir des comparaisons. C'est cette alternative qui confère, ou au contraire retire, de la valeur au projet examiné selon qu'il offre une solution meilleure ou au contraire inférieure.

L'alternative idéale se trouve sur le marché dont la vocation est de les rassembler en grand nombre.

Par conséquent, si l'on considère l'aspect plus global des choses, les ressources doivent pouvoir circuler d'une alternative à une autre. Pour satisfaire cette condition, cela implique que ces mêmes ressources aient de la valeur en dehors de leur emploi actuel.

À cette fin, les valeurs doivent être connues. L'une des missions essentielles du marché est de déterminer la valeur des actifs qui y circulent. Cette fonction s'exerce pleinement si elle est complétée de deux autres conditions. L'interconnexion doit être la plus large possible. En ce sens, une structure ouverte offre de gros avantages par rapport à une structure fermée. Dans l'idéal, les choix s'effectuent dans un gisement complet, composé de titres en très grand nombre. Mais pour autant, et c'est le second aspect, le choix des agents n'est pas confronté à l'ensemble du marché. La question est de déterminer le lieu de comparaison et de définir précisément sur quel segment cible se positionner et quels sont ceux dont on va se désintéresser.

B. Le rôle des transactions

L'essence du marché est l'échange. Pour parvenir à réaliser des choix entre actifs et les modifier au gré des circonstances, il faut passer par une transaction. Cette opération de base nécessite la présence d'un autre agent, appelé contrepartie, motivée par des choix différents et, en termes financiers, la disposition d'une liquidité suffisante.

Le marché est animé par un mécanisme de recherche de l'équilibre qui s'exerce par le prix. Le principe de base est que tout actif doit être détenu. Quel que soit le marché, il y a une place pour tout bien en fonction de son degré d'attraction. Ce n'est en définitive qu'une question de prix et celui-ci s'établit au niveau où il est jugé équitable.

C. Le prix : une valeur actuelle de flux risqués

Certains actifs peuvent se révéler plus intéressants que d'autres, sans indiquer pour le moment d'où peut venir cette qualité. Le mécanisme de formation des prix peut être présenté de manière plus détaillée.

Le prix observé pour un actif dépend de plusieurs facteurs, à savoir les revenus futurs auxquels il est possible de prétendre et le risque qui les accompagnent. Comme l'avenir n'est pas certain, l'investisseur ne dispose que de prévisions et l'état de risque est donc naturel. On ne préoccupera pas pour l'instant des origines du risque, ni des attitudes qu'il suscite.

Il en ressort une liaison fondamentale indiquant que le prix d'un actif est une fonction du risque associé à ses revenus futurs, lequel est élevé au rang de critère commun d'évaluation.

L'intérêt supplémentaire de la démarche est de graduer le risque sur une échelle. Une telle différenciation est fondamentale : le risque est plus ou moins élevé et s'étalonne sur des niveaux à l'égard desquels les individus manifestent plus ou moins de tolérance. Les projets ont des taux de risque différents exprimés en classes. Il est donc courant de constituer des segments entre lesquels les agents se déplacent moyennant compensation.

II. Le risque

Le marché est le lieu préférentiel de comparaison de la performance d'un actif aux autres alternatives, mais à la condition d'appartenir à la même famille. Pour garantir l'efficacité des comparaisons, le raisonnement n'a de sens qu'à l'intérieur de classes de risque homogènes.

A. La segmentation du risque

On distinguera d'abord deux situations extrêmes, selon qu'il y a ou qu'il n'y a pas de risque attaché aux revenus futurs. Le premier cas sera abondamment étudié par la suite.

1. Un point d'origine sans risque

Le propos commence par un paradoxe : l'existence d'un point remarquable de risque zéro. C'est une proposition majeure en finance que d'identifier un point réputé sans risque, sachant qu'il procure malgré tout un revenu positif. On parle de taux de rentabilité sans risque (RF ou *risk free*) pour indiquer que les revenus de cet actif particulier sont assurés quel que soit le sens des événements. Un tel produit suscite quelques commentaires.

Le premier constat est que le taux sans risque servi, en quelque sorte, à un actif garanti est faible. Fournir un revenu sûr ne peut se faire que si le taux de rentabilité est réduit d'une prime d'assurance. Pour rentabiliser un tel placement, il ne faut compter que sur la valeur-temps de l'argent (accepter d'attendre) et sur l'importance du capital placé (mais il peut être contingenté). Tout ceci verrouille les capacités du montage à produire de la richesse.

Le second constat est que la faiblesse du taux sans risque permet de le retenir comme référence de taux minimum du marché. On admet ainsi qu'il y a place, dans toute situation, pour une exigence minimale de rentabilité. Pour s'en écarter, il faut compter sur d'autres moyens aptes à apporter quelque chose en plus : c'est la prise de risque. Celle-ci indique que si l'on veut de hautes performances, il faut accepter concomitamment les moins bonnes, sans possibilité de les refuser.

En conclusion, le taux sans risque est le point de départ de toute évaluation. L'échelle du risque a un point zéro pour origine. Ensuite, la logique semble s'imposer naturellement : il suffit d'une règle de correspondance entre le risque et la prime qui vient en complément, sans indiquer pour le moment comment s'établit cette échelle.

2. La prise de risque

La présence du risque est nécessaire pour pouvoir prétendre à des placements plus lucratifs. Le calcul de l'investisseur est simple : s'il opte pour des revenus plus élevés, il renonce à des flux assurés (service qui se paye de leur relative faiblesse), tout en acceptant le désagrément de leur baisse (le prix d'une certaine variabilité).

L'essence du risque est la volatilité. Elle délimite un espace de variations dans lequel s'inscrivent les flux futurs. Les investisseurs reconnaissent qu'ils peuvent évoluer dans deux directions opposées : l'une favorable et l'autre défavorable, mais se décident avec l'espoir que les flux s'orientent uniquement dans le sens qui leur est propice. Pour cela, il faut des actifs dont les résultats sont contingents, c'est-à-dire variables à la hausse et inévitablement aussi à la baisse.

En présence d'un risque positif, on dispose de deux modes d'expression de son rôle.

B. La compensation du risque par le prix

Comme on l'a vu, l'évaluation des actifs s'effectue selon un mécanisme externe à la firme, car l'objectif du placement de capitaux dans une opportunité donnée est de faire mieux que sur le marché choisi comme référence.

Le risque en est la variable-clé. Plus il est élevé, plus les investisseurs éprouveront des réticences à investir sauf si, comme on va le voir, la compensation fournie en fonction des perspectives de revenu est jugée satisfaisante.

Ce phénomène de portée générale s'exprime par deux règles qui énoncent de manière concordante que le risque est un facteur de dévalorisation du prix et d'exigence accrue de rentabilité. On dispose ainsi d'un mécanisme d'ajustement du prix où le risque se mesure par un taux majoré d'une prime variable. Selon le degré d'incertitude qui dévalorise plus ou moins l'investissement, le taux d'actualisation sera plus ou moins élevé.

Le système ainsi décrit est soumis à une condition d'efficacité : en principe, rien ne doit échapper au calcul effectué par la méthode d'évaluation financière. Il n'y a pas, en particulier, de « cadeau gratuit » réalisable sur la plus petite parcelle de risque. Le principe de base est que l'on paye les actifs avec justesse.

1. La liaison entre le prix d'un actif et le risque

L'investisseur est sensible au profil de ses revenus futurs. Il en rend compte par le prix qu'il accepte de payer. L'idée de base est que, si les flux à venir d'un actif sont incertains, on ne consentira pas à payer le même prix pour l'acquérir que s'ils avaient été certains : il vaut moins. On peut même avancer qu'il vaudra d'autant moins qu'il est plus risqué. Le prix est lié au risque selon une relation négative et prédictive.

La préoccupation de l'investisseur est donc d'ajuster au mieux le prix qu'il est disposé à verser à ce qu'il espère percevoir.

Le risque est un facteur de moindre prix. En conséquence, il n'est pas, en soi, une source de perte mais plutôt de compensation.

2. Les différentes notions de taux de rentabilité

La relation précédente entre le risque et le prix peut, à son tour, être déclinée en termes de taux. Par application du principe d'actualisation, le prix n'est rien d'autre qu'une valeur actuelle de flux à venir escompté à un taux qui en mesure le risque.

Le prix est certes la statistique centrale des échanges mais, par souci de commodité et pour faciliter la communication, il est d'usage de travailler sur des taux même si la transposition est délicate. On ne peut ignorer, en effet, que la notion de taux est complexe au point de revêtir plusieurs significations.

Cette remarque conduit aussi à introduire une nuance entre actif physique et actif financier.

Si l'on considère un actif physique (un investissement) dont le coût initial est connu, il est possible de déterminer le taux de rentabilité réalisé (*realized rate of return*) à partir de la série des revenus dégagés. Ce taux est propre à chaque projet.

Pour mieux cerner la question, il convient de remarquer dès à présent que l'évaluation est souvent conduite directement sur un actif financier (supposé unique et indéterminé pour l'instant), parce qu'il est au passif du bilan l'image de l'actif physique et parce que sa valeur dépend des performances réalisées.

Or, les investisseurs ont accès au marché où ils disposent d'une large palette de placements financiers. Comme ils forment des prévisions sur un investissement en projet, ils s'intéressent au taux de rentabilité du placement alternatif et de même risque qu'il pourrait obtenir sur le marché. C'est le taux de rentabilité exigé (« *required rate of return* »). On peut le présenter comme le minimum qu'un agent doit obtenir pour accepter de réaliser un investissement, ou comme un coût d'opportunité qui indique ce à quoi il est renoncé. C'est le marché qui lui donne cette référence.

3. Le prix d'un actif financier est fonction du taux du marché

Il y a deux notions de valeur pour un même actif. Cette dualité est en apparence troublante.

L'une des deux notions est comptable et correspond au coût d'achat des investissements. L'autre est financière et découle d'un processus d'actualisation des flux de liquidités futurs. Cette méthode est importante car elle apporte des informations supplémentaires sur les performances attendues. En effet, travailler sur les valeurs futures est l'application d'un principe de bon sens selon lequel un actif vaut ce qu'il rapportera à l'avenir. Ce n'est donc pas la valeur d'achat qui compte en soi, mais sa comparaison avec une série de flux attendus. La valeur financière fait office d'inconnue et demande des éclaircissements.

On rappelle que l'échelle du risque entraîne des exigences différentes de rentabilité selon les placements. Pour connaître le taux qui convient au projet envisagé, on regardera sur le marché celui que l'on pourrait obtenir pour le même risque sur les solutions alternatives.

Disposant du taux de marché et de l'estimation des flux futurs de l'actif, on en déduit sa valeur actuelle, telle qu'elle ressort de la tarification du marché. C'est sa valeur de marché.

L'étape suivante consiste à estimer la performance de l'actif physique par la comparaison entre sa valeur de marché (« *market value* ») et son prix d'achat (« *book value* »), qui est une donnée. Finalement, l'opération est intéressante si la valeur de marché est supérieure à la valeur comptable, ce qui indique que le taux de rentabilité réalisé par l'actif est supérieur au taux de marché exigé pour le risque. En un mot, la valeur actuelle nette (VAN) de l'actif physique est positive (des calculs détaillés sont réalisés plus loin).

Cette question comporte une autre face, car le mécanisme n'est pas encore parvenu à son terme si l'on considère que le titre financier correspondant est confronté à la réalité des transactions. En termes de marché, si les résultats d'un actif physique sont attrayants, il suscitera, sur l'autre versant, une demande excédentaire du titre financier, provoquant ainsi une augmentation de sa valeur marchande. Le prix s'accroît. En d'autres termes, si le prix monte, le rendement de la transaction est de plus en plus bas, puisque l'on paye de plus en plus cher pour avoir des revenus donnés.

Les principes généraux qui régissent les liaisons entre le risque, le prix et le taux sont maintenant connus. Il reste à savoir comment les agents parviennent à personnaliser leur position, avant de poursuivre par la question de la mesure du risque.

Chaque individu a la possibilité de définir sa politique de gestion du risque, ce qui suppose connu les comportements, au moins génériques, que l'on adopte à son égard.

III. Les stratégies face au risque

L'état de risque inspire auprès des agents des attitudes et des comportements supposés généraux. L'hypothèse la plus largement admise est celle de l'aversion (*risk adverse*). Mais elle est à nuancer selon les individus, ce qui présente l'avantage d'introduire un facteur de variation. Il reste à considérer les modes de gestion de cette préférence. Toutefois, l'analyse doit tenir compte du fait que le risque est indispensable, comme facteur de création de richesse.

L'ajustement au risque fournit la réponse à la réunion de ces deux éléments en apparence contradictoires. Il opère toujours dans un cadre collectif, c'est-à-dire sous la condition d'un marché concurrentiel.

Les travaux théoriques ont, pour leur part, mis en évidence le cadre et le mécanisme d'ajustement. La gestion du risque s'obtient par l'association d'actifs au sein de portefeuilles, une unité de raisonnement faute de laquelle les acteurs seraient fort démunis de moyens d'action.

À ce niveau, on découvre deux résultats pratiques intéressants : le risque est accepté, mais il a un prix (la liaison est énoncée par le principe du *trade-off*) et la quantification du risque est possible par l'usage d'un facteur unique (le modèle de marché fournit l'argumentaire).

A. La réduction du risque

Le risque occupe une position centrale dès lors que l'on se projette dans l'avenir et parce qu'il inspire un comportement général : les individus essayent de le réduire. Cette attitude est fondamentale car elle indique la direction dans laquelle s'engagent les efforts.

Il convient tout d'abord de s'attarder sur le sens à donner au terme de réduction. On peut chercher à réduire le risque le plus possible vers zéro. L'absence totale de risque n'est pas un état naturel, mais on sait qu'une aversion extrême à son égard conduit à rechercher des moyens propres à l'annuler, ce que permet l'acquisition d'un actif sans risque. Dans une autre optique, on cherche à réduire le risque autant que possible, pour un résultat donné. C'est le principe, bien plus intéressant, de la recherche de l'efficience.

L'intérêt de ce dernier cadre est de retenir l'idée selon laquelle certains acceptent de prendre du risque car il est indispensable pour accroître la richesse. Mais accepter plus de risque n'empêche pas de le réduire si on en a la possibilité. Par suite, la stratégie décrite n'est pas celle de l'élimination du risque, mais de sa rémunération adéquate : préférer moins de risque à plus de risque pour un résultat donné. En d'autres termes, on ne prend pas de risque inutile s'il y a moyen de l'éviter pour le même résultat. Il s'agit d'une stratégie d'ajustement de la rémunération.

Si la stratégie générale est identifiable assez clairement, elle peut être atteinte par des moyens variés. Pour simplifier la présentation, on posera que la gestion du risque s'appuie sur un double levier : la recherche de la nouveauté au travers des investissements en actifs d'exploitation ; la recherche des instruments financiers qui sont de nature à moduler le risque autant que possible, sinon à en obtenir la rémunération adéquate.

1. L'exposition au risque d'exploitation par le choix des investissements

La question permanente est de savoir comment procéder pour dégager de la valeur. Il y a certainement de multiples réponses, mais toutes établissent un lien avec la prise de risque, elle-même étroitement associée à la notion de nouveauté. La conclusion est qu'il est nécessaire de prendre des risques dans une activité (ex. par l'innovation) pour créer de la valeur.

Pour autant, si le moteur de la richesse est l'investissement, il ne peut pas être n'importe lequel. Dans cette distinction délicate, c'est encore le marché qui sert de référence. Or, celui-ci ne repère et ne récompense que les activités véritablement valorisables et reconnues comme telles. Cette sélection élimine beaucoup de projets de rentabilité normale, qui peuvent être certes prenants, mais n'en demeurent pas moins sans possibilité de reconnaissance financière particulière, parce que de performance conforme au niveau exigé. Tout est question de supériorité, d'inédit et d'originalité.

Pour gérer le risque, on dispose de montages financiers dont l'objet est d'ajuster le risque qui se trouve à la base de toute opération d'exploitation.

2. La modulation du risque par le choix des financements

Placer le financement au côté des investissements fournit une vue d'ensemble de la prise de décision et permet de démontrer l'absence de séparation entre ces deux aspects. Le fait de raisonner sur le bilan dans sa globalité et de l'analyser par les valeurs financières (cf. *supra*) apporte l'expression visuelle des liaisons entre un actif et un passif.

On y trouve aussi d'autres avantages. En effet, comme les actifs investis sont à l'origine du risque et de la valeur, le financement apporté à l'entreprise n'a lui même de valeur qu'au travers de l'actif qu'il permet de mettre en œuvre. Les ressources financières se valorisent au risque des investissements.

La prise en compte du financement, comme estimateur de l'intérêt des projets, se justifie aussi pour d'autres raisons. L'une d'elles a trait à sa visibilité : les investisseurs préfèrent orienter leurs observations vers les éléments du passif, auxquels ils donnent les vertus d'évaluateur, plutôt que vers les actifs physiques, nombreux et souvent mal connus de l'extérieur.

Si la valeur arrive par l'actif, elle se transmet intégralement aux titres financiers. Associer plusieurs catégories de capitaux ne change pas fondamentalement le problème. Un mode de financement garde la valeur des actifs qui lui sont adossés, ce qui est vrai s'il est unique et le demeure collectivement, s'ils sont plusieurs et de nature différente. La différence vient du partage des revenus des actifs entre les diverses catégories de participants.

Cette dernière situation apporte toutefois des éléments nouveaux. En effet, dans ce cas, la règle de répartition devient essentielle pour justifier des différences dans l'exposition au risque. Les rémunérations vont à plusieurs catégories d'apporteurs qui ont la possibilité de se distinguer par leurs préférences. Ils les manifestent en se rangeant dans deux cadres préétablis qui sont, pour simplifier, celui des preneurs de risque et, pour l'autre, ceux qui sont plutôt adverses au risque.

Le résultat intéressant et supplémentaire est que la modulation du risque selon les catégories peut s'effectuer par le type de financement apporté. On reviendra plus en détail sur cette idée d'ajustement au risque par les capitaux choisis. Cette adaptation aux préférences, permise par la modularité entre financements, montre que l'on peut obtenir une certaine diversité dans l'exposition au risque, même à partir d'une situation unique imposée par les actifs.

En résumé, tout financement prend la valeur de l'actif. Mais l'association de deux financements permet de répartir le risque.

3. La recherche d'un compromis

Le risque est un phénomène fondamental, naturel et omniprésent. Il est inhérent à toute décision mais a aussi pour caractéristique d'être gradué, ce qui permet de l'aborder en termes de classes.

Le risque contient en parallèle une dimension comportementale en inspirant des attitudes générales. Les agents ne lui sont pas indifférents. Le comportement typique est celui de l'aversion au risque, mais son intensité est différente selon les individus. Théoriquement, la gamme des préférences possibles a toute chance d'être large.

Les agents préfèrent moins de risque à plus de risque. La solution est de l'accepter moyennant une compensation adaptée. Si les préférences en matière de risque s'étalent sur une échelle graduée et selon une certaine continuité, il est possible de proposer en parallèle une palette complète de solutions aptes à les satisfaire. Cela équivaut à établir une règle de correspondance entre le risque et son rendement (ou son prix), valable en tous points de l'échelle. Ce mécanisme d'échange porte le nom de *trade-off*. Comment opérationnaliser cette liaison, sans fournir un résultat formel pour l'instant ?

Les travaux vont dans le sens de l'établissement de deux relations : une liaison positive entre le risque et le taux de rentabilité exigé ; une liaison négative entre le taux exigé et la valeur.

B. Le *trade-off*

Ce mécanisme, que l'on notera désormais TO, fournit deux versions complémentaires des correspondances entre le risque et l'ajustement qu'il provoque.

1. La liaison entre le risque et le taux de rentabilité

Le risque s'exprime par le taux de rentabilité exigé. Ce dernier est l'instrument de compensation mis au service du comportement général d'aversion face à l'incertain. La liaison entre ces deux éléments est résumée par le principe du « *trade-off* » qui met en évidence l'idée d'arbitrage. Il dit que les investisseurs ne sont pas indifférents au risque et qu'ils demandent une contrepartie pour l'assumer. Selon le cas, si l'on veut plus de rentabilité, il faut accepter de prendre plus de risque et, à l'inverse, on tolérera moins de rentabilité en échange d'un moindre risque.

Il faut bien comprendre : les agents préféreraient les hauts rendements et les bas risques. Mais il est impossible d'avoir les deux en même temps, parce que c'est ce que tout le monde désire. Il convient donc de faire des choix entre alternatives. Certains vont devoir se déplacer. De plus, il faut bien que tous les titres soient détenus quelque part. C'est le marché et la concurrence qui expliquent le reste. Elle explique le TO risque-rendement en forçant les individus à faire des arbitrages sur ces deux variables.

2. La liaison entre le taux de rentabilité et la valeur

Le principe du TO s'examine aussi en termes de valeur ou de prix. Or ce dernier est, on le sait, un phénomène de marché. Le marché est un système de confrontation d'une offre et d'une demande, gouvernées par des ordres de vente et d'achat, où l'opération de base est la transaction et où les ajustements s'effectuent par les prix.

A priori, sur un marché, il faut bien reconnaître qu'il y a des titres intéressants et d'autres qui ne le sont pas. Mais il est important de rappeler qu'à partir du moment où ils sont émis, il faut bien que quelqu'un les détienne, même en cas de moindre attrait. Cette situation est inévitable car les investisseurs ne peuvent pas détenir uniquement les titres les plus attrayants. Face à cela, il faut un mécanisme spécial qui apporte la solution.

Quel est le sort des titres dont, pour simplifier l'idée, personne ne veut ? Ce sont des titres à risque élevé, compte tenu de ce qui a été dit à propos du goût des investisseurs. Le marché permet malgré tout de les échanger mais à un prix relativement bas. Il le sera suffisamment pour offrir à ceux qui le détiennent un taux de rendement élevé. Ce dernier n'est compatible qu'avec un risque élevé.

Symétriquement, qu'arrive-t-il aux titres dont, dans le même souci de synthèse, tout le monde veut ? Ce sont des titres à risque faible. Très demandés, ils seront échangés à un prix élevé mais à ce niveau le rendement sera faible.

Le TO rend compte de l'impossibilité d'obtenir le double avantage tiré simultanément d'un haut rendement et d'un risque réduit. Il impose un choix entre l'un et l'autre en raison de la concurrence qui règne sur le marché.

En conclusion, c'est le risque qui fait le caractère plus ou moins désirable d'un titre. Un actif peut présenter un risque élevé : moins demandé, le prix baisse, ce qui accroît le rendement. Un autre actif peut présenter un risque modéré : très demandé, le prix monte, ce qui réduit le rendement. On reconnaît l'énoncé de la fameuse relation inverse entre la valeur et le taux. Autrement dit, quand un actif financier est acheté ou vendu, le rendement est ajusté par l'altération du prix. Les préférences permettent de comprendre ces mécanismes. Un marché offre toutes ces opportunités en faisant cohabiter des titres différents et chaque intervenant a la possibilité d'opérer son propre arbitrage rendement-risque. Chaque titre offre un rendement qui est en accord avec son risque.

L'évaluation théorique du risque par le MEDAF

Fiche **2**

I. Le modèle

II. Illustration de l'emploi du MEDAF pour la détermination du taux de rentabilité exigé sur les capitaux propres d'une société

Mots clés

Taux sans risque, prime de risque, risque systématique, coefficient bêta.

I. Le modèle

La fonction permettant de déterminer la valeur est connue : elle dépend du risque. Ce dernier est à déterminer à son tour puis à mesurer. Le problème est complexe. Mais un des développements théoriques les plus marquants des dernières décades en finance est la possibilité de traiter du risque de manière quantifiée. En effet, un modèle a réussi à le ramener à un facteur unique. La construction séduit par sa logique, même si certaines conclusions sont assez inattendues.

La mesure du risque a été rendue possible à l'occasion de la résolution d'un autre problème : celui de sa minimisation, compte tenu de l'état des préférences des individus et de leur comportement général d'aversion au risque. Le modèle n'y est parvenu qu'après de longs développements sur la notion de portefeuille. En effet, la diversification est admise comme réalité de base : l'investisseur ne se pose pas uniquement la question de savoir quel actif détenir individuellement, mais plutôt quelle combinaison.

La quantification du risque mène à la détermination du taux de rentabilité exigé à l'égard des capitaux propres.

Considérons un portefeuille, c'est-à-dire un ensemble. On admettra tout d'abord que le portefeuille est composé de deux actifs risqués (ou plus) suivant une loi normale. Ses caractéristiques fondamentales peuvent être précisées par un calcul de moyenne et une estimation du risque.

La rentabilité moyenne du portefeuille est égale à la moyenne pondérée des rendements des actifs qui le composent, où les coefficients de pondération représentent les pourcentages investis. La variance du portefeuille dépend de la variance de chaque actif et d'un troisième terme qui inclut leurs covariances. Si le calcul de la moyenne est relativement simple, celui de la variance est plus complexe.

La covariance prend en compte la fluctuation relative des actifs les uns par rapport aux autres. Elle est la mesure de la façon dont les deux variables aléatoires varient ensemble. Les fluctuations peuvent se compenser, de sorte que leur combinaison puisse donner un risque de portefeuille inférieur au risque de chaque actif pris isolément (cela est évidemment impossible pour un portefeuille composé d'un seul titre puisque son risque est forcément celui du titre). C'est le cas lorsque les deux variables évoluent en sens opposé.

Ces considérations permettent aussi de rendre compte de la complexité des calculs. Avec deux titres, il n'y a que deux termes de covariance identiques. Mais en généralisant sur n titres, la covariance étant calculée avec son vis-à-vis, le problème devient vite un casse-tête, point qui n'est pas négligeable. En résumé, on obtient un résultat important grâce à la constitution d'un portefeuille composé uniquement d'actifs risqués que l'on associe pour réduire le risque. La recommandation est qu'il faut combiner pour agir sur le risque.

Le cap suivant est celui de la minimisation du risque et du choix du portefeuille qui réduit le plus possible la variance. Ce montage est celui qui permet d'obtenir une variance minimum pour un taux de rendement donné ; il détermine la frontière efficiente, selon les travaux de H. Markowitz. Le portefeuille optimal détermine le prix subjectif du risque pour l'investisseur, mais demande des prolongements.

C'est le modèle de marché ou MEDAF qui fournit les éléments permettant la poursuite des travaux.

Le problème est que l'on ne dispose pas encore d'une évaluation du risque, c'est-à-dire d'une estimation de son prix. C'est ce que fait le modèle d'équilibre des actifs financiers (MEDAF) en énonçant une proposition théorique (W. Sharpe).

La logique vient du marché. Sharpe avait remarqué que les professionnels s'intéressent de près aux tendances générales du marché en plus des caractéristiques des titres. Son intuition est que les rentabilités des titres sont reliées à un « facteur sous-jacent » par l'intermédiaire d'une relation commune. Il parle « d'influence prédominante ». On pense au niveau de performance du marché boursier.

Il ne fait pas de doute que les actions répondent très directement au marché dans son ensemble. Plus précisément, si une partie de la variabilité d'un titre est le reflet des mouvements de « l'influence dominante », le reste de la variation est partagé, en simplifiant, entre l'influence du secteur et les caractéristiques propres de la firme. Le raisonnement va plus loin. Mêmes ces dernières influences s'amenuisent avec un nombre réduit d'actions combinées dans un portefeuille de sorte que la diversification oblitère les attributs individuels des titres. Finalement, une grande partie de la variabilité d'un portefeuille est expliquée par l'indice du marché. Ce modèle est un énorme pas en avant pour l'application des idées de Markowitz sur la sélection de portefeuille.

Sur ce marché, il y a un autre élément: un actif sans risque et son prix. Sa prise en compte est utile pour l'analyse de portefeuille. En effet, si l'on considère qu'un actif non risqué est incorporé dans la panoplie des possibilités, on peut déterminer des combinaisons variées de deux fonds: celui du portefeuille de marché et celui de l'actif sans risque.

L'actif sans risque est le seul à ne pas dépendre de « l'influence dominante » (raison pour laquelle il porte ce nom).

Par suite, la rentabilisation du risque par le marché dépend d'un minimum (le taux sans risque) majoré d'un supplément (la prime de risque). Quel est son mode de détermination ?

L'originalité de la méthode est de scinder le risque global d'un investisseur en deux compartiments. Il y a d'abord le risque de l'investissement sur le marché : il est inévitable et porte le nom de risque systématique. Il y a ensuite le risque lié à l'investissement dans une société plutôt qu'une autre ; il est voulu et prend le nom de risque spécifique. Il est ainsi dénommé car cette part de volatilité est indépendante de l'évolution du marché.

Le MEDAF propose un mode précis de rémunération du risque.

Il limite la rémunération du marché au risque systématique pour la bonne raison qu'il subsiste toujours et que l'on ne peut pas se soustraire à la tendance générale. De manière plus précise, on exigera une rentabilité plus élevée des actions dont le risque évolue en harmonie avec le marché (*i.e.* pour la part qui fluctue avec le marché). L'économie ainsi décrite par le MEDAF montre l'existence d'un prix unique du risque déterminé par le marché et indépendant de tel ou tel investisseur.

En revanche, on ne peut s'attendre à aucune rémunération particulière pour le second compartiment du risque pour la simple raison que l'investisseur peut le neutraliser lui-même par la diversification. Elle devient par là même indispensable et est présumée telle. Cette part du risque ne fait l'objet d'aucune couverture globale mais se trouve entre les mains des investisseurs qui peuvent chercher à l'éliminer eux-mêmes. Ils ne peuvent espérer aucune prime pour ce qui fluctue indépendamment du marché.

L'enseignement intéressant est que le risque d'une action n'implique pas nécessairement une rentabilité exigée élevée puisque seule la partie ne pouvant pas être diversifiée donne lieu à une prime de risque. Le but est aussi de souligner les mérites de la diversification. Seul le portefeuille de marché est pleinement diversifié puisqu'il contient tous les titres. Il est super-efficient et l'on a tout intérêt à le détenir.

Si l'investisseur détient un portefeuille bien diversifié, le rendement exigé d'un titre j satisfait l'équation connue :

RJ = RF + (RM – RF). ßJ

Où ß est la mesure du risque qui ne peut pas être éliminé par diversification (ou part du risque systématique reliée au risque du marché). Le coefficient ß est la seule donnée propre à la société étudiée.

Les autres variables concernent le marché :

RF est le taux sans risque

RM est le rendement du marché (indice boursier)

L'investisseur peut placer ses capitaux dans l'actif sans risque (RF). Pour améliorer son taux de rentabilité, il doit prendre des risques et peut dupliquer les performances du marché en investissant dans le portefeuille de marché (RM).

S'il investit dans une société donnée, il est en droit d'exiger Rj, c'est-à-dire le taux sans risque majoré d'une prime (prix du risque multiplié par la quantité de risque du ß).

On constate que les titres ne sont pas étudiés dans leurs relations mutuelles (ce qui donnerait un nombre considérable de covariances) mais en fonction d'une référence commune et unique qui est celle du marché (ce qui réduit d'autant le nombre de liaisons).

On en tire plusieurs conséquences :

Les logiques collectives étant connues, l'investisseur a la possibilité de personnaliser sa gestion en fonction du risque souhaité, en utilisant l'actif sans risque comme facteur de modulation. Au vu de la mixité du portefeuille, due à la présence de deux fonds, on comprend que la proportion d'actif sans risque détermine le risque d'ensemble.

II. Illustration de l'emploi du MEDAF pour la détermination du taux de rentabilité exigé sur les capitaux propres d'une société

Ce taux prend plusieurs notations : E (ROE) correspond à l'écriture générale (E pour exigence et ROE pour *return on equity*) ou RJ dans le modèle présenté.

Le MEDAF comporte deux niveaux :

Les données du marché financier

> *Ce sont des données macroéconomiques et donc communes à tous.*
>
> *RF = 0,05*
>
> *RM = 0,08*

Pour ce dernier, il peut s'agir de la rentabilité d'un indice, c'est-à-dire d'un investissement dans l'ensemble des titres du marché et donc parfaitement diversifié.

La différence (RM – RF) = 0,03 est la prime de marché ou prix du risque.

Les données d'une société j

Ses caractéristiques sont résumées par son coefficient ßJ, représentatif de la quantité de risque. Le coefficient ß est le reflet de la sensibilité du titre à la tendance du marché.

Si ß = 1, le titre se comporte comme le marché dans son ensemble, dont il réplique les performances. La rentabilité exigée est celle du marché : RJ = RM

RJ = 0,05 + (0,08 – 0,05). 1 = 0,08

Si ß > 1, le titre amplifie les variations du marché, à la hausse comme à la baisse. La rentabilité exigée est supérieure à celle du marché : RJ > RM

Avec ß = 1,5 on a RJ = 0,05 + (0,08 – 0,05). 1,5 = 0,095

Si ß < 1, le titre amortit les variations du marché, à la hausse comme à la baisse. La rentabilité exigée est inférieure à celle du marché : RJ < RM

Avec ß = 0,8, on a RJ = 0,05 + (0,08 – 0,05). 0,8 = 0,074

Les titres à ß > 1 sont très recherchés en période de hausse du marché. Les titres à ß < 1 sont, au contraire, recherchés en période de baisse.

La formule du MEDAF établit l'existence d'une liaison linéaire entre la rentabilité exigée et le risque (droite de marché).

Fiche 3

La comparaison entre un taux de rentabilité réalisé et un taux de rentabilité exigé

Mots clés

Taux de rentabilité réalisé et exigé des capitaux propres, indice de création de valeur (ICV).

Considérons le cas des capitaux propres. Ce financement se caractérise par deux indicateurs de rentabilité et *a priori* rien ne permet de penser qu'ils soient confondus. Cette différence vient des incertitudes de rémunération qui pèsent sur ce type de ressources. Ces deux taux sont désignés comme suit :

Le taux de rentabilité exigé compte tenu du risque. C'est un taux *ex ante* qui sera noté E (ROE). L'écriture choisie est anglaise (*Return on equity)* précédée d'un symbole d'exigence noté E. Il est calculé, par exemple, en utilisant le MEDAF.

Le taux de rentabilité réalisé ROE. C'est un taux *ex post,* calculé par le ratio habituel du bénéfice net sur les capitaux propres.

La méthode consiste à faire le rapprochement entre ROE et E (ROE). La situation idéale est telle que la rentabilité dégagée excède celle qui est exigée compte tenu du risque.

$$ROE > E(ROE)$$

Cette comparaison peut donner lieu au calcul d'une différence entre les deux taux ou d'un ratio. Ce dernier aura notre préférence. Il s'exprime en pourcentage et donc sous la forme intéressante d'un taux de réalisation. Il prend le nom d'indice de création de valeur ou ICV.

$$ICV = \frac{ROE}{E(ROE)}$$

La règle est la suivante :

Si ICV > 1, il y a création de valeur

Si ICV < 1, il y aurait destruction de valeur (mais on ne peut pas toutefois tenir cette interprétation avec certitude, c'est-à-dire sans une analyse approfondie)

L'ICV constitue un bon instrument de communication financière, comme l'illustre l'exemple ci-dessous :

Avec ROE = 0,12 et E (ROE) = 0,10 on obtient un ICV de 1,20. La société dépasse l'exigence de rentabilité de 20 %

Avec ROE = 0,08 et E (ROE) = 0,10 on obtient un ICV de 0,80. La société réalise 80 % de l'exigence de rentabilité.

Ce dernier cas mérite plus d'attention.

Si ICV < 1, la société peut être actuellement en dessous des performances exigées, mais les atteindre à l'avenir. Pour se prononcer, l'analyse doit se tourner vers d'autres informations et, en particulier, tenir compte du programme d'investissements. Comme, en règle générale, on ne dispose pas de données directes sur les projets, on peut espérer les approcher par la connaissance des anticipations de bénéfices, notées E (B).

Ce prolongement nécessite que la société soit cotée, ce qui est une restriction. En effet, l'espérance de bénéfice est l'une des composantes du cours boursier (VM ou valeur de marché). Notons que l'on peut raisonner, selon le choix, sur le cours d'un titre ou sur la capitalisation boursière.

En effet, le cours est une valeur actuelle de revenus futurs. Avec une formule d'évaluation simplifiée (flux constants à l'infini) :

$$VM = \frac{E(B)}{E(ROE)} \text{ et } E(B) = VM \times E(ROE)$$

Cette formule indique clairement qu'une exigence de rentabilité élevée peut être compensée par des perspectives intéressantes de bénéfice, ce qui conduit malgré tout à un cours élevé. Il est possible que le marché exige beaucoup mais il sera satisfait si les revenus espérés sont à la hauteur des attentes. Le cours fournit la réponse.

Le modèle complet met en œuvre le ratio : valeur de marché (VM) sur valeur comptable (VC), ou ratio MB (market to book ratio). La valeur comptable des capitaux propres est celle inscrite au bilan. En développant la comparaison :

$$\frac{VM}{VC} = \frac{\frac{E(B)}{E(ROE)}}{\frac{B}{ROE}} = \frac{E(B)}{E(ROE)} x \frac{ROE}{B} = \frac{ROE}{E(ROE)} x \frac{E(B)}{B} = ICV x \frac{E(B)}{B}$$

On voit à partir du dernier terme qu'une faiblesse de l'ICV peut être compensée par un ratio $E(B)/B$ élevé.

En considérant l'exemple précédent d'un ICV = $\frac{0,08}{0,10}$ = 0,80 < 1, la question est de savoir s'il faut s'en inquiéter. La réponse réside dans la comparaison entre VM et VC, tous deux connus.

Si l'on précise que le bénéfice net actuel B = 100, on obtient la valeur comptable des capitaux propres par la formule :

$$VC = \frac{B}{ROE} = \frac{100}{0,08} = 1250$$

Si l'on observe en parallèle à partir de la cotation que VM = 1400, on obtient E (B) par la formule :

$$VM = \frac{E(B)}{E(ROE)} = 1400 \text{ d'où } E(B) = VM \times E(ROE) = 1\,400 \times 0,10 = 140$$

Ces calculs montrent que E (B) > B

Le marché est exigeant en termes de rentabilité mais ses anticipations de bénéfice sont favorables. La faiblesse constatée de l'ICV n'est que relative. Ce schéma sert aussi à évaluer des opportunités de croissance.

Pour vérification de la formule complète :

$$\frac{VM}{VC} = 0,80x\frac{140}{100} = 1,12$$

Les structures : une combinaison de ressources complémentaires

Fiche **4**

I. Les éléments constitutifs des structures

II. Le dispositif contractuel et la rationalité des parties

III. Les aménagements des droits et le problème des transferts de richesse

Mots clés

La structure financière des capitaux propres et des dettes. Droits contractuels, droits fixes et droits variables. Contrats de participation et de rétribution. Transferts de richesse. Substitution et *trade-off*.

Le moment est venu de procéder à l'abandon de l'hypothèse de mono financement qui n'est possible qu'au moyen de capitaux propres.

Si les financements sont diversifiés, ils constituent une structure. La prise en compte de la dette permet de traiter maintenant des capitaux permanents de la société. On assimilera, en première approche, une structure à un ensemble d'éléments différents. Mais une telle construction doit se justifier par des avantages. Elle n'est pas n'importe laquelle et on s'interrogera sur ce que pourrait être une forme particulière, à la fois idéale et équilibrée, pour permettre des transformations. Le fond du problème est de connaître les conditions qui l'autorisent avant de les discuter.

Toute structure présente une base commune d'analyse qu'il semble opportun de mettre à jour. Pour commencer, il faut disposer d'un critère de structuration. Notre préférence s'est portée sur la notion de droits dont elle assure l'assemblage. Le terme est d'origine juridique, mais il a l'avantage d'inspirer une idée de standardisation dans les règles qui régissent les participations effectuées par les financements (elles prennent la forme de contributions et d'accès aux revenus). L'hypothèse première est celle du respect et de la fidélité aux termes des contrats types.

Une telle approche par les schémas contractuels fait ressortir la cohérence du montage d'ensemble. On verra que la structure financière instaure des rapports entre les droits qui la composent et que ces rapports sont fondés sur la notion de complémentarité. On poursuivra par les conséquences comportementales qu'elle suscite pour les détenteurs des droits et par les incidences sur le risque. On se demandera enfin si les intentions d'arrangement des droits entre eux, ou de leurs modalités de rémunération, ont une portée quelconque pour les participants au contrat, ce sur quoi le mécanisme du *trade-off* est susceptible de nous instruire.

I. Les éléments constitutifs des structures

A. La diversification des ressources

Les ressources ont été mentionnées jusqu'alors de manière indistincte dans un cadre de mono financement. Cette situation est parfois qualifiée de monolithique. Implicitement, des ressources appartenant à une seule et même catégorie ne peuvent provenir que des actions.

Pourquoi introduire un autre financement, sinon pour en tirer des avantages? *A priori*, on songe à deux motifs: pour économiser des apports ou pour contourner un rationnement des ressources propres.

Mais pour mieux cerner l'intérêt d'un renoncement au monofinancement, il semble opportun de considérer les prérogatives des capitaux propres.

L'action est un titre financier éminemment sensible aux résultats: elle l'est au premier euro de hausse et de baisse. Pour gérer cette situation, le titre dote son titulaire d'une panoplie de moyens d'intervention pour lui permettre d'atteindre ses objectifs de rentabilité. L'extrême exposition de l'actionnaire à la dispersion des résultats lui confère le droit de prendre des décisions. Il dispose du pouvoir de contrôle permis par l'exercice du droit de vote en lien avec le pourcentage de participation au capital social.

En conclusion, l'actionnaire garde la maîtrise des opérations lorsqu'il diversifie les ressources. Une raison de l'abandon du mono financement est de pouvoir agir sur le taux de rentabilité des capitaux propres et de changer le rapport au risque grâce à l'endettement.

B. Un premier aperçu des attentes en matière de structure financière

De manière générale, on peut présenter une structure comme un ensemble regroupant des catégories différentes, voire opposées, dans un état d'équilibre satisfaisant et capable d'évoluer. On en déduit deux choses: il s'agit d'une entité à part entière et d'un cadre de collaboration composé d'éléments différents dont elle assure l'assemblage selon des règles précises.

La plupart des situations économiques se caractérisent par la présence de diverses catégories qui ont besoin les unes des autres. Les financiers ont eu, de longue date, pour préoccupation constante de concevoir une structure du capital particulière, à vrai dire équitable. Elle est voulue telle pour garantir la neutralité du choix de sa composition. Si le montage est bien fait, toutes les solutions sont équivalentes et se valent, de sorte qu'il y a indifférence. Les conditions d'équivalence prouvent que cette structure peut fonctionner de manière satisfaisante pour tous et qu'elle est capable de s'adapter avec souplesse. En effet, une structure doit répondre à un souci permanent d'efficacité : chaque participant doit y trouver son compte et être en mesure de se déplacer, c'est-à-dire de changer d'avis sans nuire aux intérêts des autres. Les restrictions, constatées sur tel ou tel critère, seraient considérées comme dommageables. Une structure idéale doit ainsi permettre à l'ensemble d'exister, en dépit de ses aménagements internes. Le but que l'on s'assigne est de découvrir des principes de neutralité, *i.e.* les conditions précises dans lesquelles ils peuvent s'exercer. Ils existent en théorie et sont connus.

Une telle construction soulève, bien évidemment, de nombreux problèmes auxquels l'analyse structurelle doit répondre. On sait que la valeur des financements est liée à la richesse de base permise par les actifs d'exploitation. Dès lors, tout déploiement d'énergie pour concevoir une formule spéciale de financement se justifie dans le dessein de rendre un service inédit, c'est-à-dire un surcroît de valeur pour les participants.

Outre la question des contributions, la structure financière a aussi vocation à traiter de la répartition des revenus selon des règles précises. Quelques principes de base doivent être vérifiés à cet égard. Il faut s'assurer, en premier lieu, que la totalité du produit est répartie en fonction des apports réalisés et des risques pris. Il convient de veiller, en second lieu, à l'absence de résidu contestable et appropriable par un agent tiers.

Les conditions de fonctionnement sont exigeantes, mais on sait par ailleurs que la complexité est à la base de toute organisation. Habilement, la théorie est partie d'une situation simple en ne retenant pour commencer que les seules variables financières pour conférer à la structure du capital une souplesse faite d'ajustements parfaits. Pour cela, et c'est la faiblesse, il a fallu imaginer un cadre d'analyse laissant un espace vide et mal expliqué (la boîte noire) entre les apports de fonds à l'entrée et les revenus dégagés à la sortie. Dans l'intervalle, certaines contraintes inhérentes à toute structure ont été laissées de côté ou amoindries. Ces éléments manquants sont une menace pour l'efficacité des structures ; la question est de savoir si le système est capable de les surmonter et de les corriger.

C. La structure financière, exemple typique d'assemblage de droits fixes et droits variables

Le cadre retenu est celui d'un contrat classique entre apporteurs de fonds. Chaque apport (action, dette) est ramené à une suite de revenus futurs terminée par une valeur finale (de cession ou de remboursement). Ce schéma est à la base de toute optique financière.

Les droits de base

Il y a deux catégories d'acteurs selon le principe de dualité. Ces profils types donnent naissance à des contrats types selon les droits détenus. Le critère de typicalité suggère que les financements existants appartiennent à des modes génériques.

L'objet de l'étude porte sur un schéma de regroupement de deux familles de ressources différentes. Il ne dispense pas de les analyser d'abord de manière isolée. Mais le plus intéressant reste l'observation de leurs interactions. En effet, les financements ont un sens les uns par rapport aux autres, sachant que les décisions des différentes catégories d'acteurs s'affectent mutuellement et créent des effets externes qui restent à comprendre. La logique relationnelle est patente dans des situations d'ensemble.

Le droit variable (DV)

Ce droit est à la base de toute organisation et existe à l'état naturel. L'actionnaire est le titulaire, par excellence, d'un droit variable en étant exposé en permanence au risque. La part qui lui revient (le bénéfice) est différentielle, variable et contingente. Il y a, par extension, un autre contrat du même type, mais qui ne se négocie pas : celui qui, imposé par l'État, effectue des prélèvements de ressources par les impôts. C'est un droit variable car il repose sur un autre droit variable, celui des actionnaires.

Le droit fixe (DF)

Le créancier-prêteur apporte des ressources dont d'autres catégories feront usage. Sa part est prédéterminée par contrat. Il est titulaire d'un droit fixe sur les revenus et, s'il est honoré comme prévu, ne participe pas au risque final.

D. Toute structure comporte une hiérarchie : la chronologie des contrats

Il est un principe fondamental et omniprésent, en matière de financement, qui est celui de l'ordre des contributions. Il faut d'abord que l'une des parties avance elle-même des fonds avant d'attirer d'autres investisseurs ; cela signifie que certains capitaux ne sont apportés que si d'autres l'ont déjà été avec succès.

Pour être complet, le problème soulevé par toute hiérarchie est celui de la fixation des proportions respectives des financements et de leurs conditions.

1. L'initiative

À l'origine de toute initiative, il ne peut y avoir que des droits variables ; les actionnaires sont normalement tout seuls. La mobilisation des ressources et la mise en place de ces droits se heurtent aux difficultés inhérentes à la découverte d'idées valorisables.

Si le droit variable est seul, son titulaire finance la totalité du projet et supporte sans partage tous les gains et toutes les pertes. Les actionnaires perçoivent directement la rentabilité de leur affaire. En présence d'impôts, les actionnaires sont aussi les seuls à les supporter. Mais à leur taux de rentabilité exigé et au risque correspondant, cela se traduit par une perte de valeur significative.

Les apporteurs de capitaux propres se trouvent, entre eux, dans la même situation, ce qui permet de les classer en sous-catégories : par exemple, les fondateurs, qui ont su attirer d'autres investisseurs, en apportant la preuve du bien-fondé de leurs idées.

2. Le concours

Le titulaire des droits variables peut s'attacher les services d'un autre droit, fixe cette fois, sous la forme d'apport financier ou encore de savoirs. Il propose une part des affaires à l'externalisation, ce qui donne lieu à la négociation de deux contrats. Le premier met son signataire dans une position de subordonné pour exécuter une tâche ou une mission clairement définie (le contrat de travail). Le second prend la forme d'une sollicitation de fonds qui seront accordés ou refusés après examen critique de la situation (le contrat financier). Les actions précèdent les dettes. Le prêteur agit en second rang.

Il y a plusieurs raisons à l'usage de la dette. Elle remplit une fonction d'appoint si les possibilités financières des actionnaires sont limitées ou d'économie s'ils ne souhaitent pas augmenter leur contribution. Mais il y a un autre intérêt à soumissionner une dette, un avantage spécifique que n'ont pas les actions. Pour le titulaire du droit variable, réduire les impôts, comme autre vecteur d'économies, est une préoccupation constante. La dette en est le moyen, grâce à la déduction fiscale des charges financières qu'elle permet. L'inconvénient est que le droit à la valeur est partagé avec les prêteurs. C'est, en quelque sorte, le prix du service rendu. Cette question sera approfondie pour montrer que les prêteurs rendent de la valeur (le droit fixe libère partiellement un droit variable de ses impôts) et ils en prennent proportionnellement moins.

En résumé, dans ces rapports contractuels, c'est l'actionnaire qui agit en premier, fait les apports qui constituent le fonds du montage financier, choisit les projets et collecte le résultat à l'autre extrémité.

II. Le dispositif contractuel et la rationalité des parties

La logique fondamentale issue d'un ensemble de droits différents amène à considérer deux choses : les règles d'équilibre et les conséquences sur la gestion du risque.

A. Un contrat d'association

Tout contrat d'association organise une division des tâches en matière de contributions et de partage des résultats. Il est fondé sur la complémentarité et comporte des interactions. Dans le cas des actions et des dettes, les deux droits de base se combinent ainsi dans une structure et dépendent l'un de l'autre. Associer des financements différents conduit à partager les revenus des actifs investis entre plusieurs participants. Les règles de découpage sont clairement définies. Elles proviennent des caractéristiques propres aux financements.

Au regard des droits de base, la situation des actions est maintenant connue (*supra*), principalement pour leur volatilité. Il faut par contre considérer de plus près la situation des dettes, en termes toutefois généraux et sans s'appesantir sur les exceptions possibles.

Le prêteur fait office de levier (le terme est utilisé à bon escient à son égard). En tant que participant aux projets qui ne sont pas les siens, il confie ses capitaux aux bons soins de l'initiateur d'un investissement, pour une durée limitée mais qui peut être longue, et dispose d'un droit financier sur la valeur. La durée de mise à disposition des fonds, ainsi que ses modalités, revêtent beaucoup d'importance. Le prêteur ne sort pas avant le terme fixé par le contrat, c'est-à-dire avant d'avoir récupéré totalement son dû. Il n'a pas vocation à intervenir entre le moment de l'octroi des fonds et celui de leur récupération. Par conséquent, la dette démunit son titulaire de moyen d'action : elle suit son cours de manière plus ou moins heureuse.

Si la dette ne confère pas les possibilités d'intervention des actions, elle est protégée par un contrat de rémunération. Le dispositif stipule que le prêteur participe au financement, mais qu'il n'en tire aucun bénéfice autre que ce qui est prévu.

En effet, la présence d'une priorité au contrat ne donne aucun droit sur les excédents. Il est donc normal, en contrepartie, que son engagement soit limité et qu'il n'intervienne pas au-delà que ce que nécessite sa rémunération prévue.

On retiendra qu'un même événement dans la vie du projet affecte différemment les acteurs et qu'ils ont une participation différenciée au risque.

B. Les facteurs d'équilibre du contrat d'ensemble

Les règles de partage des gains entre les parties prenantes sont issues des caractéristiques mêmes des contrats de financement : dès lors que le revenu de l'une est obligatoire, le revenu de l'autre prend un caractère facultatif. L'intelligence du mécanisme est de désigner à l'avance celui qui subira les conséquences des difficultés : l'actionnaire. Mais pour autant le contrat ne peut être signé que s'il prévoit de lui donner, à l'inverse, un droit exclusif sur les excédents. C'est ce qui garantit l'indispensable équilibre du contrat d'association. S'il détermine le perdant dans un cas, il sera obligatoirement le gagnant dans l'autre. Ce rapport particulier qui s'établit entre ressources est inévitable. On ne conçoit pas de formule où les deux contributions seraient sûres. L'une d'elle seulement peut l'être parce que l'autre est incertaine et sert de facteur d'ajustement. La sécurité du droit fixe est d'abandonner la partie variable, donc un risque.

En somme, il y a toujours moyen de sécuriser une ressource, mais à plusieurs conditions qui font l'objet d'un contrat. Une dualité de droits est requise. En effet, un financement unique supportera toujours seul et en totalité les aléas et les risques des affaires. Pour y échapper, il convient donc d'adosser ce financement à un autre et de le rendre prioritaire. Une priorité sur les revenus est une source de garantie pour celui qui en bénéficie et une source de risque pour celui qui assume les aléas en dernier ressort. Pour qu'un revenu soit « certain », la solution consiste à l'associer à un autre revenu absorbant le risque, c'est-à-dire à instaurer un mécanisme de transfert.

C. La synthèse de problématiques différentes

Les conséquences comportementales sont doubles.

1. Le titulaire du droit fixe protège sa créance

Son détenteur raisonne plutôt en termes de revenu minimum requis de l'entreprise ce qui permet de se livrer à des calculs précis. Il ne se préoccupe pas du devenir de l'affaire tant qu'il ne porte pas atteinte à sa créance, à laquelle il circonscrit son domaine d'intervention. Le prêteur est en position de surveillant. Il veille ainsi à ce que la valeur de son droit ne soit pas réduite par des décisions prises à son encontre ; on comprend la nécessité de rechercher des garanties et de prendre des précautions. L'absence de pouvoir de décision justifie cette forme de compensation. Il n'est toutefois pas totalement à l'abri du risque ; tout dépend de ce que les revenus futurs sont en mesure de payer. Ils peuvent tomber suffisamment bas pour ne laisser aucune marge pour sa rémunération. Malgré tout, la dette sera toujours moins risquée que l'action, car elle est seulement menacée si le résultat tombe en dessous d'un certain seuil (le résultat d'exploitation dans l'ordre des soldes intermédiaires de gestion).

2. Le titulaire du droit variable valorise son apport

Son détenteur raisonne plutôt en termes d'excédents à maximiser. De là vient son goût pour la volatilité. Il s'intéresse à la situation d'ensemble et se place à l'échelle de l'entreprise en surveillant son bénéfice.

La valeur d'un droit variable est incertaine, allant de zéro à des montants potentiellement très élevés, selon les revenus dégagés par les actifs. Comme la rémunération des prêteurs vient rogner sur celle des actionnaires, et ce d'autant plus que la part des créances est importante, elle peut à la limite ne laisser aucune place au résidu. Au contraire, la valeur des actions peut être très élevée si les actifs investis sont suffisamment productifs, car tout surplus dépassant les revenus contractuels appartient aux actionnaires. En signant l'accord, ceux-ci jouent la carte des gains, en disposant des ressources des prêteurs et en exerçant le pouvoir de décision à leur place.

En résumé, la dette (DF) et l'action (DV) se comportent de manière opposée.

La dette présuppose la présence de capitaux propres ; elle leur est liée et a besoin d'un droit de nature opposée pour exister. La dette est destinée à s'éteindre et son titulaire est appelé à s'en dégager un jour d'une façon ou d'une autre. Chaque versement effectué en réduit progressivement la valeur.

L'action n'a besoin d'aucun autre droit pour exister : elle est autonome. Comme telle, elle se range parmi les titres perpétuels ; seule la fin de la propriété met un terme à la vie de l'action. Elle est destinée à prendre de la valeur. Il n'y a pas de sortie impérative de fonds figurant parmi les responsabilités de la firme et, même si c'était le cas, cela ne soulagerait en rien les obligations futures de la société émettrice. Pour l'actionnaire, la prise de valeur est perçue soit sous la forme d'un revenu régulier (dividendes), soit sous la forme d'un capital unique (moyennant la vente du titre).

D. Les conséquences sur la répartition du risque

Les problèmes éventuels viennent des changements de situation en présence de participants de statuts différents. La question porte sur la capacité de transformation des droits. Celle des droits fixes est-elle inférieure à celle des droits variables ?

La logique fondamentale enseigne que le fait de réunir des droits appartenant à deux catégories distinctes conduit inévitablement à une élévation du risque pour l'un d'entre eux. Plus précisément, c'est la fixité de l'un des droits qui augmente la variabilité de l'autre. Le droit fixe n'amortit pas le risque, contrairement à une première impression ; il a plutôt tendance à accroître celui du droit variable. Son titulaire en tient compte.

La présence de prêteurs a pour effet d'élever le niveau d'exigence des actionnaires, selon un mécanisme connu et détaillé plus loin, car il faut une marge de revenu suffisante pour satisfaire leur dû dans un contexte où leur part est résiduelle. En effet, en s'adjoignant un droit fixe, l'actionnaire accroît son exposition. Il continue à supporter tous les risques et ne perçoit qu'un revenu différentiel, en l'occurrence moindre que s'il avait été seul. Mais comme la comparaison s'effectue avec une mise initiale réduite, il augmente son exigence de taux de rentabilité.

Le mécanisme présenté a d'autres effets. La cohabitation de droits différents est un dispositif de nature à augmenter l'incitation au risque pour l'une des deux parties. Le titulaire du droit variable peut tirer avantage du risque. Pour un niveau de dette donné, l'actionnaire a la possibilité d'améliorer son sort par le choix d'investissements plus risqués. La raison est que l'actionnaire encaisse les gains et a, dans le cas contraire, la possibilité de limiter ses pertes grâce à la clause de responsabilité limitée aux apports lorsqu'elle est prévue juridiquement. Les effets induits occasionnent une dissymétrie des positions. La baisse du résultat, liée au risque, affecte l'actionnaire mais il dispose d'une protection. Par contre, cette baisse peut toucher davantage le prêteur qui voit le risque s'accroître au-delà de ses attentes, sans pouvoir changer le contrat ni partir.

E. Le tableau des droits de propriété

Les schémas contractuels sont clairement établis. Il peut n'y avoir que des droits variables. Deux droits fixes ne peuvent pas cohabiter seuls, sauf en cas de richesse stable, ce qui serait une rareté financière.

En revanche, droits fixes et variables se complètent harmonieusement et forment la configuration la plus probable. L'un a besoin de l'autre, comme avec l'association prêteur-actionnaire. Tel que présenté, ils correspondent à des mentalités typiques et complémentaires. Le monde économique ne peut pas fonctionner sur une seule espèce, mais s'enrichit avec la diversité. Le contrat entre les droits fixes et variables est non seulement possible, il est nécessaire.

Ces modes organisationnels ont des conséquences en matière de rentabilité via l'équilibre entre les emplois et les ressources. Si un seul financement est utilisé (droit variable), les taux de rentabilité de l'actif et du passif sont confondus. Avec deux financements différents (droit fixe et droit variable), les taux de rentabilité de l'actif et du passif sont toujours égaux. Mais celui du passif est à décomposer : la ressource aléatoire (droit variable) sera mieux rémunérée que celle qui est sûre (droit fixe) et ce d'autant plus que son caractère aléatoire augmente.

Toutefois, l'harmonie de la mixité des droits peut être rompue et se doit d'être surveillée. Le droit fixe peut entrer en conflit avec le droit variable. C'est pourquoi les catégories ne sont pas totalement cloisonnées : le droit fixe a des possibilités de transformation totale ou partielle en droit variable (ex. OC, OBSA). Le droit fixe peut aussi entrer en conflit avec un autre droit fixe : ce problème est réglé par l'instauration d'une hiérarchie ou de sûretés (ex. les clauses de subordination).

III. Les aménagements des droits et le problème des transferts de richesse

Les titres financiers se distinguent de plusieurs façons. Ils procurent, comme on le sait déjà, des droits fixes ou des droits variables. Leur association amène à en fixer les proportions respectives.

Si l'on se penche attentivement sur leurs rémunérations, on constate que l'un coûte moins cher que l'autre, ce qui crée une incitation forte à augmenter la part du financement le moins coûteux.

La question est de savoir si l'on peut se servir habillement de cette différence de coût et si un objectif d'économie peut être atteint. La proposition qui est soumise à l'analyse est que l'on améliore ni ne détériore facilement une position. Une transaction permet de modifier une situation selon ses désirs, mais elle est nécessairement à deux faces. Elle met en relation l'initiateur du projet et les titulaires des droits. Si l'idée est vérifiée, l'exposition au coût ne peut pas être réduite par la préférence pour un financement au détriment de l'autre car la tentative serait déjouée. Le raisonnement nous conduit à l'analyse des substitutions qui ne sont que des *trade-off*.

A. Effet de substitution et *trade-off*

Les financiers considèrent souvent des ensembles, qu'ils appellent portefeuilles, et qui constituent leur unité d'analyse. Il n'est pas difficile d'y ranger l'exemple mentionné : la structure financière des capitaux permanents (actions + dettes).

L'analyse théorique des ensembles est utile pour avancer davantage dans la compréhension de la notion de *trade-off* (TO). Il convient donc de détailler les conditions qui le rendent possible. On constate principalement deux choses au sein des ensembles régis par un TO.

En premier lieu, le TO intervient entre des éléments qui sont permutables. Cette condition est facilitée lorsqu'ils ont un dénominateur commun : par exemple le fait d'ajuster la rentabilité au risque (ce qui est vrai de la dette et des actions). Dans un cadre où règne la substituabilité entre facteurs, l'arbitrage permet d'envisager de nombreuses possibilités.

En second lieu, le tout qui est l'ensemble de référence demeure inchangé (sauf hypothèse non retenue d'innovation majeure) quand bien même ses parties font l'objet d'une modulation. Le schéma applique le principe de conservation de la valeur, valable pour le tout.

Le postulat central de l'analyse est celui de la neutralité à l'intérieur des ensembles. Pour y parvenir, le TO fonctionne à la manière d'un mécanisme d'ajustement ou d'équivalence. Le TO apparaît, en particulier, en cas de transfert de risque dénué de tout effet sur la valeur. C'est le cas s'il n'y a pas d'avantage inédit doté d'une valeur spéciale inhérente à l'opération.

De manière générale, le TO est fondé sur l'idée de compensation entre éléments qui constituent un tout. Si l'ensemble est inchangé (en valeur), les parties qui le composent se compensent mutuellement, par application du principe des vases communicants. Autrement dit, si une décision vise à satisfaire une préférence donnée, elle comporte en retour une contrepartie égale. Avec une enveloppe de valeur donnée, les transactions réalisées n'en créent pas davantage, en tant que telles, pour l'un des participants au détriment de l'autre. Sans création de valeur, il n'y a qu'un TO.

Le TO s'applique à de nombreux problèmes de gestion, en particulier à la finance, dès lors qu'il y a des possibilités de substitution entre éléments appartenant à un tout. C'est à l'analyste qu'il revient d'identifier, non sans mal, les cas où il est susceptible d'intervenir, parfois de manière implicite ou cachée. Toutes les situations ne satisfont pas ses conditions, mais celles qui les remplissent existent bel et bien.

Il convient de savoir pourquoi il en va ainsi, sans autre prétention que de fournir une réponse générale et conceptuelle. La problématique du TO prend appui sur la logique des transactions, ce qui suggère deux réflexions.

Tout d'abord, il y a toujours lieu de considérer son vis-à-vis. Le message est qu'il ne faut pas oublier, ni *a fortiori*, sous-estimer le pouvoir de l'autre face ni sa rationalité. L'autre partie intervient parce qu'elle escompte aussi retirer un gain. Le TO dit qu'il est illusoire d'espérer gagner aux dépens des autres.

Ensuite, et en remarque complémentaire, le cadre de référence et de validité est le marché. La valeur d'un TO dépend des capacités d'adaptation qui doivent être bonnes, faute de quoi le mécanisme ne peut s'exercer. La condition qui le rend opérationnel est de concerner une transaction de marché, de surcroît efficient. En ce cas, l'équilibre est obtenu grâce aux vertus du prix. Il est « juste » au sens où il ne favorise aucune face particulière de la transaction au détriment de l'autre.

Les différences de risque sont admises, mais une transaction juste qui change le risque de chacun selon ses désirs n'est qu'un TO qui n'affecte pas la valeur. Dans une telle transaction, on admet la présence d'un agent qui réduit son risque et d'une autre qui l'augmente par permutation. C'est le prix qui doit permettre que la compensation soit équitable. Par suite, les changements opérés et qui affectent ainsi le risque supporté par chacun ne sont que des TO risque – rendement.

B. Le *trade-off* classique de la structure financière

Cette situation se rencontre si l'on considère le remplacement d'un financement coûteux (les capitaux propres) par un autre qui l'est moins (la dette) dans l'espoir de réaliser une économie sur l'ensemble.

Une distinction doit être faite, pour commencer, entre la situation de l'entreprise qui initie la politique d'endettement et la position de l'actionnaire.

À capital financier donné, si une société s'endette, elle fait appel à des ressources moins coûteuses. En première analyse, elle a fait un bon choix en ce qui la concerne. Mais les actionnaires troquent un revenu qui avait un certain degré de certitude contre un autre qui est moins sûr. Si leur risque augmente, ils seront plus exigeants : c'est un TO.

En effet, au nouveau niveau d'endettement, les actionnaires rationnels compensent « exactement » la décision par une hausse du taux de rentabilité exigé sur leurs ressources. Si tel n'était pas le cas, cela voudrait dire que l'on peut remplacer des fonds par d'autres, sans en changer les conditions de rémunération (verser moins de revenu du fait d'une moindre contribution, sans considérer qu'il est plus risqué).

Globalement, la baisse de rémunération sur l'un des financements (la dette) est contrebalancée par une hausse de rémunération sur l'autre (les actions). Le calcul de la société, qui est de réduire son coût global n'aboutit pas. La valeur est stable (sauf avantage inédit en présence d'impôt comme nous le verrons plus loin). Une autre exception serait la présence d'éventuels effets informationnels, auquel cas l'acte même de l'opération aurait une signification propre en termes de valeur.

On notera que, dans la plupart des applications, la rémunération est au cœur du problème. Pour l'actionnaire qui se voit proposer, grâce à la dette, une réduction de sa participation, il y a diminution de sa rémunération mais avec un risque accru. Nous sommes face à un TO lié à un changement de classe de risque.

C. Les ajustements dans les modalités de rémunération et les transferts de richesse

À la différence de l'exemple précédent, cette situation se rencontre si l'on considère un financement seul.

Si l'on se penche attentivement sur les rémunérations des capitaux, on constate que les droits sont susceptibles de produire un, voire deux revenus différents selon les cas. Si l'unicité de revenu ne soulève aucun problème, du fait de son caractère impératif, il n'en va pas de même de la dualité de rémunération, qui est de nature à ouvrir un espace de liberté. Cette dualité s'observe pour le droit variable et concerne l'action. Elle fournit un exemple complexe de double droit variable au revenu.

La question est de savoir si l'on peut se servir habillement de cette propriété.

Certains actifs financiers sont à revenu unique. C'est le cas de la dette qui donne droit à intérêt et au remboursement au prix convenu. Elle procure un seul revenu qui s'éteint progressivement. De période en période, la part remboursée ne produit plus de revenu. Ce qui ne serait pas versé en intérêt, par défaut de paiement au cours d'une année, ne se reporte pas sur le montant restant en principal. On sait par ailleurs que les écarts par rapport au tableau des annuités sont graves et lourds de conséquences. La dette ne donne pas le meilleur exemple des problèmes de transfert.

D'autres actifs financiers sont bi-revenus. C'est le cas de l'action qui illustre parfaitement la question de l'importance du mode de perception d'une rémunération. Si la seule source de richesse de l'actionnaire est bien le résultat net de la société, son revenu peut prendre deux formes différentes et liées.

L'une est immédiate par paiement comptant : le dividende. L'autre est à terme et obtenue par réinvestissement et capitalisation de la part non versée : la valeur de revente. Ce transfert ouvre des perspectives de choix car il n'y a pas de schéma de rémunération préétabli. Deux attitudes sont possibles pour l'actionnaire : prendre son dû ou le remettre en jeu. Cette souplesse est une force et peut donner lieu à bien des calculs.

Un revenu non versé permet d'augmenter la taille des investissements qui, aux conditions de rentabilité de l'entreprise, permettront d'accroître les revenus futurs. La question est de savoir si l'on va renoncer à l'avantage que procure cette croissance au cas où l'opération serait intéressante. La suspension du revenu immédiat est laissée à appréciation et pose la question de ses retombées.

L'actionnaire s'engage dans un calcul qui consiste à encaisser moins de liquidités maintenant dans l'espoir d'en obtenir davantage plus tard. Il est confronté à un problème de transfert, dont on sait qu'il opère dans des ensembles. La structure de rémunération des actions (dividendes + gains en capital) en est un. En règle générale, le transfert traduit l'envie d'obtenir davantage. La présence de deux modalités de rémunération peut satisfaire le dessein d'en avoir plus d'une façon que d'une autre.

S'agissant de la possibilité d'arbitrage entre deux modes de rémunération (les dividendes et la plus-value en capital), le TO dit que la valeur de l'action est contenue dans l'enveloppe fixée par les bénéfices futurs. Les deux revenus sont des substituts et ce qui n'est pas sur une face l'est sur l'autre dans la limite de ce qui est produit. Le choix entre dividendes et gain en capital effectué au juste prix est un TO sans effet sur la valeur si le prélèvement immédiat de liquidités réduit la valeur résiduelle dans des conditions d'indifférence. Le transfert est inopérant.

Ces raisonnements contiennent plusieurs messages. Si les marchés fonctionnent de la sorte, ils confortent l'analyse de l'efficience.

Le premier message est celui de l'anti-illusion. Il y a peu de chance de créer de la valeur en excès de ce qui est dû, si l'on admet que la situation tend vers l'efficience plus ou moins vite. La seule manière de créer de la valeur est de concevoir quelque chose d'unique que rien ne peut imiter par d'autres voies ou que rien ne peut corriger. Une position unique de ce type présente la caractéristique de dominer les autres.

Le second message est qu'il faut être prudent face à des changements et des dispositifs prétendument nouveaux qui, en réalité, laissent les situations intactes. Rares sont les mesures qui, en profondeur, changent la capacité de création de valeur. Bien souvent, il ne s'agit que de modifier une position face à la prise de risque.

Fiche 5

L'efficacité des structures

I. Les conditions à remplir : la présence d'un marché efficient

II. Les imperfections

III. La place des structures d'entreprise dans l'explication des imperfections

IV. Retour sur l'analyse de la valeur : sa formation et sa formulation

Mots clés

Marché efficient. Imperfections. Coûts organisationnels. Conflits d'intérêt. Nature des actifs investis. Capital incorporel. Contrôle. Gouvernement d'entreprise.

L'analyse de la valeur est soumise à conditions. Le marché est mis au centre du dispositif, comme lieu d'organisation des rapports entre les actionnaires. Les conclusions peuvent être vérifiées en présence d'un marché efficient.

Mais cet état exigeant n'existe pas nécessairement. Les limites prennent le nom d'imperfections, terme utilisé dans le respect du cadre initial. Elles méritent une réflexion approfondie, car leur prise en compte nous emmène dans la dialectique des mesures de correction et de prévention.

La vision la plus large possible est souhaitable car les imperfections ont plusieurs origines. Elles résident dans les marchés et gênent son fonctionnement. Mais leur analyse a aussi pour mérite de révéler l'existence d'autres formes de structures en dehors du marché. Cet effort de mise en contexte fait entrer l'entreprise de plain-pied dans le schéma, à un niveau égal de considération. Elle aussi présente des imperfections, ou des phénomènes qualifiables comme tels.

Cette dualité d'analyse ouvre d'autres perspectives pour l'analyse de la valeur. En effet, une analyse comparative du rôle du marché et du rôle de l'entreprise permet de discuter de leur rôle respectif. Selon cette partition, l'un apparaît comme système d'observation et de découverte de la valeur, et l'autre comme organe de création de la valeur.

L'étude du marché et de la firme alimente aussi la question des options de contrôle. Le mode de gouvernement et de régulation exercé à partir du marché est-il suffisant ou faut-il prévoir d'autres dispositifs ?

I. Les conditions à remplir : la présence d'un marché efficient

Le message principal de la théorie est que le risque offre le droit d'être rémunéré à due concurrence de son importance en guise de compensation. Tout individu a la possibilité de modifier sa position. Mais ce sont des services qui se payent normalement et exactement.

La question est de savoir si les arbitrages et les compensations s'effectuent correctement. La condition d'opérationnalité est la présence d'un marché parfait, où l'efficience serait atteinte pleinement et de manière instantanée. Ce cadre est celui qui, aussi large et ouvert que possible (*open market*), permet à la concurrence de s'exercer. Il désigne un marché libre et anonyme qui ne relève que de la seule logique des transactions et qui n'utilise que le couple « rentabilité-risque », ainsi que le prix (*fair-price*) pour guider les choix de substitution. Cette approche a, de plus, pris le parti du consensus des participants sur la primauté des objectifs de l'un d'eux. Le marché est le lieu d'étude des rapports entre les actionnaires.

A. Le marché, pièce centrale des constructions financières

Le phénomène marché est dominant en raison de son statut de référence en plusieurs domaines. Il l'est en matière de recherche de ressources externes : le recours au marché se pose à chaque fois que l'entreprise a besoin de capitaux supplémentaires pour financer un projet. Il l'est aussi en matière d'évaluation : le marché est l'outil de la détermination des prix et des rendements.

Le marché applique, dans son fonctionnement, la rationalité de l'actionnaire. Cela suscite deux remarques. L'agent central peut avoir des objectifs multiples, à commencer par ceux qui lui sont personnels. Mais la théorie classique a tiré un trait sur la diversité des aspirations en sélectionnant un but unique : celui de la maximisation de la richesse. L'actionnaire type n'est pas n'importe lequel : il est minoritaire à la recherche de liquidités. On voit que l'édifice repose sur des hypothèses qui simplifient ou occultent certaines réalités.

B. La signification de la perfection du marché

L'intérêt témoigné pour la perfection s'explique dans un souci d'exactitude et de sécurité des transactions. Les modèles ne nient pas les frictions, mais ils indiquent qu'il est judicieux de penser, qu'en moyenne, le marché remplit bien son rôle. Toute opération est à double face. Elle suppose une contrepartie et la meilleure solution est de la présumer rationnelle.

Le message le plus important est d'obérer l'illusion sur un marché efficient. Quelques expressions choisies en rendent compte (nul ne peut se vanter d'avoir sélectionné uniquement les meilleurs titres ; nul ne peut battre le marché et en clair sa contrepartie). Les marchés sont complets, au sens où ils offrent déjà toute la palette des actifs et combinaisons possibles. Dans ces conditions, les solutions innovantes sont bien difficiles à trouver et la prudence s'impose face à celui qui prétend avoir trouvé une idée nouvelle. Il y a peu de chance de pouvoir prétendre valablement à la supériorité.

L'économie de marché ne croit pas au miracle :
il n'y a pas de « machine à argent »

Rien ne permet de penser qu'il y ait moyen de s'enrichir au-delà de ce qui est naturellement dû. Le principe de base de l'efficience est qu'il y a juste compensation pour tout ce qui est tenu pour inconvénient, ni plus ni moins.

Prenons l'exemple du rendement anormal. Il veut dire que l'on a acheté un actif en dessous de son prix et/ou qu'on l'a vendu au-dessus de son prix. Il est vrai que les rendements normaux ne sont pas immédiats. Les gains anormaux viennent des opérations réalisées avant d'atteindre l'équilibre. Mais il est peu vraisemblable d'y parvenir de manière répétée. On constate qu'il n'y a pas de rendements en excès qui puissent être réguliers.

Le marché protège et émet un message en forme d'avertissements

Dans la logique ainsi décrite, le marché envoie des signaux en forme d'avertissements à destination de ceux qui tenteraient de faire des manipulations et en guise d'apaisements pour ceux qui craindraient d'être abusés. La clairvoyance de l'analyse classique est à cet endroit : la rationalité peut créer un sentiment de force ; mais elle s'applique aussi à celui avec qui on traite une opération. En un mot, il ne faut pas surestimer ses forces et se croire plus intelligent, contrairement à ce qu'exprime l'hypothèse d'*hubris* ou de supériorité.

Il est possible d'être, à la rigueur, plus éclairé qu'un individu donné, mais plus difficilement par rapport à une collectivité. La rationalité présumée de toute contrepartie engagée dans un échange ne se vérifie pas nécessairement des deux côtés si l'agent est seul. Une transaction entre deux personnes isolées peut présenter des dangers (un prix incorrect, peut-être faute d'information suffisante). Mais s'il s'agit d'un échange transcendé par le marché, ou pour lequel un marché existe, l'opération présente de meilleures garanties en matière de prix.

Si un tel marché protège, c'est qu'il est implacable par la justesse du prix. On parle de « sanction du marché » pour rappeler les caractéristiques du jugement du grand nombre.

II. Les imperfections

L'analyse de la valeur a conduit à l'analyse du marché. Il en est ressorti comme la pièce maîtresse des constructions financières et, à vrai dire, comme la seule structure de référence. Ses conditions d'optimalité ont été posées : unicité de l'agent moteur et cadre exigeant de fonctionnement (exactitude des prix, rendements normaux et garantie de protection des intervenants). Les premières études ont plaidé la thèse de la primauté du marché dans un cadre de perfection. Ce modèle, épuré et restrictif, a fait l'objet de critiques. Si l'existence du marché n'est pas remise en cause, son fonctionnement suscite plusieurs interrogations. Il est admis que les choses sont plus complexes et que les mécanismes de base comportent des rigidités, des résistances et des frictions.

Toutes les remarques relatives aux imperfections sont étroitement liées et expriment des façons convergentes d'aborder un même problème. Trois thèmes seront abordés.

La présence d'imperfections

Celles-ci désignent tous les événements qui gênent ou entravent les mécanismes ou modes de fonctionnement prévus. Leur gravité engendre des coûts et pose la question de leur correction.

Les lieux d'imperfection

Le thème des limites à la perfection est d'abord apparu à propos des marchés. Le caractère restrictif du cadre initial est ainsi reconnu : on admet de travailler sur les insuffisances d'un schéma au départ propre. Mais l'analyse a montré que les imperfections peuvent être étendues a d'autres domaines, raison pour laquelle il convient de disposer d'un cadre général. L'ouverture vers d'autres réalités, pour dévoiler les lieux d'apparition des imperfections, a servi de révélateur sur la nécessité de connaître les entreprises.

La formation de la valeur

L'analyse des imperfections a au moins le mérite de conduire à l'étude des entreprises et d'en souligner la complexité d'organisation. À vrai dire, une approche des imperfections qui serait trop exclusivement centrée sur les modes de fonctionnement des marchés présenterait des limites et occulterait l'étude de la création de valeur qui se fait au niveau de l'entreprise. Par suite, si l'on se soucie de la capacité de contrôle par l'actionnariat, on découvre deux niveaux de variables d'ajustement : le marché, par la « main invisible » et ses limites ; la firme, par son mode de gouvernement. Le représentant du marché, ou actionnaire, se trouve face à deux leviers d'intervention pour exercer son propre gouvernement et pour en comparer l'efficacité.

A. Les facteurs constitutifs des imperfections

Le risque général, c'est-à-dire sa nature, sa gravité et ses conséquences, doit être connu. Les préoccupations des acteurs s'inscrivent autour de la question centrale de leur capacité prédictive.

Force est de constater que l'analyse des imperfections laisse apparaître des différences de conception. Ces disparités d'interprétation ne sont pas sans effet sur la portée des études et le succès que l'on peut espérer du traitement des problèmes.

1. La nature des imperfections

Les imperfections gênent la rationalité des acteurs. Deux catégories peuvent *a priori* être distinguées : celles qui, aléatoires, viennent toucher alternativement les uns ou les autres ; celles qui, récurrentes et régulières, frappent statutairement certaines catégories et en exonèrent d'autres.

En matière de risque, cette distinction donne lieu à deux interprétations différentes. On peut considérer qu'il s'agit d'un risque systématique si des forces tendent à produire des déséquilibres persistants, avec régularité et dans une direction donnée. C'est particulièrement le cas en finance où, après avoir prôné la perfection totale, il se trouve des études pour faire de certaines imperfections la règle. S'inscrire dans cette tendance semble excessif à l'égard des groupés visés. Il est préférable de laisser de la place pour la stratégie des acteurs et au contexte, de sorte que tout n'est pas prescrit d'avance. L'imperfection relève plutôt, de ce point de vue, de la catégorie des risques spécifiques.

2. La connaissance des imperfections

Sous ce titre, la discussion porte en fait sur l'hypothèse d'anticipation. Les imperfections anticipées ont l'avantage d'être détectées à l'avance. Les études récentes l'admettent en insistant sur des erreurs types (ex. les biais cognitifs) et la présence d'anomalies. À l'opposé, l'effet de surprise est dû à une découverte inattendue. Les études introduisent judicieusement plusieurs périodes pour souligner l'impact des effets d'expérience. La rationalité d'un acteur se renforce en puisant dans les enseignements du passé.

3. La gravité des imperfections

Cette question ouvre la voie à l'étude des possibilités d'action. Il semble logique de s'attarder d'abord sur la conception qu'en ont les auteurs classiques. Une imperfection est un écart par rapport à la norme prescrite. Le terme d'imperfection n'est pas anodin car il est révélateur d'un grand attachement à la pensée normative. Par définition, elle caractérise une atteinte au référentiel de la perfection.

Dans le langage classique, on parle d'imperfections pour indiquer, certes qu'on les déplore, mais en même temps qu'il y a possibilité de les corriger. Le problème de fond est d'abord de savoir si elles sont détectables, puis correctement évaluées, enfin corrigées et répercutées. Autrement dit, on s'interroge sur l'ensemble des étapes à franchir pour donner lieu à toute la série d'ajustements et de compensations nécessaires. Il est, en effet, utile de savoir s'il est grave de s'écarter du cadre de départ et si celui-ci est suffisamment robuste pour tolérer des dérives dans son fonctionnement.

Dans la conception classique, on admet souvent que les adaptations sont possibles, même si c'est au prix d'un déplacement du point d'équilibre. Dans cette optique, on conçoit qu'il s'agit plutôt d'une volonté d'amélioration et de sauvegarde de mécanismes existants. Avec le retour à la norme, on peut parler de restauration ou de réhabilitation des mécanismes fondamentaux.

Une telle approche demande toutefois d'autres développements faisant appel à une inflexion organisationnelle plus marquée, point qui sera abordé ultérieurement. Mais on remarquera que les études éprouvent incontestablement des réticences ou des difficultés à inscrire les opérations dans leur contexte.

4. Les coûts engendrés

La correction à entreprendre dépend de l'importance de l'imperfection et engendre un coût. Le raisonnement reçoit ainsi l'aide d'une notion bien connue. Cet effort de qualification, voire de mesure, est indispensable mais jalonné de difficultés comme en témoigne une distinction possible. Soit l'imperfection affectant une opération est identifiée. Elle est évaluée dans l'instant et son coût est infligé *ex ante* à son auteur. Soit l'imperfection est sans compensation possible et elle expose cette fois les acteurs à un coût *ex post*. Il faut bien explorer les conséquences de son ignorance, par exemple si rien ne peut être fait, ce qui est la situation la plus préjudiciable.

Cette distinction conduit à se demander qui supporte les coûts, et il y a lieu de penser qu'il s'agit de personnes différentes selon les cas.

Les coûts des imperfections affectent la réalisation des opérations financières. Ils ont en commun de concerner le futur et de correspondre à des événements qui vont modifier les flux à venir, le plus vraisemblablement à la baisse. Les formules d'évaluation diffèrent selon le mode d'incorporation des coûts. *A priori*, la distinction peut être précisée.

Si des risques sont pressentis par un apporteur de capitaux, leur coût estimé est infligé *ex ante* sur le prix de souscription des titres. Il est anticipé et, en somme, précompté. Ce coût se traduit par une décote sur le prix initial et contribue à réduire la valeur de sa contribution. La conséquence est un effet de restriction ; c'est le demandeur de fonds qui en pâtit.

On retrouve le principe du taux d'actualisation qui, en augmentant, durcit les conditions. Le rendement exigé s'accroît avec le risque d'imperfections, considéré selon son degré de probabilité et « internalisé » en quelque sorte.

Une décote de prix est typiquement un mécanisme de marché, puisque le prix (ou le taux) est son mode d'expression. Pour autant, un tel mode d'action ne propose aucune solution. Rien en particulier n'est entrepris pour éviter l'apparition de l'imperfection. Augmenter le taux n'est pas, en soi, ce qui évite le risque. Au contraire même, cette décision peut parfois avoir des effets opposés.

Un coût qui pénalise par décote, s'il est bien estimé, compense parfaitement le préjudice prévu. L'avantage du système est d'être simple. Il est légitime de priver de moyens ou de les accorder de manière plus sélective, si l'on craint qu'ils ne soient pas bien utilisés. Mais c'est le mode de privation qui compte et il peut créer des effets pervers. En effet, la méthode risque d'induire une situation d'indifférence au préjudice, voire une incitation. À la limite, si le préjudice n'était pas commis, l'utilisateur des fonds fournirait des efforts non récompensés. Ce n'est pas nécessairement la meilleure façon de régler la question des imperfections si on les entretient. Dans ce système, l'utilisateur reste maître des mesures éventuelles à prendre.

Différent est le coût engagé à titre préventif. Il relève d'une politique de précaution et est supporté par l'investisseur avant même qu'il n'accorde des fonds. Ce coût a pour but d'éviter des désagréments et incombe à l'apporteur soucieux de la bonne fin de son concours. Le coût est une dépense initiale (recherche d'informations et dispositifs visant à encadrer une opération avant son engagement). Le concours demandé ne sera accordé que si le bénéficiaire se plie à des contraintes, à des dispositions *sine qua non*. Les dépenses sont nécessaires pour reconstituer la valeur. Ce mode d'intervention traduit une autre logique comportementale. La contrainte est plus intrusive sur la gestion et sort de la problématique du taux d'actualisation. On ne tente pas de se débarrasser d'un problème, une fois pour toutes, moyennant une évaluation forfaitaire. Au contraire, on essaye d'établir un lien étroit entre la cause et la conséquence.

Des exemples sont possibles dans le domaine des financements. Prenons l'endettement. Le coût précompté est appliqué par le prêteur attentif qui augmente le taux ou qui réduit sa contribution (le rationnement). Le coût engagé concerne le prêteur qui s'entoure de précautions encadrant les décisions futures. Considérons les capitaux propres. Le coût précompté est le moyen de prédilection des actionnaires, qui s'exerce par le marché. Ils achètent et vendent en agissant sur le cours en fonction des anticipations. Le coût préventif est concerné lorsque l'actionnaire participe aux organes de décision.

B. La problématique des imperfections

Les pistes sur les origines des imperfections sont clairement ouvertes par les recherches. Par commodité, on a vu comment les regrouper en deux familles. Pour l'une, les imperfections se manifestent dans les modes de fonctionnement des marchés. Pour l'autre, les imperfections portent sur la création de valeur même par les entreprises ; ce sont des défauts de fonctionnement dans l'optique des actionnaires.

1. Des imperfections sont directement liées aux modes de fonctionnement des marchés

L'hypothèse de perfection est certes séduisante et commode. On rappelle que les prix y sont équitables (*fair-prices*). Mais la justesse du marché fait défaut si le prix observé est différent du prix théorique. Le prix est un mauvais signal et l'exactitude du marché est défaite, avec pour conséquence des choix erronés. Pour les risques que fait planer l'attachement à la croyance en la perfection, la plupart des études se démarquent maintenant de ce cadre. À noter que certains admettent que le marché n'est pas efficace à 100 % en tout lieu et en toute occasion, sans toutefois douter fondamentalement de ses qualités. Il y a des cas de mauvaises représentations des risques, c'est-à-dire de sur ou de sous-évaluation des titres financiers : l'ajustement n'est pas instantané et obtenu pour tous les titres en même temps. Ces phénomènes sont qualifiés d'anomalies, mais le cadre parfait indique à celui qui ne l'est pas la direction vers laquelle il doit tendre. Avec le temps, le marché finira par trouver sa voie et opérer la correction grâce aux vertus naturelles de la concurrence. Pour sortir de cette conception, il faut des imperfections. Tous sont d'accord pour poser que les capacités du marché dépendent de ce qu'il sait effectivement.

La démarche fondée sur la perfection a été mise à mal sur son propre terrain. Dans certains cas, il n'y a pas de marché (des opérations privées se concluent hors marché). Dans d'autres cas, si le marché existe, il est tenu pour imparfait en raison de maillons s'ajoutant au circuit des échanges (par exemple des agents intermédiaires). Il y a aussi les coûts de transaction (terme utilisé ici dans son sens premier) et qui correspondent au prix des services rendus, comme des coûts de recherche et de conseils, engagés pour mener à bien une opération.

D'autres frictions viennent des actionnaires eux-mêmes qui n'appliquent pas la rationalité qu'on leur prête. Le schéma initialement décrit est celui du grand nombre (open market) et, à cette échelle, l'actionnariat est atomisé de sorte que nul n'a le moindre pouvoir. La recherche du contrôle, qui est pourtant une réalité, n'est pas considérée. L'actionnaire n'est donc pas celui que l'on croit s'il aspire au pouvoir.

Enfin, le marché peut ne pas offrir toutes les garanties du meilleur fonctionnement possible. Des défauts d'analyse des titres viennent des effets dits d'opinion générale, que la théorie recommande de prendre en compte. Le cœur du péril est d'attribuer l'efficacité à une opinion de masse. Elle présuppose qu'un groupe, de préférence de grande taille comme le marché, se trompe moins et à l'extrême qu'un individu isolé. Mais de nombreuses études détaillent aussi des phénomènes d'imitation, de mode, de contagion, d'amplifications etc. Elles posent la question de la formation des prix dans un groupe exposé à des biais cognitifs et comportementaux (déformation, rumeur, bruit pour les financiers). Ces phénomènes sont constatés, à tel point qu'un individu isolé et bien informé pourrait voir plus juste, ce qui tendrait à accréditer la thèse de la force des opinions formées à la marge. On ne peut omettre de citer l'auto renforcement des conventions, selon lequel les acteurs du marché ne chercheraient pas à anticiper les bénéfices futurs, mais à prévoir son comportement à l'avenir.

2. Les responsabilités de l'entreprise

L'autre voie se propose de pousser l'analyse sur le terrain de l'entreprise. L'intérêt majeur de cette question réside dans l'étude du cadre environnemental jusqu'à l'ouverture de la « boîte noire » qu'est la firme.

La prise de décision ne peut pas être abordée dans l'absolu. Elle s'effectue dans un contexte donné qui l'oriente et la façonne. L'importance du contexte est reconnue : il n'est pas neutre. L'espoir placé dans le pouvoir explicatif de cette orientation est grand. Il comporte plusieurs aspects.

Dans la logique de ce courant, il est admis qu'une structure fonctionne selon des problématiques complexes d'acteurs. De plus, le cadre conceptuel est élargi à l'ensemble des parties prenantes. Elles y sont toutes dans l'idéal, mais les modèles ne vont pas jusque-là et se limitent au cas des dirigeants. À l'ensemble de départ composé de deux parts, revenant aux apporteurs de ressources financières (actions et dettes), est joint une troisième catégorie, bien que la ressource fournie soit de nature différente : le capital humain. Tout « gouvernement » comporte des groupes aux aspirations différentes. Des frictions peuvent surgir dès lors que l'un dispose de moyens que l'autre n'a pas et/ou que l'un des acteurs est amené à assumer une fonction qui n'est pas la sienne. Tant que les dirigeants sont supposés agir dans les intérêts des actionnaires, ils n'ont aucune utilité à apparaître comme tels et les groupes sont fusionnés. Mais ils peuvent s'écarter les uns les autres. Il serait toutefois erroné de raisonner hâtivement et exclusivement en termes de conflit.

Les changements de contexte imposent des décisions et confèrent de l'importance à la variable temporelle.

Le temps n'est pas une donnée nouvelle et il n'a pas attendu cette orientation pour faire son entrée dans le raisonnement. Mais l'attitude face au futur a évolué dès lors que sont admises des difficultés en matière d'information et de connaissances. Ce ne sont pas les décisions programmées qui retiennent l'attention, mais les décisions qui créent des situations non anticipées, ou mal interprétables, avec ou sans indice précurseur. Pour ce motif, on considère avec grand intérêt tout ce qui peut faire office d'effet d'annonce préalable ou de signal, même faible.

À ce stade, on remarque que l'on considère de près tout ce qui touche aux statuts des acteurs, au futur et à l'information, comme éléments porteurs de risques. On découvre la présence d'autres imperfections dans le fonctionnement des entreprises.

III. La place des structures d'entreprise dans l'explication des imperfections

Deux aspects principaux sont retenus: des activités économiques et des contrats.

Il est bon de garder à l'esprit les caractéristiques des entreprises dont on parle. Il ne s'agit pas tant de considérer le couple de la rentabilité et du risque que l'ensemble des données plus fines qui le déterminent. On mentionnera, par exemple:

Le secteur (la nature plus ou moins capitalistique des actifs, la maturité)

La taille (le chiffre d'affaires) et les changements dus à la croissance, *via* les opportunités d'investissements.

La diversité (le nombre d'activités) précise le critère précédent. La firme diversifiée est confrontée à des contextes stratégiques différents, d'où des difficultés croissantes de gestion et la perte d'économies d'échelle. La diversité conduit à considérer le degré de corrélation entre les activités. Si, par exemple, les actifs sont négativement corrélés, ils créent un effet de co-assurance dont on sait qu'il est réducteur de risque. Mais on se prive de synergies.

La liquidité. Si certaines firmes ont des moyens insuffisants pour faire face aux projets, d'autres disposent de moyens excédentaires.

Tous ces éléments sont des expressions de la complexité.

A. Une diversité de décideurs aux objectifs différents

Trois catégories principales sont identifiées: les actionnaires, les prêteurs et les dirigeants. Ces derniers apparaissent dans le tableau du fait des actionnaires qui les mandatent pour décider à leur place. La séparation des fonctions est l'une des caractéristiques des organisations complexes. Il en va ainsi de la scission entre propriété et direction. La taille des projets nécessite aussi, sur un autre plan, la participation d'investisseurs plus nombreux et des compétences spéciales pour gérer les affaires.

Mais cette séparation a aussi son lot d'inconvénients parmi lesquels se rangent les conflits d'intérêt et les difficultés à mettre en œuvre des mesures incitatives. Ainsi la diversité des acteurs est-elle prioritairement analysée sur la face des différends dans une optique contractuelle. Plusieurs arguments expliquent les relations tumultueuses qui règnent entre toutes catégories. Il y a, tout d'abord, la grande diversité constatée en matière de savoirs, de connaissances et de compétences (*ability* selon la nature de la spécialisation des agents). Ensuite, le risque de divergence d'intérêt se renforce avec les oppositions de « structures mentales » des individus et des groupes (*character*).

La compréhension de ces premiers éléments est rehaussée par l'enrichissement des analyses. Au début, la réflexion a retenu l'hypothèse d'homogénéité et de stabilité des préférences. Il a été admis que tous les acteurs détiennent l'ensemble de l'information pertinente et que, par suite, le gestionnaire est fortement incité à l'efficacité. Ultérieurement, la pensée a reconnu un autre état fait d'hétérogénéité et de changement des préférences. Autrement dit, tous les acteurs ne poursuivent pas nécessairement les mêmes objectifs et ils en changent. Par exemple, le gestionnaire peut modifier son ordre de préférence et ne pas maintenir le programme annoncé parce que le contexte, ou la connaissance qu'il en a, change. Avec l'hétérogénéité, apparaît un risque de transfert de richesse et l'émergence de perdants par rapport aux résultats annoncés.

En résumé, l'approche comportementale propose des solutions qui seront à même de gérer des relations imparfaites. On parle de « gouvernement d'entreprise » lorsque les remèdes sont centrés sur les intérêts des actionnaires.

B. La nature et l'orientation des actifs investis

La piste des actifs s'ouvre assez logiquement et dans de multiples directions. De manière générale, il est tenu compte des transformations organisationnelles nécessitées par les circonstances et le changement des conditions d'activité. Les stratégies contingentes répondent au souci d'éviter toute situation figée dès le départ.

L'hypothèse retenue est celle de l'absence de neutralité des actifs. L'idée est pertinente si l'on admet que, par nature, certains actifs peuvent être facteurs d'aggravation des difficultés autant que créatifs de richesses. Deux remarques aident à comprendre. Il n'y a pas que des actifs industriels relativement bien connus. Il est aussi capital d'intégrer le besoin de souplesse dans la gestion financière en réponse aux redéploiements d'activités.

La constitution d'un capital incorporel

La nature des actifs est souvent présentée comme une question d'ordre technique, mais ceci est trop réducteur.

Les actifs corporels sont bien connus. Ils font l'objet d'une acquisition et se dévalorisent ensuite progressivement pour finir normalement sans valeur. Ils seront à renouveler intégralement, mais auparavant l'entreprise aura à se soucier de leur qualité de redéploiement face à des circonstances changeantes.

Les actifs incorporels, immatériels ou intangibles, ne suivent pas la même logique. Leur valeur peut augmenter progressivement, ce qui a des conséquences en matière de gestion. On admet l'idée qu'ils ne résultent pas uniquement d'une décision d'achat, c'est-à-dire d'une dépense initiale, donnée et unique. Ces investissements prennent la forme d'une suite de dépenses (formation, études). Comme charges, ils réduisent le résultat immédiat et leur sort dépend du caractère plus ou moins soutenu des efforts consentis. Ils offrent aussi plus de modularité et de place au choix (avec le risque lié à la compression des coûts), à la différence des actifs fixes où les amortissements sont programmés. La valeur terminale est susceptible d'augmenter par accumulation de savoirs et de compétences sans cesse améliorées. Il n'y a pas vraiment de renouvellement, mais ajout et construction de valeur. Enfin, leurs caractéristiques permettent à l'entreprise de se déplacer d'applications en applications au moyen de transferts de connaissances et/ou de collaborations. Bien entendu, ils ne font pas que prendre de la valeur, ce qui fait leur fragilité, comme en cas d'offensive générale sur une marque commerciale ou sur une innovation technologique.

La matière de la richesse intangible est abstraite (l'information, les capacités managériales, la qualité des relations avec les tiers, la réputation) et à base de capital intellectuel. Avec le développement économique, le rôle créatif de l'entreprise change : il contient de plus en plus de valeur humaine. À bien des égards, cela apporte de nombreux changements que les méthodes traditionnelles d'évaluation ont du mal à appréhender.

Avec la place accordée au management, il convient de donner plus d'importance aux actifs humains et aux compétences. L'enjeu majeur est devenu la création de valeur par le développement des compétences humaines. Il en ressort que la richesse des actionnaires dépend de l'enrichissement des compétences humaines.

C. Les imperfections organisationnelles

Les imperfections d'entreprise ne se confondent pas avec celles du marché. Elles concernent son mode d'organisation, c'est-à-dire le système hiérarchique et d'autorité, et portent sur ses capacités de création de valeur. Elles désignent des décisions non désirables et préjudiciables. On peut parler aussi de dysfonctionnements, prouvant que le phénomène pose incontestablement un problème de qualification.

Les relations qualifiées d'agence sont placées au centre de l'analyse des relations sociales. Elles découlent des dispositions contractuelles qui régissent ces rapports et de la distribution des droits de propriété. Ces notions débouchent invariablement sur l'analyse des conflits, aspect qui n'est pas originellement présent dans les modèles financiers où tout est supposé être en ordre. Le conflit génère ce que l'on appelle des « coûts de dispute » ou d'agence, survenant le plus souvent dans le cadre de l'utilisation de ressources régies par un contrat de délégation. Le conflit, par nature déstabilisant et fragilisant, peut conduire à la crise et au blocage, moments où les rationalités sont poussées à leur extrême. Comment aborder ce facteur de risque additionnel qu'est le conflit ?

Il y a, tout d'abord, les circonstances malencontreuses qui favorisent les écarts. On admet que le contexte peut susciter des comportements sortant de la norme, dès lors qu'il en fournit l'occasion. En restant dans une optique marquée par le sceau du marché, on citera par exemple les écarts informationnels. Le problème tire son origine de la non-universalité des informations (connaissance incomplète, diversement répartie). Si les écarts informationnels génèrent de l'avance et donc des avantages à certains, ils retirent aux prix une partie de leur portée. Il s'ensuit un biais décisionnel, entendu au sens d'erreur d'appréciation pour ceux qui sont privés d'une partie de l'information.

Plus grave est de reconnaître que certains veulent tirer des avantages qui vont au-delà de ce que permet leur propre contribution. Ce biais s'apparente à ce que la littérature qualifie d'opportunisme. On mentionnera la recherche d'un pouvoir personnel *via* l'usage des fonds des autres ou le fait de tirer parti de sa position.

De manière générale, le conflit porte sur les liquidités. Il y a deux sources de différends.

L'excès de liquidités, c'est-à-dire la présence de ressources captives et mal utilisées

Il arrive, en effet, que des ressources s'accumulent, hors du contrôle du marché, sous la maîtrise d'un groupe d'acteurs. Elles échappent à la rationalité collective et, dans cette mesure, font douter du bon usage qui peut être fait de moyens restant sur place. Le groupe qui en dispose peut se tromper dans leur utilisation ou en profiter à titre personnel. Il y a toujours une grande incertitude en présence de liquidités inemployées ou en attente.

Le défaut de liquidités

Il est difficile d'admettre, qu'avec le nombre d'investissements réalisés et le corollaire de la taille, tous les projets sont véritablement rentables. Il faut du talent pour trouver, en grand nombre et en permanence, les bonnes opportunités. Le risque est d'engager, à la marge, des investissements à VAN nulle, si ce n'est négative, et d'atteindre l'état opposé de défaut de liquidités, synonyme de difficultés et de faillite.

Les divergences entre l'offre de liquidités par l'entreprise et la demande émanant du marché sont la pièce centrale du mécanisme d'enclenchement des conflits ; excès et défaut sont tout aussi redoutables.

Les risques prennent la forme de transferts de richesse inter-catégories. Ces transferts peuvent avoir plusieurs origines. Ils peuvent apparaître à l'occasion de substitution de ressources : des financements en remplacent d'autres. Ils peuvent aussi provenir de déplacements d'actifs. Comme on le constate, les changements de stratégies sont au cœur de cette série d'événements. Ils sont possibles moyennant la réunion d'au moins deux conditions : une annonce d'opérations qui n'est pas respectée par la suite (faux signal) ; l'application du principe de mise en commun des ressources (*pool*), en vertu duquel les fonds ne sont pas dédiés à des usages déterminés, ce qui en gêne le contrôle. Pour être précis, des décideurs peuvent annoncer un projet en vue d'obtenir des fonds et changer leur destination une fois ceux-ci encaissés (cas de la non-affectation des ressources aux investissements). Ces capitaux peuvent être destinés à des emplois peu ou pas productifs, déplacés vers des classes de risque non anticipées. Enfin, ces fonds peuvent être assignés, non à des investissements, mais à des dépenses, ce qui les rend irrécupérables.

IV. Retour sur l'analyse de la valeur : sa formation et sa formulation

La question de base traite des fondements de la valeur. On sait que, du point de vue financier, elle repose sur les flux de liquidités futurs et leur volatilité due au risque. L'autre aspect est celui de production de la valeur par une organisation. Deux systèmes sont en présence, le marché et l'entreprise, et notre préoccupation est de se soucier des rapports, à vrai dire complexes, qui s'établissent entre ces structures de base. Deux conceptions semblent s'opposer : l'une fondée sur la séparation ; l'autre animée par la recherche d'interactions. La seconde présente des avantages car elle permet de franchir un pas supplémentaire en direction des pratiques de contrôle et laisse entrevoir des avancées sur les origines et les corrections des imperfections.

A. Le modèle dichotomique de séparation des fonctions

Sous cet angle, le système de la valeur comporte deux sphères (marché et firme) qui apparaissent de manière disjointe. Le clivage retient d'un côté l'entreprise, dont on sait qu'elle crée la valeur, et de l'autre le marché qui fait office de mode de repérage. La répartition des tâches est claire : l'un crée et l'autre évalue.

Le marché est le terrain de prédilection des actionnaires qui raisonnent sur des valeurs de propriété pour les comparer. Mais en même temps, l'actionnaire peut être placé plus au centre du schéma car il se situe à la jonction des deux systèmes.

Le marché fournit le mode de découverte de la valeur. Le postulat de ce modèle est que l'observation est neutre et qu'elle n'agit pas sur son objet d'étude. On peut, en effet, admettre qu'un actif n'est pas, normalement, influencé par la qualité de celui qui émet un jugement. Un bien, ou un patrimoine, ne change pas de valeur du seul fait d'être soumis à une estimation. Dans ces conditions, posant le principe de l'intangibilité de l'actif, le mode de formation de la valeur n'a pas à être considéré. Autrement dit, l'observation n'explique pas les moteurs de la valeur. La seule vraie question est celle de l'efficacité du système de repérage liée à la capacité d'observation du marché. Le problème est de savoir si ce dernier révèle totalement ou partiellement la valeur, instantanément ou moyennant des délais.

B. Le modèle d'interaction

La question de la formation de la valeur, à laquelle on ne peut pas échapper, amène à considérer ses formes et ses vecteurs. Les approches récentes ont heureusement intégré cette dimension en admettant des interactions d'ensemble. Outre la firme qui est le lieu de création de valeur par excellence, les systèmes d'évaluation sont aussi des modes d'organisation actifs dotés de pouvoirs. L'idée est qu'il n'y a pas unicité de rôle, mais place pour des interventions conjointes. Chaque entité a sa part de responsabilité dans le processus d'ensemble, mais en reconnaissant que la délimitation des fonctions n'est pas évidente. Il est difficile de savoir, *a priori*, quel est l'élément le plus marquant.

Revenons au problème des rapports entre l'observateur et son objet d'analyse, que le modèle précédent tient pour neutres. Il n'en va pas ainsi pour plusieurs raisons. L'observateur a des intérêts dans l'entreprise. Celle-ci n'est pas, par définition, un objet inerte et le fait même de l'observation vient modifier les comportements de l'entité observée. Cette autre conception retient l'hypothèse selon laquelle l'entreprise est sensible au « regard de l'évaluateur » et qu'elle tient compte des appréciations portées à son égard. Ceci est d'autant plus facile à admettre que seule la valeur future est intéressante, précisément celle qui dépend des comportements et des décisions à venir. Il y a donc une influence de l'observation sur la valeur, à la suite de la modification de la politique de la firme. Ces considérations vont bien au-delà du « bon système d'observation », même s'il est nécessaire. On peut certes le comparer, à première vue, à un système d'éclairage; mais s'il fournit une bonne lumière, il influence son objet. En conséquence, il n'y a pas de valeur intrinsèque à livrer au regard du marché car l'objet change sous l'effet de l'analyse.

Tout ce que l'on sait à ce stade, c'est que le marché tranchera et par là même incitera à mieux faire respecter ses propres critères. Mais, au-delà de cette logique de régulation, il n'est pas dit comment procéder ni par quel canal. Le marché donne les règles du jeu sur les transactions et envoie des signaux favorables et défavorables à l'entreprise, en réponse à ses décisions stratégiques et financières. Il reste à savoir comment le mode de régulation se transmet à la firme et, en particulier, si elle applique ou non les critères d'évaluation de l'observateur.

En résumé, l'intervention de l'actionnaire sur le marché a été placée en bout de course, sur une ligne d'arrivée imaginaire. Il endosse le rôle du contrôleur, évidemment intéressé et impliqué, ce qui le distingue de l'observateur neutre.

Qu'il ait l'intention d'orienter le cours des événements est dans ses prérogatives naturelles, mais quel est son pouvoir et dans quelles conditions intervient-il, sachant que toutes les variables ne sont pas entre ses mains ?

Les lieux de gouvernement

L'actionnaire est un acteur impliqué ; mais il reste à considérer ses moyens d'implication. Il dispose de deux solutions non contradictoires.

Il peut commander à distance. Cette logique transactionnelle s'applique particulièrement bien en cas de morcellement de l'actionnariat. Le contrôleur émet des jugements et s'exprime par des actes d'entrée et de sortie, quitte à revenir plus tard. Il agit sur la fonction de valorisation des titres sur le marché en octroyant ou en refusant des financements. Il ne fait aucun doute que les ordres d'achat et de vente ont des effets sur l'entreprise.

Il peut agir sur le terrain même de l'entreprise, c'est-à-dire sur place et en participant (directement ou non) aux organes décisionnels. Le procédé est différent et relève d'une logique contractuelle de gouvernement. Autrement dit, faut-il qu'il émette des conseils en plus de l'exercice de ses fonctions purement financières ?

L'actionnaire apparaît plus clairement à la jointure des deux lieux de gouvernement : il est à la fois le principal de la firme et l'agent du marché.

Y a-t-il un mode de régulation préférable ?

L'actionnaire est en situation d'arbitrage et on peut se demander s'il doit se heurter aux limites du marché pour quitter son lieu d'évaluation et de contrôle pour entrer plus explicitement dans le processus de valorisation de la firme par le conseil et la prise de décision. Finalement, il y a deux scénarios.

Pour l'un, l'amélioration de l'information de marché suffit si l'on admet la suffisance des mécanismes d'échange. L'action par le haut se diffuse bien vers le bas. Pour l'autre, l'amélioration de l'information ne suffit pas. En ce cas, le marché a des limites intrinsèques, qu'une bonne communication ne dissipe pas. Dès lors, il est admis que le marché, même au mieux, est frappé de faiblesses et qu'il ne dispose pas d'une panoplie de moyens adéquats. En ce sens l'amélioration de l'information ne suffit pas si l'on considère qu'il faut se montrer patient en s'installant dans les structures et si l'on veut avoir un effet sur les performances à long terme, au-delà des pressions à court terme.

En résumé, le souci d'efficacité des montages financiers est louable, mais les conditions requises sont d'un niveau drastique que l'économie n'atteint pas. Dans le respect de la dichotomie habituelle, les frictions viennent du marché et de l'entreprise. Les premières sont bien cernées par les études financières. Les secondes mènent à la connaissance de la firme qui, dans une approche d'inspiration sociotechnique, se compose d'actifs productifs et d'hommes.

Les propriétaires, selon le principe de séparation des tâches, confient le mandat de gestion à la direction qui se trouve investie du pouvoir de décision. La dilution des prérogatives, liées à la division des tâches et du pouvoir, comporte des inconvénients exprimés sous forme de coûts. Pour l'essentiel, des risques insoupçonnés de transferts de richesse apparaissent, ouvrant la voie aux contrôles. Les financements en font partie et expliquent certains choix préférentiels, en fonction de leurs faiblesses et attraits respectifs. Le thème du gouvernement d'entreprise est considéré, ainsi que ses zones d'exercice.

L'entreprise apparaît clairement comme le lieu de création de valeur.

Les hypothèses du modèle théorique classique

Fiche 6

Le modèle classique insère l'entreprise dans un environnement financier particulier qu'il postule parfait. Cette hypothèse de travail sert de base à la théorie de la structure financière. L'approche est foncièrement dynamique dans la mesure où il s'agit de considérer des changements de politique financière et les ajustements qu'ils provoquent.

Le problème de fond est celui de l'incidence de la structure financière sur la valeur de la société : La valeur provient en toute logique des investissements mais dépend-elle aussi du choix des financements ?

La réponse est fournie par un modèle théorique dont la validité dépend d'un cadre d'hypothèses précis. Pour anticiper l'effet des financements, il faut disposer d'un schéma prédictif et de propositions qui simplifient les faits à quelques phénomènes dominants.

Ces hypothèses concernent à la fois le marché financier et l'entreprise.

Les hypothèses de marché

Le rôle du marché est de déterminer un prix, en l'occurrence le cours des titres cotés (actions et obligations). Les prix doivent être révélateurs de la valeur (*fair price*), moyennant la vérification d'une série d'hypothèses restrictives en matière de concurrence pure et parfaite. En termes financiers, on parle d'hypothèse d'efficience du marché (EMH) et d'absence de toute imperfection.

En conséquence, l'entreprise est évaluée par le marché, ce qui justifie l'usage de valeurs de marché.

Les principales hypothèses relatives au fonctionnement du marché sont rappelées :

- L'efficience informationnelle
- L'absence d'obstacles aux échanges qui sont autant de facteurs de distorsion (coûts de transaction nuls et absence d'impôt)
- La rationalité de comportement des investisseurs : ceux-ci sont pleinement informés des risques et peuvent exiger les compensations nécessaires.

Comme le prix est la seule variable du modèle, les conditions imposées lui permettent de s'adapter parfaitement au risque suivant un processus d'étalonnage.

Les hypothèses relatives à l'entreprise

La société est assimilée à un vecteur d'investissements rentables (ou portefeuille), où prennent place des catégories d'acteurs bien définies : les apporteurs de capitaux et les décideurs (management).

La société est présumée bénéficiaire et en continuation d'exploitation (*going concern*). Les conséquences sont une durée de vie longue (horizon infini) et l'absence de risque de faillite.

Un autre aspect important est l'absence de rationnement du capital, c'est-à-dire de restriction budgétaire sur les volumes de financement. Les ressources existent sur le marché et peuvent être obtenues en quantité suffisante pourvu que les projets soient suffisamment attractifs.

La présentation du bilan est simplifiée. L'actif retrace l'activité de l'entreprise au travers des actifs déjà en place et de ses opportunités futures d'investissement. Il se résume donc à un portefeuille d'actifs et de projets dont les caractéristiques sont données (en particulier le taux de rentabilité d'exploitation).

Le passif est un portefeuille de titres financiers (actions ou capitaux propres notés C et dettes notées D). Leur valeur a un sens dans l'optique des apporteurs et, en vertu du principe d'additivité V = C + D.

Les hypothèses en matière de risque et le modèle d'évaluation

La société est supposée bénéficiaire, ce qui exclut les pertes, mais pas la fluctuation du résultat, lequel peut tomber à un niveau relativement bas. Le modèle pose malgré tout une hypothèse forte en matière de résultat d'exploitation : celui-ci doit toujours être suffisant pour garantir le service de la dette. Autrement dit, celle-ci sera honorée. En revanche, la fluctuation du résultat d'exploitation n'interdit pas, qu'après paiement des charges financières, le bénéfice soit faible.

Le modèle ne retient que deux catégories de risque : celui lié à l'exploitation et le risque financier ou d'endettement. Le risque de faillite est nul et les risques d'agence sont écartés.

Le modèle d'évaluation :

La valeur d'un actif dépend uniquement de ses perspectives futures de revenu : elle est obtenue par l'actualisation de flux financiers à un taux correspondant à leur propre risque.

Conformément au choix précédent, l'horizon est infini. Par commodité de calcul, si on admet en plus que les flux sont constants, la formule d'actualisation est celle de la rente perpétuelle.

$$V_0 = \frac{Revenu}{Taux}$$

L'horizon infini ne pose pas de problème pour les actions qui ne sont pas remboursables et dont la durée de vie est égale à celle de la société. Une action est un titre perpétuel par essence.

L'horizon infini requiert, par contre, de travailler sur une catégorie particulière de dette. Celle-ci est normalement remboursable et destinée à s'éteindre. La dette n'est pas un titre perpétuel et il faut une hypothèse pour lui donner cette destination. Deux solutions sont possibles. La première consiste à travailler sur une dette à échéance unique à terme (*in fine*). La seconde possibilité est d'admettre la présence d'une dette renouvelable : c'est l'emprunt permanent. Ces choix ont des conséquences en termes de stabilité du taux d'endettement.

L'équation de base pour l'évaluation est relativement simple et de nature comptable. Elle repose normalement sur des flux de trésorerie. La présentation choisie est simplifiée : l'objectif est de découper le résultat d'exploitation en autant de revenus qu'il y a de parts (parties prenantes). Avec deux parts : RE = FF (frais financiers) + B (bénéfice).

Pour obtenir la valeur présente de chaque part, on utilise la formule de la rente perpétuelle en prenant garde de bien distinguer les taux d'actualisation correspondants (le taux r pour l'exigence de rentabilité des actions et le taux t demandé pour la dette).

La valeur des capitaux propres se note : $C = \frac{B}{r}$

La valeur des dettes s'écrit : $D = \frac{FF}{t}$

La somme de la valeur des titres financiers (C + D) est obtenue aussi à partir du résultat d'exploitation (RE) actualisé à un taux unique : le coût du capital (CC). Ce point sera développé ultérieurement.

Les taux d'actualisation sont spécifiques à chaque financement. Autrement dit, ils sont différents et cet écart est à la base de tous les calculs qui suivent. Dans l'optique des apporteurs, ils correspondent à leur taux de rentabilité exigés. Ces exigences dépendent des anticipations de risque et reposent sur le calcul d'une prime de risque.

Les hypothèses précédentes de risque permettent de clarifier la situation. Si la dette est sûre, le taux d'intérêt exigé est stable, quelle que soit la quantité de dette. La société peut emprunter une quantité croissante de dette au même taux (en réalité, dans un intervalle qui ne change pas sa classe de risque). Les prêteurs ont droit aux frais financiers prélevés sur le RE : ils sont exposés au seul risque d'exploitation.

En revanche, les actionnaires sont soumis à un risque plus élevé, car ils ont droit au bénéfice après paiement des frais financiers. Leur risque est double : celui de l'exploitation et celui de l'endettement. Leur exigence de rentabilité augmente avec la quantité de risque lié à la dette (phénomène du levier présenté plus loin).

Un raisonnement plus complet introduit une troisième part : celle de l'État qui perçoit les impôts sur les bénéfices (IS) au taux T. Les impôts sont actualisés au taux de rentabilité exigé par les actionnaires r car ce sont eux qui les payent et ils s'interprètent comme un manque à gagner.

La valeur des impôts se note : $\frac{IS}{r}$

Les changements de structure financière : les modes d'adaptation

Fiche 7

Mots clés

Relations bilatérales et multilatérales. La dilution, la mobilité, l'horizon de gestion. Le management. La valorisation du capital humain, l'emploi, les biais discrétionnaires.

Le changement est inhérent à la conduite des affaires et suscite des restructurations. Il est, en général, mis en rapport avec la croissance face à laquelle la capacité d'adaptation est une qualité majeure. Dans un tel contexte, l'entreprise fait appel à des ressources (financières et humaines) plus abondantes et variées. Les nécessités de l'analyse conduisent à les rassembler en catégories.

Dans la terminologie contractuelle, les droits de chaque groupe de participants se diluent et, en même temps, s'agrègent selon d'autres configurations. Le changement opère de nouveaux agencements de droits. Le nombre de transactions augmente. Le propos s'intéresse aux conditions qui entourent ces transformations structurelles. L'attention portée au point de jonction qu'est la transaction introduit le temps comme variable d'analyse.

Il y a de multiples façons de considérer le changement. Problèmes et critères d'analyse s'enchevêtrent, mais on retiendra deux points saillants.

I. La problématique de base de l'analyse des transformations

A. Le principe de dualité des droits et des relations bilatérales

Une structure est, par essence, évolutive. Les participants peuvent souhaiter modifier leurs parts respectives pour satisfaire leurs objectifs. Au moins doit-elle être capable de rendre ce service. Il s'analyse en termes de substitution car toute part réduite ou laissée vacante doit être pourvue à l'identique ou différemment. Mais il est judicieux de vouloir justifier l'existence de conditions d'équivalence pour encadrer le changement.

La question des financements illustre parfaitement cette intention. Les analyses appliquent le principe de dualité, c'est-à-dire le cadre habituel du vis-à-vis (ou *face to face*) entre deux parties. Cette situation de base est idéale pour établir une parfaite complémentarité des règles qui opèrent au sein d'un ensemble. En effet, la dualité a l'avantage de s'appuyer sur deux situations opposées. Toutefois, une dualité est discutable.

Elle soulève une première interrogation ; n'y a-t-il pas des cas de moindre substitution si les processus d'adaptation sont gênés dans leur application, par exemple troublés par des conflits ?

Une seconde interrogation est de savoir ce qui se passe si l'on sort du cadre de la dualité et quelles sont les conséquences d'un élargissement du système. Celui-ci peut s'étendre à d'autres acteurs qui intègrent le schéma initial, tout en respectant leurs propres règles de conduite. On songe à la présence d'autres entités non-détentrices de capital financier. Quelles sont les modifications entraînées par l'introduction de rapports multilatéraux dans une structure initialement duale ?

Il convient d'abord de se pencher sur les rapports des différents acteurs à leurs droits.

B. Deux catégories de droits aux titulaires hétérogènes : l'effet dilution

Plus qu'aux droits, l'attention va s'intéresser à leurs titulaires. Jusqu'alors, il a été admis que les acteurs calquaient parfaitement leurs comportements sur les droits dont ils disposent. Les changements apparaissent en distinguant plusieurs plans d'analyse.

Le premier niveau d'analyse est maintenant connu : il concerne les ensembles. Que chaque catégorie de participants ait des objectifs propres ne modifie pas le raisonnement initial, tant que l'on admet une possibilité de synthèse parfaite. En l'occurrence, les actionnaires et les prêteurs ont les capacités d'adaptation nécessaires pour un ajustement mutuel mais, faut-il le rappeler, uniquement entre eux (côte à côte ou *side-to-side*).

Sur un second niveau d'analyse, on peut toutefois admettre l'idée de déphasage entre ce qui est prévu par un dispositif contractuel et son exécution, non par défaut de respect du droit, mais parce que les conditions requises par le schéma d'ajustement ne se vérifient pas. Pour s'en convaincre, il faut regarder à l'intérieur de chaque catégorie et s'intéresser à la position des intervenants. En d'autres termes, l'unité d'analyse se déplace vers des sous ensembles plus fins, voire jusqu'aux individus.

Selon le régime d'adaptation idéale prévu au départ, si toutes les actions émises par une société sont identiques, la population des actionnaires est réputée homogène. À l'inverse, si chaque dette est différente, elle s'harmonise aux autres par ses conditions pour n'en faire qu'une.

Or, un régime de substitution parfaite n'est pas vérifié nécessairement, si le remplaçant n'est pas la copie exacte du partant ou si les conditions accordées au nouvel arrivant affectent ou ne sont pas conformes à celles qui s'appliquent à ceux qui restent (en rendant les positions anciennes inadaptées par exemple). L'hypothèse étudiée est celle de la non-identité des acteurs, plus couramment appelée hétérogénéité de classes.

En d'autres termes, on peut continuer à parler de l'action, comme titre au singulier, mais en reconnaissant qu'il y a des actionnaires, au pluriel. De même, il n'y a pas la dette du bilan de l'entreprise, mais des dettes obtenues à des époques différentes auprès de créanciers distincts. Il devient pertinent de se demander quels sont les facteurs d'hétérogénéité, s'ils forment une autre variable de risque et comment les modèles gèrent les différences.

Pour conduire cette analyse, une adaptation du cadre d'observation s'impose. Le temps semble être le facteur d'hétérogénéité déterminant. Pour les acteurs, il s'exprime en termes de durée de présence effective (la sortie, l'interruption) par rapport aux dispositions du contrat de référence (durée précise ou non). L'outil d'analyse est la mobilité des participants.

Si l'on observe les processus d'évolution par l'hétérogénéité, on constate que les temps de présence ne correspondent pas, ni entre catégories ni au sein d'une même catégorie.

Le temps est aussi un facteur de déstructuration et de restructuration. Il met en scène l'effectif d'une population d'acteurs et les transformations de leur nombre. Le temps fractionne et reconfigure les catégories.

En conclusion, il en ressort à la fois des phénomènes admis et d'autres qui s'avèrent gênants pour la construction théorique dominante. Dès lors, les conditions initiales affichées d'efficacité des ajustements ne perdurent pas obligatoirement. Les mécanismes existent mais ils s'appliquent mal.

Par suite, une structure peut devenir un ensemble conflictuel. La diversité des stratégies et des modes d'organisation qui règne entre les titulaires des droits en est à l'origine. L'ensemble ne s'adapte pas comme prévu si seules certaines des parties le font, ou mieux que d'autres. On ne peut pas rejeter l'hypothèse de conflits entre actionnaires et entre prêteurs en raison de différences de capacités d'ajustement.

Ces remarques conduisent à l'étude d'un autre cadre.

II. Le cadre général des relations multilatérales

La question porte sur la mise au point de mécanismes d'ajustement des structures.

Dans une structure financière, la question permanente est celle du rapprochement des catégories de droits entre elles. Elle se concrétise par des situations de mixité où doit s'opérer la synthèse de problématiques différentes.

Les premiers droits qui viennent à l'esprit sont financiers. Mais la diversité des critères de regroupement possibles peut être telle que l'on aboutit à des configurations plus complexes. Quelques exemples de reclassification des droits peuvent être proposés.

Les proportions respectives des deux catégories de droits que représentent les actions et des dettes fournissent le premier niveau d'analyse. Il est privilégié par la théorie, mais sans oublier une autre question plus précise qui est celle de leurs détenteurs. On peut se soucier de la répartition des titres au sein de chaque catégorie par la prise en compte de la dilution des actions émises et en ne confondant pas quantité de dettes et nombre de prêteurs.

La différenciation des droits par leur circuit d'émission est un autre thème de comparaison instructif. La théorie admet ainsi que la mixité peut se manifester par la présence d'actions, titres de marché, et de dettes bancaires, titres d'intermédiation. En un mot, tous ne sont pas cotés. Cette nuance permet de cheminer vers une autre situation : celle où les titres financiers sont éloignés les uns des autres en termes de connexion avec le marché.

La politique de diversification de portefeuille par les investisseurs est un autre axe d'analyse. Elle s'appuie sur des catégories de titres et d'émetteurs différents. Mais rien n'interdit à une même personne de détenir à la fois des actions et des titres de dettes cotés d'une société donnée. Elle applique deux logiques différentes mais se trouve dans une position statutaire unique par cumul de droits (c'est le cas du « *strip financing* » qui permet d'être présent des deux côtés). De même, est-il permis de changer de statut avec des titres convertibles.

Il en ressort autant de facteurs de diversité, variablement étudiés en théorie.

A. Le dépassement de la dualité des composantes structurelles

Jusqu'alors, le raisonnement a été mené sur les titres financiers (au nombre de deux : les actions et les dettes).

Une telle analyse applique une conception « produit » très marquée et débouche sur des profils types d'acteurs, c'est-à-dire sur des standards en matière de comportements et de gestion. Cette même réflexion adopte de plus une vision « patrimoniale » de la finance, car elle s'intéresse de façon prédominante à la valeur conférée à la propriété du capital social.

La valeur des droits de propriété dépend de deux leviers temporaires fournis par les titulaires d'autres droits. Il y a d'abord les prêteurs, déjà clairement incorporés dans la structure financière. Mais, pour être complet, cette dualité initiale s'efface avec l'arrivée d'une troisième catégorie d'acteurs, ce qui élargit le périmètre de la mixité des droits.

Ces acteurs, dont le rôle est central, sont les dirigeants. Par nature, ils appartiennent à une catégorie étrangère, c'est-à-dire non financière, puisqu'ils ne participent pas à l'apport de fonds. Ils forcent donc à introduire une exception aux règles d'analyse des rapports exclusivement duaux et financiers entre apporteurs.

Avec une mixité ainsi redéfinie et des relations trilatérales, l'analyse des comportements est à reconsidérer. La question des objectifs vient au premier plan. L'usage d'un objectif unique et appliqué par tous a été un facteur de simplification, mais il résiste mal à la multiplication des catégories. Sortir du cadre premier, c'est reconnaître à chacun le droit de suivre ses propres finalités. Les approches récentes mettent en avant les contradictions d'objectifs qui peuvent surgir et les conséquences qui en découlent (*side effects*). Pour en arriver là, il faut des vices de contrôle entre les sources de pouvoir généralement reconnues : celui des prêteurs, des actionnaires et celui des non-financiers. En résumé, les relations déduites de la mixité des droits provoquent des risques de conflits coûteux et préoccupants. On admet toujours, mais jusqu'à un certain degré, que les droits sont les memes au sein d'un groupe determine.

B. Des relations inscrites dans des cadres temporels différents

Pour disposer d'outils d'analyse du dépassement de la dualité des droits, il faut se mettre à la recherche de critères susceptibles de modifier le traitement des substitutions et qui seraient de nature à nous éloigner des conditions d'équivalence affichées.

La mixité des droits n'est plus exclusivement financière. Comme de plus, elle est appelée à évoluer, la recherche d'une perspective appropriée transporte l'analyse des relations entre acteurs sur l'axe du temps et plus précisément sur la durée.

Comme premiers éléments d'information, on dispose des caractéristiques de maturité des titres et des apports. Mais ce critère peut se révéler incomplet pour analyser les comportements d'acteurs qui inscrivent leurs décisions dans des cadres temporels différents. Des droits sont normalement faits pour circuler, ce qui pose aussi la question de leur caractère renouvelable. Or, on constate l'existence de plusieurs modes de transformation. Si les processus de gestion ne fonctionnent pas à l'identique pour tous les acteurs, on préfère raisonner en termes de temps de présence dans une opération. Il est fortement lié à un autre critère : la division des droits.

1. Durée d'immobilisation des fonds et temps de présence des investisseurs

Une durée d'immobilisation s'applique originellement à des capitaux. Cette notion d'origine comptable distingue les titres financiers selon qu'ils concernent le court terme ou le long terme.

Transposée aux acteurs, la durée spécifie leur temps de présence. Mais elle devient alors un critère comportemental qui relève du choix d'un horizon de gestion.

Les deux concepts temporels ne correspondent pas obligatoirement, car l'un concerne des capitaux et l'autre des individus qui, pour ce qui les concerne, ont des options comportementales spécifiques. Le temps de présence est toutefois un bon critère d'analyse de leur politique d'investissement et de désinvestissement, pour savoir s'ils vont rester ou partir. Cette notion permet d'examiner le droit au retrait et le mode de récupération de la valeur après avoir mis des capitaux en commun. On sait, en effet, que chacun prend la décision de continuer à soutenir ou non un projet, selon les perspectives qui s'offrent à lui et selon les transferts dont il a bénéficié ou éventuellement pâti. De même, chacun observe le caractère récupérable de ses investissements et se soucie, si besoin est, de savoir qui peut sortir le plus vite et dans les meilleures conditions.

Le temps de présence est aussi une façon alternative de considérer la mobilité. Mais si celle-ci désigne une qualité que l'on a ou non à un moment donné, il apporte un positionnement plus large sur la durée. Parler de temps de présence suggère en outre l'usage d'un critère de distance envers des acteurs de remplacement, soulève la question de leur existence et conditionne les facultés de déplacement aux caractéristiques des titres financiers détenus. On songe, bien évidemment, aux facilités de substitution entre apporteurs de capitaux. On notera aussi que le temps de présence conduit l'analyse plus loin vers les préoccupations de sécurité voire de confiance.

2. De la maturité des titres à la mobilité des acteurs

Les règles qui coordonnent la dualité des financements sont intangibles, non susceptibles de modifications, mais les circonstances dans lesquelles les acteurs peuvent s'en déconnecter sont à envisager.

Le « temps » des acteurs est un critère distinctif qui permet d'explorer les conditions de sortie des placements. Celles-ci sont, avant tout, propres à chaque droit financier. On peut distinguer trois processus, ou ensembles de règles, différents.

Les actions ont, par essence, une durée de vie longue qui se confond avec celle de la société. Mais leur temps de détention peut être réduit par la cession (encore faut-il que les conditions s'y prêtent). Les actions obéissent à un processus de transmission. La valeur résiduelle est une valeur de transfert, car les actionnaires successifs échangent leur place par des transactions. Il y a une circulation permanente de titres, mais cela n'indique pas pour autant qu'elle se reproduit à l'identique. La force du marché est de maintenir la disponibilité du capital mais naturellement à un prix variable. En conséquence, la durée de l'acte de propriété (limitée) s'écarte de la durée de vie du titre (*a priori* infinie).

Les dettes ont, par essence, une durée de vie plus courte et donnée. Elles sont régies par un processus d'extinction. Ce qui compte est ce qui se passe à la fin : les prêteurs ne se transmettent pas de valeur dans le temps, puisque la valeur terminale est nulle. Dans la relation avec l'entreprise, il y a remise à plat du contrat et renégociation faisant l'objet d'un réajustement des conditions. Avant maturité, la plupart des dettes sont incessibles par leurs détenteurs et à la rigueur transformables. En ce cas, les prêteurs ont un horizon qui se confond avec celui du titre. Mais il y a toutefois des dettes qui confèrent plus de liberté avant l'échéance finale (comme la titrisation), scénario non considéré ici.

Les rapports entre ces deux catégories de droits, considérés comme fondamentaux, ne sont pas autonomes. Ils sont régis par les dirigeants selon des méthodes qui restent à préciser.

Enfin les dirigeants eux-mêmes sont soumis à une logique particulière dans la mesure où cette catégorie peut faire l'objet d'un processus d'exclusion. Mais à l'inverse, il est reconnu qu'ils peuvent faire obstacle au depart force en se rendant difficilement remplaçables (inamovibles selon la théorie de l'enracinement). Les conséquences seront explorées plus loin.

Finalement, il y a coexistence de trois logiques différentes d'organisation des temps de présence. En cas de permanence du droit, un pouvoir de transmission lui est associé. À l'opposé, un droit limité dans la durée est non transmissible. Enfin, les dirigeants sont confrontés à une logique d'interruption (certes bilatérale) dénuée de mode de récupération de la valeur (faute d'apport initial en tant que tel). Autrement dit, ils ne bénéficient d'aucune des dispositions conférées aux autres droits.

Pour ces raisons, la position des dirigeants mérite une étude particulière. Ils respectent d'autres règles de conduite et leur rationalité est sujette aux conditions d'exercice de leurs fonctions. Les circonstances du départ sont contractuelles et définies au cas par cas.

Ces éléments sont facteurs de risque pour les dirigeants, risque laissé à l'appréciation de chacun des contractants qui le gèrent selon leurs perceptions. On s'interrogera plus tard sur la façon dont ce risque peut influencer leurs comportements ou sur ce qui est susceptible d'être récupéré en contrepartie. Une telle situation est corrélativement une source d'incertitude pour les apporteurs de capitaux.

Tout ce qui l'on peut dire est que les dirigeants sont présents dans les relations financières, tout en n'étant pas ayants droit. Ils ne sont pas susceptibles de modifier le jeu des règles initiales, mais quel est leur rôle exact ?

En résumé, les temps de présence des uns et des autres ne correspondent pas ; il n'y a pas de concordance forcée. De plus, les règles de présence suivent des processus différents. On utilisera ces particularités comme outils d'analyse du risque.

Le temps de présence se complète d'un autre critère.

3. La division des droits financiers et les rapports entre participants

Même si le droit à la mobilité existe, son exercice effectif est conditionné par un degré de dilution suffisant. Ce critère associé, et d'ordre numérique, désigne un phénomène de dispersion au sein d'une population. La diffusion des droits est importante pour juger des possibilités d'entrées et de sorties en cours de route qui sont offertes aux acteurs.

Les diverses positions vont être considérées tour à tour.

Les actionnaires

Leur horizon est long par nature, mais sans pouvoir préjuger d'une quelconque attitude individuelle standard. Il y a plusieurs façons de considérer la division des droits.

Le courant théorique dominant indique que, si les actionnaires se remplacent mutuellement, ils appliquent la même logique (ils se suivent en appliquant la même rationalité). Il pourra conclure que tout se passe comme s'il n'y en avait qu'un seul. D'un côté, les actionnaires forment eux-mêmes une chaîne, où tout départ appelle automatiquement un remplacement. Tous se valent. De l'autre côté, la société n'a pas à s'en soucier, ni même à être informée (sauf franchissement de seuil). Cela ne présenterait ni gêne, ni coût. Pour la société, les actionnaires sont parfaitement permutables et remplaçables, tout comme les financements sont substituables.

L'action reste, mais ses titulaires changent. La mobilité permet une présence de durée limitée, mais les actions doivent être détenues quelque part. Par suite, leur valeur est indépendante des remplacements. En conséquence, les actionnaires types sont universellement nombreux, de petite taille, c'est-à-dire tous identiques.

Il conviendrait toutefois de modérer l'hypothèse de fluidité parfaite en considérant d'autres phénomènes.

Une première distinction se fonde sur la dualité des actionnaires minoritaires et majoritaires (la géographie du capital social). Tous n'ont pas forcément la même rationalité. Dans ces circonstances, certains recherchent le contrôle moyennant un allongement de leur temps de présence. Par conséquent, ce n'est pas tout à fait la même chose de dire que s'ils se remplacent, ils appliquent la même rationalité. Un axe de conflit possible apparaît dans l'opposition entre les majoritaires et les minoritaires. Ils ne sont pas tous identiques si l'on sort du cadre de l'atomicité.

Outre la distinction selon le degré de participation au capital, le thème de la différenciation de l'actionnariat peut se vérifier dans la séparation entre ceux qui sont anciens et les nouveaux arrivants. La théorie classique, parce que prescrite dans un environnement parfait, indique que l'augmentation du nombre s'opère dans des conditions équitables.

On ne peut cependant pas exclure qu'une génération d'actionnaires soit à même de prendre des décisions préjudiciables à la suivante, qui en tiendra plus ou moins correctement compte au moyen de la détermination de la valeur résiduelle. Le transfert des titres est une source de conflit possible. La mobilité peut être entravée par des questions de nombre.

Les prêteurs

Ils sont d'emblée impliqués pour une durée précise : celle du prêt. Leur objectif est la récupération des fonds et le mode de recouvrement est programmé selon le schéma d'extinction de la dette. On a déjà insisté sur l'importance du dénouement final de l'opération. Dans l'intervalle qui sépare de l'échéance finale, le titulaire du droit reste attaché à sa créance. Faute de tout dispositif de cession, le prêteur est lié à l'entreprise. La capacité à honorer la dette dépend de la rentabilité des actifs et des comportements des actionnaires ou de leurs représentants. Une dette non remboursée est une entorse au principe d'extinction.

Il y a toutefois, ici aussi, des exceptions. Si la dette est obligataire (cotée), elle rejoint l'action dans ses caractéristiques de cessibilité. De plus, des formules spéciales prévoient des droits supplémentaires de conversion. Enfin, la mobilité du prêteur se manifeste à tout moment, en présence de clauses introduisant une certaine souplesse de décision.

Si l'on s'en tient au cas général de la dette bancaire, les prêteurs d'une société sont moins nombreux que les actionnaires et leur mobilité n'est pas prévue. Elle est potentiellement réduite et il n'est pas rare que le prêteur soit même plus longuement attaché à la société que l'actionnaire.

Si mobilité il y a, elle se manifeste plutôt vis-à-vis de l'entreprise. On en trouve une illustration *in fine*, au moment du renouvellement du prêt. La question se pose en termes de suspension des concours ou, au contraire, en termes d'établissement d'une relation de clientèle durable. La mobilité se manifeste aussi avant la fin du contrat, selon des modalités spéciales. On sait que le prêteur peut se montrer réticent, en cas de difficultés de paiement, à la négociation de tout autre concours, alors que la dette existante n'est pas encore parvenue à son terme. En un mot, un crédit peut être retiré.

Face au constat de difficulté dans l'application du critère de mobilité, il reste celui de la division des droits pour avancer dans la différenciation des prêteurs. Comme pour les actions, on suggère d'utiliser le nombre de participants pour cerner les relations entre prêteurs. Des conflits peuvent surgir entre plusieurs catégories de créanciers, sur la base de la structuration entre les anciennes et les nouvelles dettes.

Ce phénomène porte le nom de « dilution des créances ». Il affecte les capacités de remboursement des anciennes dettes, notamment en présence de sûretés pour certaines d'entre elles. Un nouveau droit peut déclasser ceux qui sont déjà existants, car il est évident qu'il est mieux adapté aux circonstances du moment et qu'il menace les chances de remboursement des plus anciens. Il constitue une source de conflits entre titulaires de droits fixes. Il y a quand même des exceptions aux périls qui pèsent sur les créances (la présence de clauses de révision).

Les capacités de transformation des créances s'évaluent aussi à ce stade. Les risques viennent du fait que chaque contrat régissant un droit fixe est unique et spécifique, à la différence du contrat de droit variable qui est général et standard. L'action s'adapte automatiquement: elle est comparable et identique à toute autre et perpétuellement « à jour », comme le prouve le raisonnement sur un titre symbolique. Mais on a vu que les actionnaires s'en démarquent: ils ne sont pas tous identiques. En revanche, les différences sont plus nettes entre dettes.

En résumé, la division des droits est nécessaire pour des titres appelés à circuler (les actions). Il est logique que, là où la mobilité est indispensable, on s'intéresse d'abord aux conditions de sa réalisation. Mais l'aisance attachée à la mobilité peut être réduite par la présence de blocs d'actions.

Les titres qui ne circulent pas sont aussi concernés par la division des droits, mais leurs rapports sont plus particuliers et prennent d'autres formes. Là où la mobilité n'est pas un critère déterminant, faute de pouvoir s'appliquer entre prêteurs, les relations prennent un caractère figé et l'on s'intéresse davantage à l'augmentation du nombre des dettes et à l'empilement qui caractérise l'élévation du taux d'endettement. Le nombre de banques est un critère d'analyse pertinent. Le changement apparaît à l'occasion de l'arrivée de nouveaux prêteurs et affecte les rapports entre créanciers.

Les conflits viennent des disparités des temps de présence et des modes de désengagement.

III. L'analyse spéciale des « droits du management »

Le contrat qui associe les actionnaires et les prêteurs dépend, pour sa réalisation, d'autres acteurs. Le *manager* est, dans le cercle des personnes influentes, celui qui occupe la position la plus proche, car il se situe à un niveau comparable à celui de l'actionnaire et du prêteur. Il importe de considérer sa place, ses fonctions et la nature des rapports qu'il entretient avec les détenteurs des autres droits, tous financiers.

Le *manager* ne relève pas d'une logique similaire à celle des apporteurs de fonds. Sans entrer dans les aspects sociaux et stratégiques des nombreuses analyses qui lui sont consacrées, on tentera pourtant d'établir, autant que possible, un parallèle avec le raisonnement financier par l'usage d'un concept valable pour tous : le capital apporté.

A. Les dirigeants

Soulignons tout d'abord que, dans cette approche, les *managers* forment la seule partie visible du personnel. Ils sont au service de l'entreprise, ce qui permet à des modèles financiers d'en faire une variable secondaire ou passive. On sait pourtant qu'ils ont des objectifs propres et l'objet du débat porte sur l'art et la manière d'en tenir compte ou de les ignorer.

Il peut paraître surprenant de vouloir les incorporer dans une étude centrée sur les titres financiers. En fait, ils participent activement, par leurs actes de gestion, à la valorisation des ressources et, si influence il y a, il conviendra d'en préciser la nature. Les dirigeants sont souvent présentés de façon annexe. Nous pensons, au contraire, qu'ils font partie à part entière de toute approche financière au point de les doter d'un autre droit, représentatif de leurs apports et fonctions. L'attribution d'un droit propre va plus loin que de les tenir pour de simples utilisateurs des ressources des autres parties par l'intermédiaire des budgets.

Plusieurs conceptions sont développées à leur égard.

Selon la plus ancienne, les dirigeants sont recrutés pour servir les intérêts des actionnaires, dont ils sont les agents. Ils se situent bien dans leur prolongement en position de subordination et ne sont pas appelés à apparaître comme tels en cas de parfaite harmonie. Plus largement, ils gèrent les relations entre les actionnaires et les prêteurs, toujours dans les intérêts des premiers. Dans l'optique des propriétaires, le *management* endosse le rôle d'un levier mis en place pour les seconder et les décharger de certaines fonctions décisionnelles. Son concours est de durée indéterminée et variable selon l'appréciation portée à son égard. Le *management* joue un rôle majeur mais il est mis au second plan.

Si l'on se soucie de prendre en considération le point de vue des dirigeants, leur présence prend la forme d'un engagement de nature à la fois exclusive et raisonnée, puisqu'il est pris pour un seul employeur mais tout en restant dans la perspective du marché du travail. Par la force des choses, on sait que tout actif investi dans un emploi se trouve dans l'ambivalence d'une comparaison avec un marché. La nature complexe de cette situation est à retenir.

Cette autre conception, sans nier leurs fonctions d'agents, souligne qu'ils ont aussi leurs propres objectifs. En interprétant cette idée simple, on comprend que les dirigeants sont élevés au rang d'acteurs majeurs de la valorisation des actifs, mais à double titre. Ils valorisent les actifs de la firme, ce qui est mesurable par le résultat. De plus, comme toute personne, ils sont par eux-mêmes un actif au sens premier du terme. La prise en compte du capital humain est le phénomène central de la remarque. On indique par là que les dirigeants gèrent deux formes de capital : celui de l'entreprise et le leur, c'est-à-dire leur carrière. Faute d'unicité de préoccupation, les dirigeants organisent cette dualité selon leurs propres arbitrages. Il s'agit de deux droits. Dans les deux cas, les compétences sont les éléments-clés de la question, à la fois pour la réussite de la firme mais aussi pour eux-mêmes et leur avenir.

Si l'on dispose de la notion de capital humain pour aider à cerner la rationalité des *managers*, on sait aussi que tout capital connaît des risques auxquels il faudra ajuster une fonction de valorisation. Celui-ci semble particulier à bien des égards, tant par ses modalités que par les interprétations qu'il suscite. Un capital n'a de valeur que dans son emploi, ce qui porte à l'organiser en conséquence. Des hypothèses semblent pouvoir être formulées quant aux moyens de gestion disponibles au management, puis discutées en fonction des circonstances.

B. La nature particulière du capital humain

Le capital humain n'a de valeur que par le travail qui dépend lui-même de l'emploi. Ce dernier est son support de valorisation.

En suivant cette idée, il est intéressant de noter que l'état dans lequel se trouvent les dirigeants revêt aussi des aspects financiers. Plus exactement, leur contrat est à même de trouver sa place dans l'éventail de classification retenue en matière de financements. C'est ce que nous allons tenter de considérer.

Le contrat de direction ne peut pas être comparé au capital social qui assure la continuité et est transmissible. L'action est ce qui reste : elle connaîtra tous les événements à venir de la société. De plus, même si les dirigeants contribuent à la valeur, ils n'y sont pas directement intéressés et ils n'absorbent pas les conséquences financières des affaires de la même manière que les actionnaires avec leurs apports.

Le capital humain partage mieux certaines de ses caractéristiques avec la dette. L'un comme l'autre sont des leviers temporaires à la disposition des propriétaires. Il y a un terme au contrat de participation de chacun.

Mais au-delà, les possibilités de comparaison tendent à s'estomper. Dans ce parallèle avec les droits financiers, on constate que le capital humain se distingue aussi de la dette.

Le contrat de dette repose sur le prêt, au sens premier. Comme tel, l'objet du prêt doit être rendu. Le contrat portant sur le capital humain ne peut pas comporter cette exigence et s'approcherait donc plutôt de la location.

Le personnel est propriétaire de son capital productif ; il n'entre pas dans le patrimoine de l'employeur. En revanche, ce dernier exerce ses droits de propriété sur le produit du travail humain, c'est-à-dire sur les valeurs créées. Enfin, le personnel apporte ses services de manière totale et exclusive (selon la formule « tout ou rien »). La littérature insiste d'ailleurs largement sur l'absence ou les restrictions de diversification du capital humain.

Le capital humain est un bloc, non séparable de son titulaire et non sécable. Une fois entré dans un emploi, il y a peu de remise possible (comme cela se vérifie pour un prêt). L'activité à temps plein fait que l'on ne peut ni ajouter ni retrancher autrement qu'à la marge. Il y a peu de modularité sur l'engagement. La seule vraie issue est la sortie ; mais à la différence du prêt d'argent, il n'y a rien à rendre ou à récupérer à cette occasion, si ce n'est la disponibilité de son capital.

Ces quelques réflexions forcent à préciser davantage les spécificités du capital humain face aux autres formes de ressources, en particulier financières.

Si les caractéristiques de valorisation sont communes à l'ensemble des formes de capital (elles sont toutes extraites d'une suite de revenus futurs), ce sont les éléments issus de la cession qui semblent faire la différence.

Dette et capital humain ont en effet une maturité, mais il y a une première différence notable car, si le prêteur attend la fin de son contrat comme gage de son bon déroulement, le travailleur a plutôt tendance à redouter cette issue.

L'autre élément important est de considérer ce qui se passe une fois parvenu à cette maturité. Toutes les ressources financières ont une valeur liquidative en dehors de leur pouvoir de valorisation. En d'autres termes, elles ont une valeur hors de leur usage, parce les unes peuvent être transformées, en tout ou partie, en liquidité par la cession et parce que les autres sont remboursées. Le capital humain n'a pas cette valeur en dehors de l'emploi. On en tire deux autres conséquences.

Le premier constat est que le capital humain n'est pas récupérable en une ni plusieurs fois, comme peuvent l'être les autres formes de ressources. C'est un contrat sans suite tant qu'il n'y a pas de reconduction du service par un employeur.

Le second constat est qu'il ne peut pas faire l'objet d'une vente et qu'il est dépourvu de valeur de cession. Le capital humain n'a donc qu'une seule valeur : celle tirée de sa rentabilisation.

Les dirigeants ont un temps de présence indéterminé et variable. Il est d'abord fonction de ce que décident les actionnaires, lesquels se déterminent à partir des performances réalisées. Au motif de contrôle et de sanction, le discours et les pratiques dominantes mettent l'accent sur la course à la rentabilité des capitaux propres et sur les pressions à l'efficacité exercées par les propriétaires sur les directions. Ses membres peuvent être limogés (ex. *ad nutum*). Certes, ce processus de sortie est aidé par le marché du travail qui tient une grande place en organisant la mobilité entre les firmes.

Mais précisément, si la littérature insiste beaucoup sur le pouvoir de discipline que peuvent exercer les actionnaires, elle considère moins les opportunités de départ offertes par le marché et qui peuvent aller à l'encontre de leurs intérêts. Comme souvent, lorsque l'on adopte l'optique des actionnaires en se concentrant sur leurs moyens de contrôle, on tend à oublier les embarras qu'ils peuvent avoir à affronter. Or, tout levier a un côté négatif comme on le sait.

En se préoccupant des soucis des actionnaires, le risque est de perdre de vue que les dirigeants ne sont pas sans pouvoir et qu'ils peuvent décider de partir de leur propre chef. Les actionnaires sont attentifs au départ des équipes qui désorganise, sinon vide, une entreprise de son talent de création de valeur. Ils doivent alors assumer le départ des dirigeants qui emmènent leurs compétences avec eux.

Pour la société, la sortie volontaire de dirigeants pose problème, éventuellement avec plus d'acuité que le départ d'actionnaires, car une perte en capital créatif réduit d'autant leurs perspectives futures de revenus. C'est aussi une source de gêne et de coûts qui peuvent être significatifs en termes de recherche de nouveaux responsables, de formation et d'adéquation au poste. Les frais engagés pour pourvoir au remplacement sont souvent élevés. Au niveau hiérarchique qui est celui des dirigeants, il n'y a pas de remplacement facile et à l'identique. Les actionnaires ne voient pas favorablement le départ des dirigeants talentueux.

En résumé, en présence d'un marché du travail actif, le remplacement des partants est perçu comme possible. Mais il opère aussi en sens contraire en facilitant le tremplin vers d'autres emplois. Il faut enfin compter sur les concurrents pour s'en réjouir si ce n'est pour inciter au départ des dirigeants en satisfaisant leurs visées professionnelles.

Il s'ensuit deux caractéristiques particulières en matière de mobilité des dirigeants.

À l'initiative des actionnaires, il y a lieu de reconnaître leur pouvoir de licenciement mais aussi d'attraction. On comprend ainsi l'intérêt qu'il y a à retenir et à fidéliser les bons dirigeants.

Ensuite, la mobilité et le temps de présence s'apprécient de deux points de vue différents : celui des actionnaires qui ont un pouvoir d'éviction ; celui des dirigeants qui peuvent partir de leur plein gré.

Cette ambivalence est intéressante car elle ne s'applique pas (au moins de la même façon) aux détenteurs de titres financiers. Un apporteur de capitaux n'a pas le pouvoir d'exclusion d'un autre, qu'il appartienne ou non à la même catégorie. On ne peut pas interdire à un investisseur de fonds d'intervenir, pas plus qu'on ne peut lui rendre ses capitaux de force. Il y a des règles précises. Un investisseur est quasiment inamovible : sa mobilité est soit contractuellement définie, soit délibérée et laissée à son appréciation. Elle repose sur le libre-arbitre, avec la nécessité de prévoir une relève ou non.

La mobilité des dirigeants est d'une autre nature : elle peut être discrétionnaire. Mais les aspects volontaires mis à part, on ne considérera par la suite que les formes imposées puisque le risque d'expulsion est leur spécificité. Quelles peuvent être les conséquences de cette particularité ?

C. La gestion de l'emploi par les dirigeants

Le dirigeant privilégie l'emploi. Sa sauvegarde apparaît comme décisive et une attitude conservatrice semble prévaloir, mais à un degré plus ou moins élevé de mise en application. Dans cette hypothèse, le goût des choix risqués n'apparaît pas comme le plus courant conformément à l'adversité qui caractérise mieux les comportements.

Les risques qui pèsent sur l'emploi des dirigeants surviennent dans diverses circonstances. Ils les supportent en cas de réorganisation des fonctions au sein de l'entreprise. Mais l'événement le plus marquant est l'apparition de difficultés et de mauvaises performances. Certes, les dirigeants ne supportent pas le risque des affaires qui incombe aux actionnaires en dernier ressort, mais ils y sont exposés au travers de leur emploi d'autant plus que leur taux de diversification est nul. Les dirigeants sont révocables : cette mesure est une sanction individuelle exerçable à tout moment. Ils sont exposés enfin au risque de faillite qui est une issue finale et collective.

Plusieurs solutions sont possibles.

La limitation ou l'hésitation face aux risques est une première possibilité. Cette mesure préventive indique la voie dans laquelle les efforts seront le plus vraisemblablement déployés. Un dirigeant salarié qui choisirait des investissements hautement risqués mettrait lui-même son emploi en péril, soit parce que l'affaire trébuche, soit parce qu'il est remercié pour ses choix hardis et malheureux. Les décisions seront prises de manière à limiter le risque de la firme et donc l'éventualité de la perte de l'emploi.

Outre la protection contre le risque, les dirigeants sont animés par le souci de valoriser leur capital. Cet autre phénomène a reçu une attention toute particulière dans la littérature financière. La valorisation du capital est obtenue par le revenu, composante officielle, mais on suspecte plus volontiers sous ce thème l'utilisation qui peut être faite des budgets alloués dans le cadre d'un poste hiérarchique élevé, notamment lorsqu'elle prend des formes moins visibles. On pense ici à ce que la littérature qualifie de « biais discrétionnaires ». Pour l'illustrer, on songe aux avantages attachés à la fonction occupée. La difficulté vient de leur identification : les modalités d'application sont variées et les finalités mal connues.

Cette orientation théorique avance que les dirigeants cherchent à optimiser leur présence. Mais tout est question de nuance et d'interprétation.

Ces pratiques ont en commun de s'exercer de façon autonome sous forme d'auto gratification dont les dirigeants restent maîtres des modalités et selon leurs préférences. Le problème est précisément qu'elles ne sont pas contrôlées par les actionnaires.

De tels avantages ne peuvent pas être transférés en dehors du contrat de travail. Ils n'ont de valeur que dans l'emploi ou, ce qui revient au même, ont une valeur nulle en cas de départ. Si ces avantages n'existent pas au-delà du travail, ils n'ont aucun effet prolongé dans le temps et ne constituent pas une mesure de sauvegarde. Par contre, le but des dirigeants est de rester en place pour disposer de la gestion de ces budgets.

D. La nature controversée de l'espace discrétionnaire

Toutes les conditions sont réunies pour créer un débat entre interprétations opposées. Le jugement prononcé dans la logique de l'actionnaire va dans le sens de la condamnation. Mais d'un point de vue dominant et fermement accusateur, la réflexion peut se diriger progressivement vers une autre série d'arguments.

Le point de vue des actionnaires

Le comportement incriminé est celui qui consiste à tirer parti, autant que possible, si ce n'est au maximum, d'une position occupée temporairement. Ces avantages sont mal perçus par les actionnaires, puisqu'ils sont qualifiés de prélèvements ou de « biais » discrétionnaires. La raison est qu'ils ne les contrôlent pas et qu'ils réduisent les bénéfices. Ces pratiques sont jugées suffisamment graves pour les amener à fonder l'appréciation des dirigeants sur leur existence, en plus des performances réalisées. Il y a peu de cas de clémence envers les dirigeants, sauf peut-être celui de la réussite. En règle générale, ces pratiques doivent être éradiquées.

Le propos tenu est majoritairement négatif. Il est plus délicat de connaître la vraie nature du problème, c'est-à-dire les mobiles et les opportunités dont il a besoin pour se manifester (comme l'abondance des liquidités).

Le point de vue des dirigeants

Il a déjà été abordé, mais mérite encore quelques approfondissements. Le dirigeant se projette dans l'avenir pour évaluer le risque futur dont il pourrait souffrir à la suite d'une suspension d'emploi et de la rupture de revenu. Il est plutôt démuni, mais dispose de plusieurs moyens d'action.

On sait que, à titre préventif, les dirigeants peuvent tenter de limiter le risque global de la firme par leurs décisions. La meilleure façon d'échapper aux conséquences néfastes de l'inactivité serait d'en réduire les risques d'apparition, c'est-à-dire de parer l'événement. Les investissements seront choisis en fonction de cet objectif.

Mais dans d'autres cas, aucun effet de réduction du risque ne peut être espéré des mesures qui sont prises. Une rupture d'emploi peut toujours survenir. Il serait donc plausible de se tourner vers d'autres solutions qui permettent de préparer l'issue défavorable, c'est-à-dire le manque à gagner qu'elle provoque. Ne peut-on penser que les dirigeants puissent être tentés d'utiliser au mieux leur temps de présence ?

Dans la grille des rétributions, il y a deux compartiments : les rémunérations et les avantages divers, qualifiés d'accessoires, mais dont l'importance justifie l'analyse.

L'échelle des salaires est le système de rémunération préconisé par les actionnaires. Il a leur préférence car il est officiel, connu, et devrait être la seule modalité mise en application. Notons néanmoins que les autres avantages peuvent être justifiés comme facteurs de motivation (voir la littérature en gestion des ressources humaines et en théorie des organisations). Cet argument de la motivation renforcée ouvre déjà une perspective plus favorable et rappelle que les dirigeants sont sources de valeur. Il s'ensuit que les deux modes de rétribution peuvent être reconnus simultanément au titre de la motivation (cf. le *slack* organisationnel qui désigne, dans la littérature, les bienfaits d'un excédent de ressources).

Une autre version peut être proposée dans la perspective des menaces qui planent à terme sur l'emploi. La formulation de deux hypothèses est possible.

Selon la première hypothèse, on peut estimer que le coût des risques futurs d'inemploi est couvert de manière naturelle. En ce sens, le revenu des dirigeants couvre l'activité normale qu'ils déploient et les aléas pesant sur l'exercice de leur métier.

Selon la seconde hypothèse, on estime que le système comporte un vice de construction, que les dirigeants tenteraient de corriger au mieux. Si le revenu est jugé insuffisant, à tort ou à raison, il serait alors complété *de facto* par des avantages utilisables sur place, financiers ou non. Pour cela, il faudrait admettre que le revenu accordé est inopérant pour compenser les conséquences des difficultés de la société qui mènent à la faillite. L'avantage serait d'instaurer une formule de substitution, non obtenue par ailleurs de manière officielle et « fait maison » en quelque sorte.

L'inconvénient d'une telle situation est d'acheminer les décideurs vers des solutions individualisées qui appauvrissent le calcul économique. Pour le dirigeant, comment être sûr de bien incorporer *ex ante* ses risques résiduels mal connus ? Pour l'actionnaire, comment discerner et évaluer la portée des décisions des dirigeants ? Comment juger du moindre risque permis par un investissement et comment mesurer l'effet d'un avantage personnalisé et utilisable sur place ?

Dans ce scénario, les managers s'adaptent de manière imparfaite et c'est l'ensemble du système qui perd en efficacité. Pour l'actionnaire, la littérature parle d'anomalie, car il y a bien transfert de richesse vers les dirigeants. Pour ces derniers, ne peut-on pas, pour autant, avancer qu'il s'agit de rééquilibrer un système jugé défectueux, même si cela s'effectue de manière imparfaite ?

Les avantages peuvent être présentés comme une forme difficilement avouable de prime face aux risques. Selon cette argumentation, ces avantages seraient d'autant plus probables que la prise de risque anticipée est importante et qu'elle est insuffisamment compensée de l'avis des dirigeants.

Il serait hasardeux de vouloir indiquer quel est le mobile déterminant, de la recherche d'une rémunération adaptée pour motiver ou d'une prime de risque. Mais l'intérêt de la démarche est d'aborder ces avantages comme étant des éléments ambigus et d'admettre qu'ils existent.

En résumé, nous sommes partis d'un schéma initialement conçu pour étudier les rapports entre deux parties au contrat. Le résultat du mixage de droits de nature totalement différente, les uns financiers et l'autre non, a été considéré. L'équilibre général est plus difficile à organiser à trois composantes qu'à deux, surtout si l'on se place dans un cadre dynamique.

Le temps, une fois introduit, met à l'épreuve le postulat d'équivalence des situations dans la durée. La raison en est que la position des acteurs se démarque de celle des droits dont ils sont détenteurs.

Pour comprendre cette distorsion, il a fallu conduire une réflexion générale sur les différentes formes de capital en présence, au travers de leurs modalités de valorisation dans le temps et de restitution à terme. Les apports obéissent à des logiques propres en matière de rémunération et l'étude a surtout permis de mettre en valeur l'importance des procédés qui gouvernent la valeur terminale du capital.

Tous les acteurs n'ont pas le même horizon de gestion. Il y a des disparités de temps selon les individus. L'attention se transporte donc sur le point de jonction, où une forme quelconque de capital se tourne vers un autre emploi. La dialectique est celle de l'interruption d'un concours et de son remplacement. Sur cet axe particulier, se forment des catégories différentes d'acteurs, répartis en groupes de partants, restants et d'arrivants. Les variables d'analyse sont la durée d'immobilisation, la mobilité et les variations du nombre de participants par catégorie d'apporteurs.

Il s'ensuit que le chaînage n'est pas continu, ni bien accordé, si les opérations de transformation ne se mettent pas parfaitement bout à bout et présentent des points de rupture. Cette autre façon d'étudier les conflits est fondée sur les divergences de capacité d'ajustement entre catégories et sur les opportunités ou menaces qu'elles engendrent.

Les fonctions particulières des financements dans l'entreprise : vers la théorie de l'agence et la théorie des signaux

Fiche 8

Mots clés

Les risques comportementaux. L'opportunisme et le *free riding*. Les risques d'activité et de faillite. Les risques de conflit. La théorie de l'agence. La théorie de la hiérarchie des financements. L'information et les signaux. Le hasard moral et la sélection adverse.

Les financements ont plusieurs fonctions. Le fait d'en retenir une en particulier ou d'en considérer la globalité va délimiter un champ d'étude précis ou, au contraire, l'ouvrir à des perspectives d'investigation plus larges.

Jusqu'à ce point, l'étude a surtout mis en avant les motivations et la rationalité des apporteurs de capitaux. De ce point de vue, les financements sont au centre des logiques qui guident les relations entre les fournisseurs de fonds.

Mais une approche trop exclusivement centrée sur les acteurs du marché des capitaux présente aussi des défauts si elle conduit à passer sous silence certaines autres fonctions. En un mot, le dépassement des premiers travaux permet d'ajouter d'autres dimensions au schéma d'analyse et de l'enrichir.

Le pas à franchir conduit en direction des finalités économiques des financements, c'est-à-dire de leurs usages. Ils sont au service, ou engagent, des opérations de gestion. Plusieurs orientations sont retenues :

- les financements sont à l'origine des investissements de l'entreprise et des transactions qui leur sont attachées,
- les financements sont au centre des relations entre les personnes responsables de leur utilisation et les apporteurs,
- les financements ont des fonctions informatives, notamment à l'occasion de leur émission.

Les financements ont des fonctions élargies si l'on accepte de leur accorder une dimension organisationnelle, c'est-à-dire de les mettre en rapport avec un éventail complet de problèmes de gestion d'entreprise.

L'incorporation de nouveaux critères d'analyse permet de changer la méthodologie d'approche de la structure financière.

I. Les particularités du contexte entourant les opérations financières

Les deux grandes constructions théoriques d'analyse des financements sont succinctement rappelées pour commencer. Le second courant sera privilégié pour ses apports critiques.

A. Les deux cadres en opposition

Une base d'analyse est commune à tous les modèles. Un financement est à la fois un apport de ressources et un moyen d'accès aux richesses créées. Il se définit par un ensemble de droits.

Au-delà, les modèles admettent des différences selon les droits accordés aux titres (fixes ou variables). Il s'ensuit deux catégories génériques de financement et deux profils types d'acteurs. Telles que considérées, les formules sont monolithiques et homogènes : à chaque modalité de capitaux correspond une catégorie d'acteurs : les actions ordinaires et les dettes.

La structure financière qui unit les capitaux repose sur le principe de modularité : les financements ne sont pas isolés mais en interaction. Les relations priment dans tous les modèles, mais ils se séparent en leur donnant des contenus différents. Le schéma classique sert de point de départ avant de considérer les remises en cause.

1. Le modèle classique : un contexte unique et normatif

Si la théorie a d'abord retenu un contexte de perfection, ce n'est pas sans raison ni surtout sans avantage. L'intérêt de cette situation particulière est d'être unique et, par suite, de ne pas tolérer de différences de conception ni d'interprétation. Par ailleurs, le modèle opère en l'absence de véritables considérations humaines. C'est précisément ce vide qui sert de garantie en excluant toute idée de biais de comportement. Ces aspects n'ont pas cours : ils ne sont pas reconnus utiles.

De tels principes trouvent leur meilleure application dans le marché, anonyme, ouvert et outil de concurrence par excellence. Tout ce qui entrave la compétition est suspect. Les forces sont impersonnelles sur fond de neutralité.

Le raisonnement est construit moyennant quelques hypothèses marquantes. Toutes les relations sont guidées par le mode de répartition des droits en vigueur. Le modèle reconnaît le pouvoir légitime accordé par la propriété, choisie pour ses vertus incitatives et ne traite que des questions où elle existe. Les anticipations sont parfaites avec l'information. Les financements utilisés sont issus du marché (*going public*), sous condition de forte dispersion des agents.

Les firmes sont en situation de continuation d'exploitation (*going concern*). C'est le cas de l'entreprise « en marche », ou en régime de croisière, ce qui exclut celle qui serait en période de forte transformation. Il n'y a pas de problème de *cash-flows*, mais seulement une prise en compte du niveau de risque. Celui-ci, dans son unique dimension financière, est l'élément clé qui détermine le degré d'exposition des acteurs et le mécanisme d'ajustement des rémunérations par le taux de rentabilité. La structure du capital s'analyse dans l'instant, par dosage de ses composantes, en supposant les financements simultanément et également accessibles, compatibles et complémentaires. Dans ce cadre pur, la substitution des financements assure une parfaite flexibilité de la structure du capital et garantit sa neutralité sur la valeur. Les transferts inter revenus et inter personnes sont inopérants.

2. Les critiques et leurs implications : une variété de contextes

Les réserves émises à l'encontre du modèle classique conduisent à l'abandon de ses hypothèses simplificatrices. Plusieurs caractéristiques importantes de l'approche critique peuvent être mentionnées.

Les financements sont reconnus avoir pour fonction d'organiser les rapports entre individus. Ils confèrent des prérogatives où les acteurs vont puiser les moyens d'exercer le pouvoir. Les personnes sont, avant tout, des ayants droit. L'hypothèse de frictions, génératrice de coûts organisationnels, fait son entrée et introduit des facteurs de rigidité à la place de la flexibilité absolue.

L'approche critique n'ignore pas, de plus, que des firmes sont en phase de restructuration ni qu'elles ne sont pas toutes en bonne santé sur un chemin stable. La réorganisation de certaines firmes conduit à des regroupements (fusions-acquisitions) et des scissions. D'autres connaissent des difficultés pouvant aller jusqu'à la faillite. Dans ces cas, il n'est plus suffisant de focaliser l'analyse sur la variabilité des revenus sans admettre qu'ils peuvent baisser sous un seuil critique. Le niveau des *cash-flows* est à considérer de près comme autre facteur de risque.

En conséquence, les faits laissent poindre deux éléments majeurs : des risques, dont la palette est plus étendue, et les moyens de surveillance correspondants. Traditionnellement, le risque est la somme de deux composantes : l'une relève de l'exploitation, l'autre est financière. Mais une approche élargie force à retenir une classification plus fine.

B. L'enrichissement de l'analyse du risque

Le risque a des origines multiples. Pour l'heure, on en retiendra trois causes dont l'une sera plus particulièrement étudiée.

1. Les risques venant de la nature des actifs financés

La question des actifs est diversement traitée par les modèles financiers. Un aspect est toutefois en passe d'être clairement reconnu pour son importance : il s'agit de la nature des actifs investis.

Du point de vue financier, un actif est source de cash-flows futurs complétée d'une valeur terminale : la valeur récupérable. La prise en considération du moment qui marque la fin de son utilisation conduit à deux changements majeurs.

La première remarque est d'ordre méthodologique. Avec l'idée d'interruption ou de fin, l'analyse sort du cadre perpétuel qui se limite à la seule série des flux revenus. Elle permet d'aborder la question de la liquidité finale, variable centrale s'il en est, car elle est facteur de mobilité.

En effet, la liquidité vient de la valeur de redéploiement de l'actif (en cas de sortie avant le terme fixé) et de sa valeur récupérable à la fin. Ces éléments dépendent directement de la nature de l'actif et de l'existence d'un marché actif (celui qui ne met pas d'entrave à la liberté de décision). L'une des questions importantes est de savoir si les possibilités de sortie sont facilitées ou non par la nature des actifs.

La seconde remarque concerne les actifs pour lesquels il n'est pas possible d'exercer des droits de propriété de manière facile ou évidente. Ce sont des cas de propriété atténuée, si ce n'est totalement absente. Ils concernent, pour la plupart, des biens intangibles ou des actifs juridiquement délimités par des droits, mais dont la protection est fragile, sinon illusoire (brevets, marques). L'absence de support matériel peut aller jusqu'à l'impossibilité d'accorder une quelconque garantie de propriété. Flux et valeur terminale méritent une attention particulière.

2. Les risques d'activité : le transactionnel et le relationnel

Tous les actifs sont destinés à être échangés. Mais le bon dénouement de l'opération est conditionné par sa nature. Deux formes principales sont habituellement distinguées.

Il y a, d'une part, les opérations qui portent sur des biens achevés et disponibles en l'état sur le marché. Ils sont « prêts à l'emploi » et font l'objet d'un achat, c'est-à-dire d'une transaction. L'acquéreur est responsable de l'emploi qui en est fait.

Il y a, d'autre part, les opérations qui reposent sur la conception et la réalisation de biens. Ces cas sont typiques des relations entre entreprises, basées sur la réalisation progressive et parfois conjointe d'une commande. Les activités de prestation de services et la production d'information entrent aussi dans ce cadre. Ces situations sont plus complexes en termes de risques.

En règle générale, des relations inscrites dans la durée sont exposées à des menaces de biais significatives. L'un d'eux est le risque d'opportunisme. Détaillé plus loin, il consiste à tirer parti d'un avantage de position.

Nombre de ces remarques convergent vers le troisième et dernier point.

3. Les risques comportementaux

La référence aux comportements permet de prendre en compte le risque provenant des acteurs. Il est associé au mode de découpage et d'affectation des tâches. Le risque vient de ce que chacun participe pour des raisons différentes et dans un domaine d'intervention et de prérogative qui lui est propre, ce qui gêne, voire interdit, le bon déroulement de l'opération.

Ces risques relationnels méritent un examen approfondi. Selon les hypothèses théoriques, les relations prennent place dans deux cadres différents.

Soit elles s'établissent entre partenaires égaux, ce que considèrent les auteurs classiques

Soit elles sont régies selon des mandats, ce qui implique un lien hiérarchique et de subordination.

Dans ce dernier cas, il y a une relation de dépendance, formelle ou non, car l'un des acteurs est au service de l'autre. Les auteurs classiques l'admettent volontiers, mais en classant toujours la relation sous le registre de la perfection.

En réalité, le pouvoir est recherché pour sa valeur économique. Comme l'objectif est commun à tous, on s'achemine irrémédiablement vers des situations de conflits et un besoin de contrôle. Si la relation de mandat fournit les exemples de différends les plus patents, on ne peut pas exclure, loin s'en faut, l'éventualité de tensions entre partenaires. La diversité de vues et d'objectifs, couplée à une certaine autonomie d'action et de calcul, battent en brèche l'idéal de la perfection.

Le problème vient de ce que les décisions, voire plus simplement les circonstances, affectent diversement les participants. Selon la position occupée, certaines dispositions seront redoutées et donc évitées par les uns, tandis qu'elles seront provoquées par les autres. En fait, on constate que les propensions et les tolérances aux risques varient selon les catégories, de sorte qu'une opportunité pour un camp constitue un facteur de tension pour la partie adverse. On peut même considérer des cas d'alliance qui transfèrent les risques vers une tierce partie étrangère à la transaction. Si les ajustements ne s'opèrent pas de façon aussi parfaite que prévue, le *trade-off* est mis à mal.

Ces événements justifient en retour des prises de précaution coûteuses. Les dispositifs contractuels spéciaux, ainsi que les montages assouplis, visent une meilleure capacité d'adaptation dans le but d'introduire la flexibilité dans des mécanismes qui l'ont perdu.

C. Les biais comportementaux

Le biais de comportement est devenu une donnée typique des études récentes. En première analyse, il désigne des défauts ou des travers. Il faut assurément des qualités de clairvoyance pour identifier ces conduites qui s'infiltrent dans tous les mécanismes, y compris ceux qui passent pour être les mieux rodés. Le biais a la particularité d'apparaître comme une déformation comportementale systématique et permanente.

S'il est inhérent à la personne, il désigne un travers de nature psychologique et, comme tel, revêt des formes que l'on imagine variées. Certains correspondent à des erreurs d'appréciation comme l'exagération et la sur réaction. D'autres se manifestent par des mouvements d'imitation avec, pour conséquence, l'apparition d'externalités (encaisser un bénéfice en profitant des dépenses engagées par d'autres acteurs). Les derniers enfin, non étudiés, relèvent de la fraude. On remarquera qu'il y a une différence notable entre commettre une erreur d'appréciation et induire sciemment en erreur.

Le biais peut aussi être inhérent au système lorsqu'il provoque des travers inexorables, c'est-à-dire des tendances manifestes dès que certaines conditions sont réunies. On ne peut pas négliger les phénomènes de marché (diffusion de messages déformés, contagion) et les modes d'organisation des firmes (la forme managériale conduit aux biais discrétionnaires et à l'enracinement). En un mot, les structures souffrent d'insuffisances quand elles ne les provoquent pas spontanément.

La liste des comportements incriminés peut être longue. Mais ces risques ont fait l'objet de travaux de conceptualisation. L'un d'eux met l'accent sur la notion d'efforts accomplis. Le risque, dans une relation de mandat, est de ne pas faire tout ce qui est nécessaire pour accomplir une mission, tout en demeurant fidèle à la ligne d'action tracée. Mais il y a plus grave en présence de la tromperie. Celle-ci consiste au contraire à fournir des efforts tout à fait remarquables mais dans une direction différente, voire opposée, à celle qui est attendue. C'est ce que l'on constate en matière d'utilisation des fonds lorsqu'ils sont dirigés vers les intérêts privés des décideurs. Deux biais sont considérés : l'opportunisme et le *free-riding*.

1. L'opportunisme

Il figure au premier plan des causes d'imperfection. C'est un indice d'activisme pour celui qui l'applique.

L'opportunisme consiste à saisir les faiblesses des autres participants et/ou les insuffisances d'un système (contrat) pour en tirer avantage. L'enrichissement n'est pas condamnable en soi, mais il l'est lorsqu'il s'obtient au détriment des autres, car on sort du schéma des gains mutuels de l'échange. Tel que décrit, l'opportunisme est moralement critiquable.

Le concept est avant tout au service d'un cadre d'analyse. Initialement, il a été mis au point pour expliquer le rôle des coûts de transaction dans les décisions stratégiques. Il est l'outil de justification des formes organisationnelles (marché et firme). Mais il a des applications intéressantes en finance. L'examen du risque d'opportunisme cadre parfaitement avec l'analyse du pouvoir et de ses excès.

Il se manifeste partout, plus ou moins clairement, mais concerne principalement la relation d'agence, son application la plus en vue. Le problème frappe la délégation de pouvoir qui, affectée par l'opportunisme, souffre considérablement d'une atténuation des droits de propriété.

L'un des exemples les plus fameux est celui de la relation entre l'actionnaire et le dirigeant. En effet, ce dernier a le pouvoir de décider sans la propriété mais grâce à un mandat. En ce cas, son influence peut s'exercer bien au-delà de ce que permet la propriété, si ce n'est contre elle. L'important, pour la manifestation de l'opportunisme, est d'avoir un point d'appui aussi faible soit-il. Il peut être poussé jusqu'à l'enracinement lorsqu'il est consolidé.

2. Le *free-riding*

Il est l'autre forme d'imperfection étudiée. Le terme anglais est souvent préféré en raison des difficultés de traduction. Au sens littéral, il s'agit du cavalier seul. Mais il désigne aussi le passager clandestin.

Cette notion révèle plutôt un trait de passivité de la part de celui qui en porte la marque, faisant un peu du *free-riding* le pendant passif de l'opportunisme. Il diffère aussi de l'opportunisme car ce dernier est l'exploitation d'une insuffisance contractuelle ou l'expression d'un rapport de force.

Le *free-rider* peut être présenté comme celui qui tire profit d'un travail de groupe ou d'un mouvement d'ensemble au moment de l'apparition des retombées. L'intrusion du *free-rider* désigne une menace particulière.

Le phénomène désigne les cas de sous-contribution de certains, qui diminuent la productivité de l'ensemble, mais sans renoncer pour autant à tirer parti du travail collectif. Une attitude similaire se manifeste en cas d'accompagnement d'un mouvement, mais sans y prendre part pour avoir le temps d'observer et de se déterminer en fonction de la tournure des événements.

Si l'opportunisme n'a pas pour vertu première de passer inaperçu, le *free-rider* avance plus facilement masqué. Il est le stéréotype de l'acteur, voilé par sa petite taille, qui reste dissimulé par une opération de grande envergure.

Il est facteur de risque dans un univers où l'on suppose que les positions sont clairement définies. En nombre, ces comportements peuvent gêner une opération ou la compromettre.

Sous un autre aspect, le *free-rider* applique une logique d'observation couplée à un choix d'imitation. Son auteur adopte en quelque sorte le principe du « suivez le guide » si ce dernier est tenu pour mieux informé ou supposé avoir eu vent d'événements particuliers. Le comportement est incontestablement un acte inséré dans une population puisqu'une partie suit l'autre présumée mieux placée. Les avantages de cette attitude sont doubles : tout d'abord, une économie de dépenses puisque le *free-rider* se tient à l'écart et, ensuite, l'attente des décisions qu'il accompagnera si elles sont profitables. C'est symétriquement une source de gêne pour le meneur du projet, non seulement parce qu'il y a décision de le copier sans frais, mais parce que l'opération peut échouer à cause de la présence d'un *free-rider*.

On peut considérer une situation où il est, au même titre que d'autres propriétaires, détenteur d'un bien convoité par un ou plusieurs acheteurs souhaitant en ramasser le plus grand nombre. Anticipant la valorisation d'ensemble que pourrait apporter le nouveau propriétaire, il va l'accompagner en se rangeant de son côté. Par suite, il peut estimer pouvoir réaliser une meilleure opération que ses *alter ego*, en repoussant à titre personnel la proposition de vente qui lui est faite, pour bénéficier des effets favorables recherchés par l'acheteur, une fois devenu propriétaire du nouvel ensemble. Celui-ci peut renoncer, faute de pouvoir réaliser l'ensemble de l'opération, au grand regret des autres détenteurs du bien. Dans ce cas, le *free-rider* est un agent qui se démarque de ses semblables.

La solution peut venir de la mise en place d'un système qui force le *free-rider* à se révéler, afin de le démasquer.

Tous ces éléments apportent des moyens supplémentaires pour l'analyse de la structure financière.

II. Les axes de rénovation de l'analyse de la structure financière

L'intérêt de la dette est établi, mais elle n'est pourtant pas poussée à son niveau maximum comme pourraient le recommander les seuls aspects favorables issus du levier financier. Elle subit des restrictions provenant des coûts qu'elle engendre. Ces derniers sont liés aux imperfections, certaines étant comportementales. Finalement, c'est un risque issu du contexte qui provoque un arrêt de l'endettement. La théorie conclut que la valeur de la firme est maximisée par une certaine combinaison de dettes et d'actions et non pas, en sous-entendu, par une dette maximale.

Les financements sont utilisés en considération de leurs coûts respectifs, c'est-à-dire en fonction de la comparaison de leurs inconvénients. Nous considérons trois problématiques d'analyse des coûts.

A. La problématique des coûts d'agence

Les coûts d'agence sont liés aux relations entre acteurs et reflètent les conflits qui ont trait à l'usage des capitaux. En règle générale, un financement crée des problèmes d'agence dès lors qu'il est utilisé en grande quantité. Ces risques ne sont pas considérés par les auteurs classiques, ce qui force à compléter l'analyse au moyen d'autres outils. Ils se trouvent dans les modes de gestion.

1. La justification de l'endettement et ses restrictions

Le résultat net de l'exercice revient aux actionnaires. Mais sa valeur dépend de deux flux indésirables qu'ils vont tenter de réduire selon le principe d'économie.

L'un est externe : ce sont les impôts. Ils peuvent être réduits sans affecter pour autant en retour l'importance des moyens disponibles pour l'entreprise.

L'autre est interne : ce sont les dépenses réalisées sur place par les dirigeants. En effet, la théorie a ajouté au schéma le fait que les *managers* pouvaient restreindre le résultat par des dépenses engagées en leur faveur. Les actionnaires sont amenés à les contrôler mais avec le risque d'abaisser la motivation des personnels concernés.

Le moyen choisi pour régler ces deux problèmes à la fois est la dette. En effet :

La dette réduit l'impôt et le coût fiscal de l'entreprise, ce qui se passe de commentaire. Par ailleurs, elle apporte un financement externe et permet aux actionnaires de réaliser autant d'économie d'apport.

La dette permet aussi de contrôler les dépenses non productives. Les annuités d'emprunt ont un effet restrictif en ponctionnant sur les liquidités disponibles, ce qui réduit la marge de manœuvre des directions et évite de mal les employer dans des opérations non désirées par les propriétaires. La dette incite aussi à la modération en raison des risques de détresse financière et de faillite.

En résumé, l'économie fiscale et la contraction des dépenses figurent parmi les raisons qui militent en faveur de la dette. Elle rend un double service.

D'un autre côté, ce financement externe ouvre la porte à d'autres acteurs, les prêteurs, qui vont se montrer de plus en plus exigeants à mesure que l'endettement s'accroît. Ce sont finalement les créanciers qui vont prendre l'initiative de réduire le niveau de la dette accessible ou d'en durcir les conditions. Ces effets de contraction trouvent leurs origines dans les conflits (coûts d'agence) dont la dette est sans doute la cause la plus importante. Les difficultés viennent de l'usage incertain qui peut être réservé aux fonds des prêteurs et des changements de risque (par exemple, la substitution d'actifs qui affecte les créanciers en réduisant la valeur de leur concours; la dilution des créances qui déclasse les plus anciennes). Bien entendu, en imposant des limites à l'endettement, les prêteurs restreignent les moyens d'économie et de surveillance des actionnaires.

Les coûts d'agence associés à la dette augmentent avec son importance. En résumé, l'analyse retient deux catégories de coûts qui varient en sens contraire. Pour réduire les coûts de mauvaise conduite, il est fait appel à la dette. Mais celle-ci augmente les coûts de surveillance engagés par les prêteurs (frais d'audit, dits de *monitoring)* à l'occasion du lancement et du suivi de l'opération dans le temps.

Ce sont les imperfections du contexte qui créent le besoin de contrats protecteurs. Un contrat désigne un ensemble de précautions (*covenants*) à prendre, de manière spéciale, et qui viennent s'ajouter aux dispositions légales et de droit commun. On y trouve, pour citer quelques exemples, les remboursements périodiques et anticipés (toute difficulté fait office de signal avancé), les sécurités (ou *collatéral,* selon lesquelles un actif garanti ne peut pas être vendu sans l'autorisation expresse du prêteur, ce qui limite son risque d'expropriation), les clauses restrictives qui entravent la liberté d'action des dirigeants et éliminent une partie des options liées à la dette.

2. La comparaison des coûts d'agence de la structure financière

L'idée d'arbitrage entre les composantes d'un coût global s'applique d'abord à un financement donné *i.e.* pris isolément et quelle qu'en soit la nature. Le décideur se trouve face à un choix de gestion car les coûts s'excluent mutuellement. En principe, une forte surveillance limite les risques de mauvaise conduite. Mais le prix des dépenses de contrôle, s'il est trop élevé, ne permet pas de s'assigner un objectif de réduction totale des coûts de mauvaise conduite. La recherche de la solution la moins chère renvoie à la question du « contrat optimal » qui compare tous les coûts entre eux de façon à en minimiser la somme. Cette solution laisse subsister des pertes incompressibles.

Le schéma comparatif s'applique aussi entre financements. Chaque ressource, qu'il s'agisse des capitaux propres ou des dettes, comporte des coûts d'agence. Ils sont différents et portent des noms associés à leur origine. Finalement, les coûts d'une ressource sont à comparer à ceux du financement alternatif.

Cette distinction a un avantage. L'intérêt de la méthode est de montrer que les coûts de surveillance sont engagés unilatéralement, c'est-à-dire à sens unique, ce qui permet d'en répartir la charge entre plusieurs participants. Le prêteur surveille l'actionnaire: c'est le coût d'agence de la dette lié à l'usage incertain qui peut en être fait. De son côté, l'actionnaire surveille le dirigeant. Il n'a pas à surveiller le prêteur et ne supporte que le coût lié à l'usage qui sera fait de ses apports. C'est le coût d'agence des capitaux propres. Le reste est économisé. Aucun ne supporte l'ensemble de la charge du contrôle. Elle est répartie entre plusieurs participants selon leurs contributions respectives à la structure financière de la firme.

Sous cet angle, on comprend mieux la justification apportée à l'existence d'une structure financière mixte. Si l'on souhaite minimiser les coûts, il n'est pas recommandé de se placer sur les points extrêmes d'un financement unique quel qu'il soit, car ils sont maximum pour l'un des participants. Afin de répartir la charge des coûts, il est préférable de se placer sur une position intermédiaire à un endroit malheureusement encore mal connu.

L'un de ces coûts est déjà bien connu pour être à l'origine du raisonnement : celui dont la valeur augmente avec l'importance des capitaux propres. Il provient des biais discrétionnaires qui pèsent sur les relations entre les actionnaires et les dirigeants. Il sera réduit avec la dette.

Mais la baisse du coût global va s'interrompre à partir du moment où les prêteurs durcissent leurs conditions pour freiner l'entreprise qui s'engage sur la pente des embarras financiers. La restriction de la dette conduit alors les actionnaires à se tourner vers d'autres moyens de contrôle des dirigeants. En effet, les capitaux propres pourront de nouveau être appelés à prendre le relais.

Un effet de balancier apparaît clairement au sein de la structure financière.

En résumé, la gestion des coûts d'agence délimite des basculements de situations selon les contributions des apporteurs de fonds. Elle révèle aussi un autre phénomène possible de coalitions d'ayants droit.

Si les capitaux propres sont abondants, les actionnaires sont très exposés aux décisions des dirigeants car il n'y a que deux catégories majeures en présence. Le cadre d'analyse des biais discrétionnaires s'applique.

Si les moyens de contrôle des actionnaires sur les dirigeants sont jugés insuffisants, il peut être fait appel à la dette pour parvenir à un accord forcé. Mais ceci a des conséquences financières et organisationnelles, car les actionnaires utilisent les prêteurs pour régler leurs différends avec les dirigeants.

Si les dettes sont abondantes, l'exposition majeure au risque se déplace vers les prêteurs. Les coûts d'agence de la dette s'élèvent et peuvent provoquer d'autres inconvénients. Le pouvoir des actionnaires est progressivement limité par les normes restrictives imposées par les prêteurs. L'augmentation du risque d'endettement peut faire réagir les dirigeants en les faisant basculer dans le camp des créanciers pour appliquer une politique prudente et conservatrice en matière d'investissement (par exemple, réduire le risque d'exploitation pour compenser la montée du risque financier). C'est une façon de tenter d'échapper au contrôle des actionnaires.

Il y a donc recherche d'appuis mutuels. Les intérêts des prêteurs et des dirigeants peuvent se rejoindre pour réduire le pouvoir des actionnaires. Cette association vers une gestion conservatrice est peu étudiée.

Au milieu, il y a *a priori* indétermination et sans doute partage. Les états de parité sont les plus complexes. Chacune des deux forces pèse autant que l'autre et elles tendent à s'équilibrer. Une double surveillance s'exerce sur les dirigeants.

Laquelle sera la plus forte est, en partie, une question de division des membres au sein de chaque groupe, à moins que les dirigeants n'aient les moyens de faire la différence, comme arbitres, et de se trouver ainsi dotés de pouvoirs spéciaux.

Les autres variables d'analyse de la structure financière tiennent compte du risque final de disparition de l'entreprise lorsque surviennent les difficultés.

B. La problématique des coûts de faillite : la dette et la détresse financière

La faillite est un événement qui a sa place dans l'analyse de la structure financière. Elle vient contrebalancer certains des avantages attribués à la dette, comme l'effet de levier financier.

La firme endettée court un risque de faillite et s'expose à des coûts spécifiques, regroupés en deux catégories par commodité. Certains, dits indirects, surgissent au cours de la période de difficultés, avant que la faillite ne soit déclarée, et pour l'éviter. Par anticipation, et selon leur niveau plus ou moins élevé, ils affectent la politique d'endettement. On mentionnera le temps passé par la direction à trouver des solutions, les faibles possibilités de déductions fiscales, le comportement restrictif des fournisseurs et des clients. D'autres, dits directs et sans doute les plus en vue, sont encourus une fois la faillite prononcée : les honoraires et frais légaux ; le fait que les grandes décisions doivent être autorisées par le tribunal.

1. Des acteurs aux rationalités différentes

Comme on le constate, la détresse financière (la période de doute) et la faillite (le doute se transforme en certitude) sont des menaces qui jalonnent le processus d'endettement.

La dette crée des tensions avec les créanciers uniquement en cas de menaces sur la capacité de la firme à honorer le service des emprunts, sinon les relations suivent la logique du levier financier.

C'est plus précisément l'asymétrie des positions dans la répartition des gains et des pertes qui pose problème. En effet, si les prêteurs sont notablement impliqués dans une société, ils s'exposent à des pertes proportionnées à leurs apports, alors que les actionnaires courent les risques limités par un engagement moindre tout en ayant droit aux perspectives de surplus qui pourraient surgir malgré tout.

La solution des prêteurs est donc de durcir les conditions (revalorisation de la créance par le taux exigé, protection de la créance par la limitation de la liberté d'action des actionnaires). En d'autres termes, la banque atteint un seuil de tolérance vis-à-vis de la firme. Celle-ci doit se tourner vers un autre financement permettant de détendre les coûts d'agence avec les prêteurs, tout en gardant à l'esprit qu'en stabilisant les coûts à un endroit, on peut contribuer à les augmenter à un autre.

Cet autre financement ne peut venir que des actionnaires. Mais ils ont le choix entre plusieurs possibilités aboutissant à des résultats différents. Il y a, en effet, matière à hésitation entre le soutien et l'abandon selon le caractère inévitable de la faillite.

Les actionnaires peuvent décider de réinjecter des fonds, mais à plusieurs conditions : disposer d'une réserve patrimoniale conséquente et d'un diagnostic de viabilité. Ils peuvent aussi utiliser le dispositif juridique de déclaration de faillite pour venir à leur secours. La liquidation peut être la meilleure solution pour récupérer le maximum de valeur. Certes, les pertes sont inévitables mais moindres que s'ils devaient rembourser intégralement les dettes.

Un autre scénario est possible. La détresse financière comporte un moment critique, un temps de latence où se dessinent des enjeux stratégiques pour les uns et les autres mais avec des conséquences asymétriques.

La période d'embarras financier crée, en elle-même, un contexte unique où dominent les intérêts privés. Cette période de tension est marquée par une dérive dramatique des comportements vers l'égoïsme. En d'autres termes, les acteurs sont enclins à s'opposer les uns aux autres et à agir pour augmenter leurs propres capacités de récupération de valeur (d'autant qu'elle tend à devenir fixe) qui à s'extorquer mutuellement des avantages. Chacun favorise, ou s'oppose, à la liquidation en fonction de ses intérêts opportunistes et non sur la base de la maximisation de la valeur globale de la firme. Celle-ci traverse des conditions spéciales.

Le danger vient du temps qui reste et qui permet de prendre encore quelques dernières décisions à des fins totalement personnelles. Le contexte se prête à l'accentuation des divergences et aux conflits.

Les dirigeants essaieront de maintenir l'activité car c'est la seule chance de préserver l'emploi. Les actionnaires peuvent opter pour des choix différents. En effet, une situation où l'on ne peut pas perdre davantage, mais où subsiste un espoir de gain, peut créer de fortes incitations à la prise de risques. Une telle situation apparaîtra dès lors que les actionnaires estiment récupérer peu d'une liquidation alors qu'ils espèrent obtenir plus d'un rétablissement. Ils appliquent le principe du quitte ou double. Mais ceux-ci peuvent précipiter la défaillance finale.

2. La spécificité des actifs investis

Dans l'optique des prêteurs comme des dirigeants, l'analyse incite à s'intéresser de près à la nature des investissements et en particulier à la spécificité des actifs. Ce critère concerne l'usage des fonds et leur risque.

Selon une classification simple, les actifs peuvent être génériques ou uniques. Dans le second cas, on les considère comme étant plus risqués et il est normal d'en tenir compte dans tout diagnostic. La spécificité caractérise l'actif dédié à une fonction précise et qui voit sa valeur dépendre étroitement de la façon dont il est utilisé. Même s'il est recherché, il peut devenir source de moins-value dès lors qu'il ne peut pas être utilisé pour remplir d'autres fonctions que celle à laquelle il est destiné, ou de manière aussi efficace. La spécificité est un critère intéressant d'analyse du désinvestissement et de la stratégie de redéploiement. Il désigne des actifs à faible pouvoir d'alternative. Or, on connaît l'importance que la réflexion théorique accorde à la capacité de modification des usages. La spécificité est une question de degré qui justifie un diagnostic approfondi de ses origines.

Le critère s'applique en particulier à l'analyse des actifs au moment précis de leur récupération. On sait que la valeur résiduelle complète la série des flux financiers produits tout au long de l'exploitation. De deux choses l'une. Ou l'actif est abandonné et il y a une perte en capital car la spécificité contribue à réduire la valeur résiduelle. Ou il est maintenu en activité et il faudra lui apporter des modifications coûteuses ce qui revient un peu au même. La spécificité impose des efforts de réadaptation à d'autres usages si ces derniers sont possibles. Elle est un facteur de coût supplémentaire.

Les domaines d'application du concept de spécificité

Il y a tout d'abord des perspectives d'application aux choix des financements.

La spécificité est une source pertinente de préoccupation en cas d'utilisation de la dette. Le prêteur juge tout projet d'investissement en actif sur l'une de ses caractéristiques majeures : sa valeur résiduelle. Or, le degré de spécificité conditionne sa capacité de redéploiement stratégique et son pouvoir de substitution. Ce facteur entre dans la mesure de liquidité. Plus un actif est unique, plus sa liquidité est faible en cas de cession, et plus ses coûts de transaction sont élevés en cas de transformation. Les apporteurs de capitaux, quels qu'ils soient, sont sensibles à l'usage réservé à leurs fonds.

La spécificité de l'actif constitue un autre frein à l'emploi de la dette. Si l'on a indiqué que la dette est restreinte par le risque de faillite, on peut ajouter qu'elle est limitée bien avant, au moment de son octroi, par la perspective d'investissement en actifs spécifiques. Le prêteur a tout intérêt à éviter l'apparition d'une situation où il faudra procéder à la récupération des fonds et ce d'autant plus que la valeur résiduelle est faible.

En conséquence, les coûts de faillite dépendent aussi du caractère unique des investissements. Par suite, les actifs tangibles et standardisés cumulent les avantages et permettent d'emprunter davantage car leur valeur récupérable est plus élevée. Ils ont plus de chance d'être revendus à d'autres firmes de même activité sans avoir à dépenser de l'argent pour les modifier. Par contre, des actifs intangibles et uniques sont moins liquides et offrent moins de garantie pour le prêteur. En cas de difficulté, l'actif en question perd de sa valeur dans le cadre de son emploi originel et requiert des modifications coûteuses pour le rendre approprié à d'autres fonctions. Autrement dit, s'il est cédé ou repris, une autre firme peut ne pas être capable de réaliser autant de valeur.

Il y a d'autres perspectives d'application au capital humain. Dans ce cas, la spécificité ne concerne plus les banques mais le personnel.

En effet, si les produits et les services d'une firme sont uniques, il en va vraisemblablement de même des talents du personnel qui va considérer de près ses capacités de conversion. Des employés hautement spécialisés, qui louent leur travail à une entreprise précise, savent bien qu'une autre aura de la peine à les recruter. À mesure que la firme qui les emploie augmente son risque de défaillance, le personnel encourt des coûts de recherche d'emploi de plus en plus élevés. Ceux-ci ne sont pas les mêmes partout. Indépendamment de la conjoncture d'ensemble, ils dépendent des compétences plus ou moins spécialisées du personnel. En présence de talents spéciaux, le personnel aura plus de difficultés à retrouver un emploi identique ou devra être formé pour retrouver la valeur de son capital sur un emploi différent.

C. La problématique des coûts de transaction des financements externes

Les coûts liés à l'obtention de nouveaux capitaux jouent aussi un rôle important dans le choix de la structure du capital. On les appelle coûts d'émission. Les financements sont diversement concernés. Les capitaux internes n'infligent pas de coûts de transaction significatifs. Le propos concerne donc plutôt les financements d'origine externe au sein desquels un classement peut être effectué. Les coûts des nouvelles ressources affectent plus ou moins leur caractère désirable, notamment lorsqu'il s'agit de les comparer et de les augmenter.

Les coûts peuvent être conçus de différentes manières.

Le coût d'émission est lié à la taille de l'appel de fonds. Dans cette première acceptation, on constate que le coût d'un financement additionnel décline avec la taille de l'émission. Il est proportionnellement plus coûteux d'émettre de petits montants. Le souci d'économie milite plutôt en faveur des grands placements de sorte que les petits accroissements marginaux évoqués par la théorie du *trade-off* peuvent être dissuasifs. S'il n'est pas irrationnel de faire « le plein » sur une ligne donnée de capital, cela veut dire que les autres modalités de financement restent en quelque sorte en attente. Le prix du lancement d'une opération financière, qui est sensible à sa taille, montre que les ajustements infinitésimaux chers à la théorie ne sont pas réalisables, sauf en cas de coûts de transaction nuls. Cela prouve aussi que l'on utilise, dans toute la mesure du possible, les ressources propres d'autofinancement. Mais cette idée va plus loin.

1. Le coût d'information et la théorie des signaux

Si l'entreprise prévoit de faire appel à des tiers pour obtenir des capitaux elle doit convaincre ses commanditaires, c'est-à-dire communiquer et les informer. L'information est un bien économique doté de valeur. Les auteurs classiques la supposent préexistante et parfaite, ce qui permet de la considérer sans coût et de dispenser de tout effort de recherche. Un tel cadre lui confère d'autres caractéristiques: la disponibilité totale des données et la crédibilité absolue. Or on sait, qu'en fait, l'information est une autre cause d'imperfection. Elle a suscité une étude théorique.

La notion de signalling

Selon la théorie du *signalling*, les décisions prises par les agents économiques convoient de l'information. L'envoi de signaux répond à des phénomènes d'asymétries informationnelles qu'il a pour but d'éliminer. Mais il crée aussi des événements dits de sélection adverse qu'il convient de préciser.

L'hypothèse tenue pour la plus plausible est que la connaissance est non seulement imparfaite mais surtout inégalement répartie entre les acteurs. Certains sont mieux informés ou avertis (les *insiders* ou initiés) que les autres (les *outsiders* ou non initiés). L'idée de constituer des classes en fonction de la distance qui les sépare de l'information est assurément enrichissante pour dessiner le paysage de la connaissance.

Cet état de déséquilibre est néfaste et justifie la recherche de solutions. L'une d'elles fournit le cadre des modèles de *signalling*. Elle attire l'attention sur le fait que les décisions et les actes sont instructifs. Lorsque l'on est en état d'ignorance, l'observation des comportements des autres acteurs, supposés mieux placés sur l'échelle des connaissances, permet d'inférer les informations manquantes que l'on ne peut pas avoir autrement. Mais l'observation peut être dommageable si on lui associe la notion de sélection adverse. Le concept est complexe et demande des efforts de clarification. Il désigne un processus qui conduit à inférer à tort une information négative ou défavorable. Le cadre de référence est souvent celui de la décision de vente, mais elle est présente dans toute transaction. Si la sélection adverse n'est pas corrigée, elle peut décourager une offre de produits ou de services pourtant de qualité.

On prendra l'exemple le plus connu sur la question pour introduire le sujet, mais sans développer ses solutions (G. Akerlof). Il concerne la vente d'un véhicule usagé. L'une des questions de l'acheteur potentiel est de savoir pourquoi son propriétaire souhaite s'en défaire. Une raison possible est que le véhicule ne fonctionne pas correctement, auquel cas il serait déraisonnable de l'acheter. En effet, si le bien donne toute satisfaction, pourquoi le céder?

Une vente simple colporte un signal négatif. L'importance de cette conclusion dépend de la fréquence avec laquelle les propriétaires vendent de bons véhicules. Le prix d'occasion reflète cette fréquence. Si la seule raison de vendre était que les biens n'ont pas d'intérêt, ils n'auraient pas de valeur. Mais dans le lot certains sont exceptionnellement bons. Parce qu'il y a des raisons de vendre, autres que celles de l'absence de valeur, tous les véhicules anciens ne sont pas vendus à bas prix.

L'acheteur, qui n'a pas les compétences requises pour analyser la situation, va chercher des protections et des informations.

L'exemple de référence en finance est donc celui de la vente car, en principe, on se dessaisit d'actifs peu performants. Si les perspectives sont bonnes, on s'oriente plutôt vers des formules qui ne permettent pas, ou qui limitent, le partage des gains. Au contraire, l'appel massif à des intervenants externes tendrait à prouver l'existence de perspectives moyennes ou encore une volonté de partager des pertes.

Les approches fondées sur l'information tiennent compte de ses modalités de diffusion, c'est-à-dire du support utilisé. Elles accordent peu de crédit aux pratiques discursives car elles sont jugées trop facilement falsifiables. En revanche, la communication par les actes compte beaucoup plus. Ceci est valable pour les questions financières. L'apporteur de capitaux ignore bien des choses sur l'entreprise qui le sollicite. Les discours des dirigeants sont sujets à caution. Il accorde donc plus de valeur aux décisions prises par la firme car elles apportent des informations sur les éléments qui lui manquent. On accordera, par exemple, de l'importance au pourcentage de participation dans l'affaire qu'accepte de prendre personnellement l'initiateur. Risquer ses propres fonds est le meilleur témoignage que l'on puisse trouver pour preuve de l'intérêt porté au projet. On jugera donc de l'attrait de l'investissement à partir de la nature des financements sollicités. L'attention se porte tout naturellement vers les besoins de nouveaux capitaux externes, c'est-à-dire sur l'acte même de la demande.

En conséquence, l'approche du *signalling* s'applique aux opérations financières lorsqu'il manque des fragments d'information pour répondre à la question suivante : pourquoi l'entreprise recherche-t-elle des ressources externes ? Cette décision fait office de signal, bon ou mauvais, et qu'elle soit prise par inadvertance au regard des interprétations avisées qui s'ensuivent ou de manière intentionnelle. L'émission de titres soulève un problème de sélection adverse, mais il n'est pas nécessairement justifié.

2. Le coût d'émission d'un financement et l'information divulguée

Toute décision relative au choix d'un financement plutôt qu'un autre rend compte de l'opinion de l'émetteur et de ses intentions en matière de partage. L'approche du coût d'émission est ici plus subtile que dans le premier cas.

Sous l'angle des signaux, le choix se porte d'abord entre financement interne et financement externe. Il envoie un message d'opinion sur la qualité perçue du projet. Comme on l'a vu, un haut pourcentage de participation des actionnaires en place ou des propriétaires dirigeants indiquerait plutôt qu'ils veulent être les seuls à profiter des bons résultats. Si le projet est moins attrayant, ils ne verraient aucun inconvénient à faire intervenir des fonds externes. Mais comme c'est souvent le cas, comment trancher ?

Le choix se porte ensuite sur les financements externes entre eux.

L'annonce d'un emprunt peut être considérée comme étant plutôt positive. Il apporte la preuve que le projet est rentable car la dette est contraignante, coûteuse en annuités et non intéressée aux gains.

Si l'entreprise vend des actions, c'est vraisemblablement en raison de leurs vertus dilutives. Or, que peut-on chercher à répartir sinon des revenus plutôt décevants ? En principe, on ne partage pas les très bons résultats (ce qui est possible avec le choix de la dette) mais les moins bons (ce que permet une vente d'actions).

On remarquera qu'en cas de rationalité, les acheteurs ne se presseront pas et le cours sera réduit autant que nécessaire pour incorporer cette perspective. Le prix est abaissé *ex ante* à hauteur des coûts d'émission.

L'idée soutenue par cette théorie est que le choix entre les actions et les dettes renseigne sur les phénomènes de sur ou de sous-évaluation des actions. Autrement dit, si des ressources externes sont nécessaires, le choix se fera selon que l'on veut ou non de nouveaux partenaires. Si la firme est surévaluée, les actionnaires en place voudront avoir des partenaires nouveaux pour partager le déclin à venir du cours ; cette firme choisira les actions. Si la société est sous-évaluée, les actionnaires ne souhaiteront pas avoir des partenaires supplémentaires pour partager la hausse ; elle choisira la dette.

Le schéma peut se compliquer si on reconnaît que les actionnaires de la firme surévaluée ne veulent pas être identifiés comme tels et imiter les firmes sous-évaluées en plaçant de la dette. Les investisseurs ont besoin de données complémentaires.

D. La théorie du financement hiérarchique et ses prolongements

1. La structure financière s'inscrit dans un cycle

Selon la position classique, on admet que tous les financements sont substituables et utilisables en même temps. En somme, ils sont sur la même ligne.

Le cycle est une notion intéressante, empruntée à l'économie et à la gestion, qui s'adapte bien à la finance. À l'origine, un cycle d'exploitation décrit le déroulement des activités du stade le moins avancé (amont) vers l'étape la plus élaborée (aval). Il rend compte de la succession des opérations avec ses intervenants précoces et ses intervenants tardifs sur l'axe du temps.

Le parallèle avec la finance est valide car on sait déjà que le stade d'intervention agit sur la prise de risque. De même, on a mis en évidence des moments où certains capitaux ne sont pas accessibles, soit par lacune du système financier, soit parce que les circonstances s'y prêtent mal.

L'idée qui découle des propos antérieurs est que certains acteurs préparent et rendent possible l'intervention des suivants suivant une logique de succession. Les financements s'organisent selon un ordre hiérarchique, ou chronologique, et les apporteurs se mobilisent les uns après les autres. La diversité, caractéristique d'une structure, est progressive pour des raisons qui tiennent à la rationalité des acteurs et doit pouvoir dans l'idéal suivre un *continuum* de solutions.

On sait, par exemple, que les actions précèdent les dettes. Il faut accumuler des capitaux propres avant la dette et un niveau supplémentaire d'endettement est conditionné à une nouvelle accumulation d'actions.

En un mot, la substitution, chère au *trade-off*, est limitée. À l'opposé, cette conception rejoint celle des ordres préférentiels de souscription, dont le modèle le plus caractéristique est certainement celui de la *pecking order theory* (POT) ou financement ordonné.

C'est le *signalling* qui donne sa vraie dimension à la théorie des ordres préférentiels (POT). Celle-ci met en avant les effets d'asymétries informationnelles, auxquels les financements s'adaptent, en respectant l'ordre suivant : d'abord les ressources internes, puis en cas de besoin, la dette, les financements combinés, et enfin les actions. La classification suggérée se justifie en contexte de risque informationnel.

Cette théorie dit que les firmes préfèrent le financement interne (mise en réserves et réinvestissement) au financement externe. En effet, le premier ne nécessite pas d'information et permet d'en économiser les coûts. Il évite le contact avec le marché et dispense d'émettre des signaux.

Si un financement externe est néanmoins indispensable pour les investissements, les entreprises émettent d'abord des dettes avant les actions. Celles-ci forcent à justifier et à défendre le projet. Conformément aux remarques précédentes, la dette révèle la performance (au vu de ses contraintes) : le signal est positif. En revanche, le financement par capitaux propres a plutôt un effet négatif, révélateur de faibles performances, *i.e.* ne permettant pas de supporter la dette : le signal est négatif. L'émission d'actions serait le signe que le cours est surévalué et que les anciens actionnaires souhaitent partager la baisse du cours avec les nouveaux.

Globalement, les financements externes ne sont pas présentés comme étant prioritaires. Il y a deux raisons : ils coûtent cher (les commissions et l'effet taille de l'émission) ; ils sont difficiles à tarifer en cas d'asymétrie informationnelle. Néanmoins, si la taille du projet est importante au point de justifier l'usage de ressources externes, celles-ci seront classées selon l'ordre indiqué, utilisé comme signal favorable. On rappelle que la politique de rangement des financements de premier et de dernier ressort n'aurait aucun intérêt dans un cadre parfait où règne l'indifférence.

En résumé, si classement il y a, on aboutit toujours et malgré tout à un mixage des capitaux, mais obtenu sur la base d'une utilisation successive (POT) et non pas d'un dosage instantané (théorie du compromis). La structure du capital n'est pas niée, mais justifiée différemment.

2. La sélection adverse et le hasard moral

L'intérêt de la dette sort encore une fois renforcé par l'analyse précédente. Mais elle présente aussi des inconvénients pour l'organisme prêteur. Celui-ci est confronté à des insuffisances informationnelles qui diffèrent selon l'étape du financement des projets.

Pour le prêteur, l'asymétrie d'information apparaît dans deux cas de figure. L'un est patent au moment de l'étude d'un projet. L'autre se manifeste plutôt à l'occasion de l'usage des capitaux. La date de la signature du contrat joue un rôle critique dans le découpage du temps en deux périodes. La première est connue sous le nom de risque pré contractuel ; la seconde sous le terme de risque post-contractuel.

La sélection adverse : la tarification du prêt au moment de l'octroi des capitaux

L'estimation du risque par l'apporteur de fonds est rendue délicate par les obstacles qui gênent l'accès à l'information. On n'ignore pas que, pour des raisons stratégiques évidentes, le demandeur peut ne pas avoir intérêt à révéler des informations sensibles au risque d'attirer des concurrents.

La conséquence est que l'apporteur de capital a de grandes difficultés à repérer les bons projets. L'état d'ignorance peut conduire à des choix erronés. Cette question a reçu une attention particulière dans le domaine des prêts bancaires, mais sans exclusivité.

On s'intéresse à une autre forme de biais dans la décision, c'est-à-dire aux actes qui, pour le prêteur, ont des effets contraires à ceux attendus. Autrement dit, face à un péril de portée générale, le bailleur de fonds cherche à s'entourer de précautions qui peuvent s'avérer inefficaces.

Le risque est de formuler une proposition de prêt (une offre) qui attire ceux dont on ne voulait pas et qui repousse ceux que l'on attendait. Toute forme d'organisation est confrontée à ce type de risque qui, en termes simples, consiste à être attractif à l'égard de ce qui est non désirable, tout en ne sachant pas attirer ou retenir ce qui est bon.

Les conditions qui entourent cette éventualité demandent quelques précisions. Elles supposent l'existence d'un effet de portefeuille, c'est-à-dire la constitution de catégories de clientèles. Il est, en effet, fréquent d'être dans l'impossibilité de différencier les demandes de fonds par des mesures individuelles. Des classes de risque sont alors constituées. Les groupes ne sont pas parfaitement homogènes, mais la proposition tarifaire du fournisseur de fonds est faite sur la base d'une estimation moyenne du risque, avec le danger d'inadéquation de l'offre pour tous ceux qui s'écartent de la moyenne.

La conséquence prend le nom de sélection adverse (ou anti-sélection) et se manifeste de deux manières. Les clients les moins risqués, qui considèrent les conditions bancaires trop onéreuses, déclinent l'offre. Les clients les plus risqués, séduits par la proposition avantageuse qui ne reflète pas leur situation, acceptent les conditions du prêt. Le portefeuille de la banque se dégrade. Ces effets pervers s'appliquent aussi aux compagnies d'assurance.

Prenons une autre formulation du problème. Face à la méconnaissance, plus ou moins marquée, des conditions financières des emprunteurs, le banquier peut être tenté d'augmenter le coût du crédit d'une prime de risque. Le principe est que, en situation d'ignorance, le prix à payer sera plus élevé, pour obtenir un effet dissuasif.

Le problème est que c'est le résultat contraire qui peut se produire. En effet, pour éviter d'avoir à supporter cette mutualisation du risque, ce sont les firmes aux projets les moins risqués qui vont décliner l'offre et se retirer. En revanche, ce sont les firmes les plus risquées qui vont rester, ce qui conduit aussi à une dégradation de la qualité moyenne du portefeuille. « La mauvaise monnaie chasse la bonne », selon un principe ancien et dont l'expression moderne est plus connue sous le terme d'anti-sélection ou de sélection adverse.

La conséquence serait que les banques préfèrent rationner le crédit et ne pas accorder de fonds aux entreprises les plus risquées qui ne sont pas dissuadées par des taux élevés. La courbe des taux offerts n'est pas continuellement ascendante.

L'aléa moral : l'évaluation du risque pesant sur l'usage des capitaux octroyés

L'estimation du risque n'est pas achevée une fois le crédit accordé car il pèse aussi sur le financement accordé. Cet autre biais décisionnel peut conduire à des conflits d'intérêt entre les différents acteurs.

Le contrat signé peut inciter le bénéficiaire à modifier son comportement. Il peut, en effet, se montrer avenant pour obtenir certaines conditions de financement et changer d'attitude une fois la négociation terminée.

L'exemple classique est celui de l'assuré qui va prendre moins de précaution (par réduction des dépenses de prévention) dès lors que la couverture du risque est obtenue. Les entreprises sont dans la même situation avec les fonds d'emprunt. Toute latitude de décision les met en position d'effectuer des transferts de richesse en modifiant le risque de leur programme d'investissement. Le problème n'est pas l'apanage des firmes managériales. Il s'applique à toutes les entreprises disposant d'une forte capacité à procéder à des adaptations rapides de leurs projets pour les conformer aux évolutions du marché.

En conséquence, il y a bien un risque post-contractuel que l'assureur va gérer en limitant le montant assuré si certaines conditions ne sont pas remplies. De même, la banque pourra-t-elle instaurer des périodes de révision.

Ce second biais comportemental est qualifié d'aléa moral ou de risque moral. Il se différencie du risque précédent de sélection adverse qui est typiquement précontractuel.

Conclusion

L'aspect organisationnel est central pour l'étude. Il complète utilement la connaissance des phénomènes financiers extraite d'une première série de variables exclusivement monétaires.

Chaque financement a ses spécificités qui ne lui permettent pas d'être totalement interchangeable avec un autre. La permutation laisse, sans doute, la possibilité aux ajustements de coûts d'opérer correctement, mais elle ne s'applique pas à l'identique en termes de gestion. Certains financements ont plus de prédisposition que d'autres à remplir telle ou telle mission.

Ce sont précisément ces différences fonctionnelles qui sont exploitées pour faire valoir des préférences managériales à l'égard d'une structure financière plutôt qu'une autre. Pour cela, il faut admettre la présence de circonstances économiques particulières venant de la nature des actifs mis en place ou encore de leurs perspectives de résultats.

Si les investissements étaient promis à être toujours rentables et capables de supporter les exigences de n'importe quelle structure financières, si les apporteurs n'avaient pas lieu de craindre entre eux des actes s'écartant de la logique des contrats de financement (anticipations correctes), si enfin la délégation d'une part de leur responsabilité n'avait aucune chance de porter atteinte à leurs intérêts, alors les dimensions organisationnelles n'auraient pas lieu d'être considérées.

Mais la complexité des organisations ne peut pas préserver tant de conditions exigeantes. La substitution des capitaux devient inappropriée si l'on entend par là conserver un état identique, c'est-à-dire équivalent au travers de ses transformations. Au contraire, un financement pourra en remplacer partiellement un autre pour corriger ses faiblesses de gestion et aboutir à un état différent d'organisation.

Enfin, on doit souligner que tous les coûts identifiés (agence, faillite, transaction) n'ont pas la même importance selon le contexte et que certains sont dominants en fonction de contingences.

Rien n'indique que les conclusions sont les mêmes selon que l'analyse privilégie tel type de coût plutôt que tel autre. Ainsi, avec la préférence pour les financements internes peut-on trouver dans les bilans moins de dette que ce qu'implique la prise en compte des impôts.

D'autres considérations ont une portée explicative comme les normes sectorielles auxquelles les entreprises se conforment incontestablement et la conjoncture économique. Ainsi, les firmes peuvent-elles amasser des liquidités durant les périodes fastes pour éviter les financements externes dans les périodes qui le sont moins. Les financiers parlent de *slack* pour désigner cette accumulation de liquidités et la présence d'un niveau réduit de dettes.

Fiche 9

L'apport du tableau des flux financiers à la théorie de l'agence

Mots clés

Coûts d'agence et circuits des flux financiers. Pool de ressources et affectation des flux. Transferts de richesse. Contrôles coercitifs et contrôles négociés.

L'entreprise gère des actifs pour la rentabilisation des capitaux. C'est aussi une organisation dont les structures dépendent des rapports de force entre participants.

Ces deux visions coexistent tout en privilégiant chacune un point de vue différent. L'une considère la logique de base des opérations financières ; l'autre part de l'observation des particularités de chaque organisation et étudie tout ce qui contribue à s'écarter des schémas fondamentaux.

Les tableaux d'emplois-ressources mis au point pour synthétiser l'ossature financière des sociétés fournissent un bon cadre de suivi des flux de capitaux.

I. Le tableau de financement

A. L'approche idéale du réseau de flux financiers

Le tableau d'emplois ressources (TER) est l'outil d'analyse de la circulation des capitaux dans l'entreprise. Il en rend compte de manière neutre et objective mais peut aussi servir à comprendre des phénomènes financiers particuliers.

On partira de la position du prêteur qui s'intéresse à la sécurité de sa créance par la surveillance de certaines relations.

À l'origine, une nouvelle dette à long terme (NDLT), associée dans une certaine proportion à une augmentation de capital (Δ C), sert à financer l'effort d'investissement (I0). Ces contributions sont ponctuelles et accordées dans un but précis :

$$I0 = NDLT + \Delta C$$

Au-delà, ces financements n'ont pas lieu d'être renouvelés et ne subsiste que le service de rémunération des apports. La capacité d'autofinancement en est le seul élément moteur.

Sachant que le calcul de la CAF intègre déjà le paiement des charges financières aux prêteurs, la situation des années qui suivent peut être résumée par une relation.

La CAF ne peut pas être consacrée intégralement au remboursement de la dette car elle a d'autres fonctions :

- couvrir de petits investissements (ou la part que la banque ne finance pas),
- rémunérer les actionnaires (dividendes),
- faire face aux effets de la croissance du chiffre d'affaires sur le cycle d'exploitation (augmentation du besoin en fonds de roulement).

On doit donc vérifier une relation telle que :

CAF – (investissements autofinancés + dividendes + Δ BFR) > Remboursement de la dette.

Le premier terme donne par différence le montant du *cash-flow* net. Il doit être suffisant pour permettre le remboursement de la dette. À noter que cette relation ne fait pas apparaître les crédits bancaires à court terme (escompte et découvert), normalement évolutifs car remboursés par les créances qui arrivent à l'encaissement.

Cette relation, étroitement surveillée par le prêteur à partir des prévisions de trésorerie fournies par l'entreprise, rend compte de la capacité à respecter les obligations de la dette au fil des ans. Sinon, en cas d'absence de remboursement, la dernière garantie repose sur la revente des actifs avec les incertitudes que l'on connaît sur la valeur récupérable.

Le respect de cette relation veut surtout dire que la somme NDLT + Δ C ne sert qu'à investir au début et non à rembourser par la suite l'ancienne dette ou à payer des dividendes, c'est-à-dire à réaliser des opérations strictement financières.

Dans l'esprit du TER, il y a une ligne de séparation entre les deux catégories de flux :

- d'une part, ceux liés au financement initial de l'investissement I0 = NDLT + Δ C
- d'autre part, ceux résultant de la rentabilité de l'investissement telle que CAF – coût de la croissance > Remboursement

Mais le problème est de savoir si le prêteur a les moyens de contrôler cette séparation. Dans un contexte de flux complexes, les deux sphères identifiées communiquent entre elles. C'est à ce point de jonction qu'intervient la théorie de l'agence. Si tel est le cas, les phénomènes responsables de court - circuits correspondent à l'apparition des coûts d'agence.

B. Les distorsions affectant les investissements et les financements

La séparation est préservée pour le prêteur même si l'on admet l'exception d'une liaison possible entre les dividendes et l'augmentation de capital. Cette relation est sans gravité sous certaines conditions.

La théorie financière enseigne que, si des dividendes sont versés, il faudra augmenter le capital ultérieurement au moment d'investir et se mettre ainsi sous le contrôle du marché. Que l'on verse peu ou beaucoup de dividendes n'a pas d'importance si ce n'est qu'il faudra émettre plus ou moins d'actions nouvelles au moment opportun. Les investissements ne sont pas affectés et restent identiquement rentables. C'est le « circuit long » décrit par la théorie.

Il n'y a pas de coût d'agence dans ce scénario dès lors que le système est sous contrôle. Une telle ouverture sur le marché apparaît même nécessaire.

En revanche, la séparation souhaitée peut être rompue sous l'effet de liaisons présentant des risques. La situation peut être brouillée si la dette (NDLT) ou l'investissement (IO) sont mis en jeu.

On imagine, par exemple, que les dividendes soient effectivement versés sans augmentation de capital correspondante, mais avec émission d'une nouvelle dette qui en permet le paiement, ou encore par une réduction des investissements à venir. De la même façon, des difficultés de remboursement de la dette ancienne pourraient-elles être contournées par la négociation d'une nouvelle. À vrai dire, les cas possibles sont multiples et constituent autant de déviations.

Des sommes peuvent être versées aux actionnaires, ce qui vient d'être considéré avec les dividendes, mais aussi prélevées par les dirigeants à partir des ressources apportées par d'autres agents (les prêteurs seuls, ou associés aux actionnaires) sans aller aux investissements ou à des projets peu rentables. Dans ces cas, des agents financent les besoins d'autres agents et pas forcément des actifs productifs. On s'éloigne des schémas ordinaires dès lors que l'entreprise n'est pas présentée uniquement comme le « support des investissements ».

L'un des thèmes cher à cette approche porte sur la comparaison entre la provenance des ressources et leur destination sous forme de liquidités. Conceptuellement, on peut proposer cette autre définition des coûts d'agence, comme pratiques court-circuitant le schéma idéal des flux financiers.

Le raisonnement présente aussi une autre dimension, car certains choix de politique financière apparaissent clairement guidés par le souci de contrôler les décisions.

Du point de vue de la surveillance, le mérite revient plutôt aux systèmes ouverts sur le marché par opposition au circuit fermé mal contrôlable.

L'autofinancement peut être bien utilisé, mais il demeure le principal facteur d'autonomie. Il crée des incertitudes comportementales et des risques d'effets néfastes sur le futur.

Le raisonnement construit en termes de circuit et de fléchage des flux tend à nous éloigner de la notion de *pool* de ressources. L'avantage du TER est de fournir une illustration des ruptures qui menace le principe de séparation présenté plus haut.

II. La théorie de l'agence reconsidérée

L'intérêt de l'usage du TER pour l'analyse des conflits est de considérer l'ensemble des flux et en particulier les investissements.

L'hypothèse centrale de la théorie de l'agence est que les divergences d'intérêt mènent à des conflits qui doivent être résolus.

L'entrée la plus commode dans la théorie se fait en partant des propriétaires et en posant plusieurs hypothèses. Dans ce cadre, les actionnaires peuvent être en butte à un problème d'agence avec les dirigeants. Par ailleurs, on sait que la volatilité du résultat est tenue pour leur être favorable dans le cadre des relations avec les prêteurs. Ces caractéristiques déterminent leurs comportements et leurs choix.

Dans ces hypothèses, les actionnaires, par leurs préférences et attitudes, contribuent à augmenter le risque général de la firme au détriment de ce que souhaitent les dirigeants et les créanciers.

Plus le risque est élevé, plus on retient des actifs hautement rentables à même de maximiser la valeur. Mais, de l'autre côté, plus on menace la position des dirigeants et des créanciers, au travers de leurs apports : l'emploi pour les uns, la dette pour les autres. Leur logique de base apparaît plus conservatrice, par souci de préservation de leur capital. Il s'ensuit que toute précaution de la part de ces derniers viendra gêner la pleine réalisation des objectifs des actionnaires.

Les actionnaires disposent de plusieurs moyens d'intervention :

- les uns coercitifs : ils reposent sur l'exercice de pressions et ce sont traditionnellement les plus étudiés ;
- les autres incitatifs : ils s'exercent davantage par la négociation et la recherche d'un accord.

A. Les moyens coercitifs à la disposition des actionnaires

Les relations entre catégories sont circonscrites par la théorie de manière duale.

Considérons d'abord les relations d'agence entre les actionnaires et les dirigeants.

Les actionnaires ont plusieurs objectifs en exerçant leurs contrôles :

- forcer à prendre des risques
- réduire les disponibilités et la marge discrétionnaire des dirigeants. Les moyens, pour l'essentiel au nombre de deux, sont utilisés séparément :
- l'endettement (on considère en parallèle la réalisation d'un investissement)
- les dividendes.

Ces moyens ouvrent les portes du contrôle par le risque d'illiquidité, voire la défaillance, et l'émission d'actions.

L'endettement est un outil favorable aux relations avec les dirigeants pour ses vertus de ponction des liquidités.

Le dividende donne aussi l'illustration d'un mécanisme de contrôle par l'entremise du « circuit long » qu'il met en œuvre. Le contrôle peut s'effectuer par la cession mais elle oblige à se défaire des titres. Dans le cas présent, la sanction intervient à l'occasion du lancement d'une augmentation de capital.

En effet, le dividende est utile car il réduit la marge de manœuvre tirée de l'autofinancement et force à obtenir les fonds manquants par l'émission d'actions, *via* l'accueil qui lui sera réservé par le marché.

Le dividende est un emploi de fonds, d'une certaine façon soustrait de l'usage des dirigeants. C'est un moyen de contrôle car la récupération des fonds suppose l'agrément ultérieur des actionnaires.

Considérons ensuite les relations d'agence élargies aux prêteurs.

Les actionnaires, qui règlent leurs problèmes d'agence avec les dirigeants présumés neutralisés, risquent fort d'en créer de nouveaux avec les créanciers. L'analyse traite donc de catégories prises deux à deux mais s'enrichit d'autres répercussions possibles. La palette de problèmes sur ce nouveau front est large. Elle conduit au traitement des investissements.

On commencera par neutraliser les investissements supposés donnés.

Si la richesse est fixée par les actifs, choisis pour des raisons stratégiques, il ne reste que des problèmes de répartition des revenus. Pour les actionnaires, il n'y a pas de jeu possible par la dette à partir du moment où son but est d'aider au financement de nouveaux projets.

Mais on vérifie qu'elle ne tombe pas en dessous d'un certain niveau pour les raisons qui suivent.

Les dividendes agissent sur l'autofinancement de l'entreprise. S'ils sont faibles, la valeur des capitaux propres s'élève et la part de la dette s'amenuise dans la structure financière. À terme, l'endettement risque de tomber en dessous du niveau anticipé par les prêteurs, ce qui leur est favorable. En effet, leur rémunération excède les risques réellement encourus. Cela constitue un inconvénient pour les actionnaires victimes d'un transfert de richesse. Mieux vaut distribuer afin de conserver un niveau d'endettement suffisant, correspondant aux anticipations des prêteurs. Le dividende a un rôle régulateur de risque. Mais si le dividende augmente, la part de la dette est plus importante et dépasse le niveau prévu par les prêteurs. Ainsi, leur rémunération devient-elle insuffisante face aux risques réels encourus (le transfert s'effectue dans l'autre sens).

La question centrale est de savoir si le niveau de risque est correctement perçu par les prêteurs, ce qui conditionne la fixation de leur rémunération. Cet aspect est laissé de côté par les études qui retiennent l'hypothèse de la fixité du taux d'intérêt et qui n'ajustent que le taux de rentabilité des actionnaires. La théorie de l'agence aide à s'engager dans l'analyse du coût de l'endettement.

Selon une autre version, les investissements ne sont pas tenus à l'écart et font l'objet de modulations.

Des dividendes élevés peuvent réduire les investissements à la longue sauf si ceux-ci sont financés par la relève de la dette. Celle-ci remplace l'autofinancement capté par les dividendes. Pour l'entreprise qui investit, les fonds versés sous forme de distribution sont récupérés plus tard grâce à la dette pour investir.

Du point de vue des actionnaires, cela n'a pas une grande incidence puisque la dette contrôle aussi les dirigeants. Il n'y a donc pas d'échappatoire au contrôle ; tout au plus peut-on préférer les rapports avec les prêteurs à ceux avec les actionnaires.

Du point de vue des prêteurs, la situation est différente car ils sont conduits à assumer des risques supplémentaires : en effet, ils financent l'entreprise, avec les risques correspondants, en prenant le relais des actionnaires. Les dividendes ne sont pas remplacés par le capital social.

Mais il y a plus grave en l'absence d'investissement. Dans ce cas, les dividendes prélèvent des liquidités et la dette remplace l'émission d'actions sans emploi productif de richesse, ce qui n'améliore pas les chances de son remboursement. Le problème est celui du sous-investissement. On maintient simplement le niveau des capitaux permanents.

Le TER a cet avantage de fournir une vue complète des flux et de révéler les multiples liaisons qui peuvent s'établir entre eux.

2. Les moyens négociés à la disposition des actionnaires

Les actionnaires sont attirés par le risque. Mais il est certainement difficile de faire prendre par les dirigeants et les créanciers des décisions qui vont à l'encontre de leurs propres intérêts.

L'encouragement des actionnaires à la prise de risque vient de ce qu'ils acceptent d'ouvrir leur position aux autres parties :

Les dirigeants sont rémunérés, pour leur performance, en actions de la société qu'ils gèrent (*stock-options*).

Les créanciers disposent de clauses de convertibilité de la dette en actions, forme avancée de transformation de leurs titres.

La portée des dispositifs négociés dépend du degré d'ouverture du capital aux autres intervenants. Elle n'est pas totale si les actionnaires souhaitent limiter les effets d'une dilution de la propriété.

Ces remarques soulèvent quelques interrogations sur les rationalités en présence.

Les dirigeants, dotés de leur seul capital de compétences, sont assurément en position fragile. Ils le sont moins, une fois pourvus d'actions, car ils disposent d'un début de diversification sur le revenu et le patrimoine. Mais cette diversification est limitée du fait que l'ensemble de la richesse détenue provient de la même société.

Ils peuvent vendre ces titres (avec des délais de rigueur), ce qui leur permettrait de diversifier le portefeuille d'actions par eux-mêmes et de s'affranchir de leur propre société. À la limite, ils ne sont pas obligés d'attendre que la société leur remette des actions en compte pour les avoir. À chaque fois qu'une politique est susceptible d'être mise en œuvre par soi-même, on sait qu'il y a matière à s'interroger sur la valeur que pourrait lui accorder en plus le marché.

Enfin, nul ne sait si les dirigeants sont, pour autant, enclins à prendre plus de risques et à moins redouter la faillite. C'est une question de proportion et nul doute que le portefeuille d'actions détenu doit déjà être élevé.

Comme le créancier participe aux risques, il paraît légitime de l'associer aux bons résultats. La clause de convertibilité qui lui est proposée offre des garanties en ouvrant une double perspective :

Les performances se dégradent. En principe, le prêteur est protégé par les obligations de paiement liées au contrat d'endettement. Mais il peut exercer l'option de conversion. Le fait le plus marquant est que le prêteur initial peut s'associer aux décisions de redressement ; c'est une sanction pour le pouvoir en place. La décision de participation au capital sert à sauver les apports en permettant d'intervenir dans la gestion.

Les affaires s'améliorent. Il y a une perspective d'en profiter en s'associant aux résultats par la conversion. Leur réalisation s'effectuera vraisemblablement par une sortie sur le marché (prise de plus-value). Le prêteur initial adopte un comportement de marché en visant la cession des titres si elle est possible. Il est difficile d'affirmer que le créancier devenu actionnaire cherchera à le rester car son métier est de faire des prêts.

La clause de convertibilité offre des avantages pour les deux parties. De l'autre point de vue, elle permet à l'émetteur d'économiser les remboursements de la dette et soulage sa trésorerie.

Le choix des investissements comme source de création de valeur

Fiche **10**

Mots clés

Les caractéristiques financières d'un investissement. Les cash-flows nets et le taux d'actualisation. La méthode de l'actualisation. La valeur de marché. La valeur actuelle nette (VAN).

Le thème central est la création de valeur avec l'investissement pour support. Le travail d'évaluation repose sur l'usage d'une règle de décision dont les éléments constitutifs sont uniquement financiers. L'objectif est de mesurer le surplus dégagé au-delà des sommes investies. Par suite, le raisonnement est mené en termes de variations. Il peut conduire à une décision de rejet du projet en cas de performances insuffisantes. La valeur est déterminée dans l'optique du propriétaire, c'est-à-dire de l'actionnaire.

I. Généralités sur les paramètres des investissements

A. Les capitaux investis

En prenant la date d'origine pour référence, l'estimation du coût d'un investissement, c'est-à-dire de l'augmentation des emplois, dépend de plusieurs facteurs.

Il y a tout d'abord la dépense initiale engagée pour le lancement du projet. Elle est en principe parfaitement connue. Dans le détail, elle s'obtient par la somme du coût d'achat des équipements et des dépenses d'installation et de prospection (la recherche, la conception, les frais d'études).

Ces décaissements déterminent le montant des apports. Pour simplifier l'exposé, on admet par hypothèse que la nature de la contribution initiale n'est pas précisée, ce qui équivaut à l'assimiler provisoirement à des capitaux propres. Mais considérer les conditions initiales de l'apport est en soi insuffisant car il s'agit de valeurs comptables. On verra comment s'en éloigner progressivement pour mettre en évidence des valeurs de marché.

Il importe aussi de tenir compte du déroulement du projet. Il ne suffit pas d'investir des capitaux au départ et une fois pour toutes. D'autres fonds seront ensuite nécessaires pour financer les dépenses liées au cycle d'exploitation (le financement du besoin en fonds de roulement ou Δ BFR). En pratique, elles sont imputées négativement sur les flux futurs.

Enfin, il convient de définir l'horizon d'analyse et d'autres hypothèses viennent simplifier l'exposé préliminaire. Dans certains exemples, l'évaluation du projet retient des schémas de perpétuité et d'état stable ; l'une pour l'horizon qui est infini (en pratique très long) et l'autre pour le renouvellement des flux à l'identique. Cela peut faire songer à un contexte sans risque mais il n'en est rien et l'on verra pourquoi.

B. Les revenus dégagés par l'investissement

L'investisseur se soucie du sort des capitaux engagés, c'est-à-dire des conditions d'activité qui déterminent ses revenus. Ce terme est retenu provisoirement avant d'en préciser la nature exacte. L'analyse des revenus tient compte de deux choses.

La valeur du projet dépend d'abord de leur niveau. Cette question est affaire de compétences industrielles et commerciales. L'analyse se complète ensuite en considérant l'incertitude qui pèse sur les revenus futurs, c'est-à-dire des fluctuations plus ou moins marquées selon l'état du marché. Ces données relèvent de l'exploitation et sont hors de portée des financiers. Elles soulignent l'importance du secteur pour les travaux d'évaluation. De manière schématique, on peut s'en tenir à une distinction simple.

Un marché mûr et bien connu réserve relativement peu de surprise. Les règles du jeu sont bien établies et les revenus futurs pourront être estimés précisément avec un taux de confiance suffisamment élevé.

À l'opposé, un marché jeune (ou innovant) est, par définition, nouveau et mal connu. Il offre peu d'effet d'expérience et pas « d'archives » (*record*). La recherche et la mise au point peuvent ne pas aboutir ou prendre du retard. La demande peut ne pas être au rendez-vous. L'investisseur disposera de ces informations manquantes à mesure que le projet avance et le risque est élevé. Le scénario défavorable de l'échec force à considérer l'absence de rentabilité voire la perte des capitaux investis. En revanche, le succès peut conduire à une rentabilité exceptionnelle en raison du petit nombre de compétiteurs à se partager la croissance du marché. Plus tard, la maturité viendra éroder le taux de profit avec la diffusion des connaissances et les effets d'imitation.

Quelle que soit la situation, la direction de l'entreprise a la responsabilité de la réalisation et du succès du projet. Cela veut dire, en termes financiers, qu'il lui incombe d'atteindre les niveaux de revenus qui sont en accord avec ce que l'on attend d'elle.

C'est en partie cette mission qui conduit aux adaptations responsables de nouvelles dépenses (ci-dessus). Les causes de correction sont multiples. Ces nouvelles dépenses seront enregistrées en déduction des revenus, raison pour laquelle l'évaluation est conduite sur les flux nets de liquidités disponibles (ou *cash-flows* nets).

C. Le taux de sélection du projet

Le concept est suffisamment important pour demander des éclaircissements ultérieurs. Pour donner un aperçu de son rôle, il a pour fonction cruciale de séparer les investissements rentables qu'il convient d'accepter de ceux qui ne le sont pas.

Un projet d'investissement est évalué en fonction de ses mérites à partir de la question suivante : ses revenus seront-ils à la hauteur des espérances et des sommes engagées ? La réponse nécessite l'usage d'un critère de comparaison. De nature financière, ce critère établi *ex ante* correspond au taux de rentabilité minimum exigé. Il a pour mission de permettre la rémunération correcte et la préservation du capital engagé.

La méthode comparative indique que l'on souhaite dépasser, en investissant dans l'entreprise, la rentabilité que l'on obtiendrait par le placement de la même somme à l'extérieur. Cette performance apporte la preuve de la détention de compétences spécifiques.

Le taux de référence du placement alternatif est celui du marché. Mais le raisonnement ne peut être valablement conduit qu'à l'intérieur d'une même classe de risque.

Ce taux est, enfin, lié au mode de financement de l'entreprise. En ce sens, il correspond au coût des ressources utilisées ou coût du capital (notion étudiée plus loin).

II. L'analyse de la rentabilité par la VAN

La valeur actuelle nette (VAN) est la méthode la plus connue d'évaluation des investissements. Elle intègre toutes les informations qui viennent d'être présentées et les compare par un procédé mathématique dit d'actualisation. Le coût initial du projet est connu et ne demande pas plus amples développements. En revanche, parmi les paramètres présentés, il en est deux qui retiennent particulièrement l'attention car directement liés au risque : le taux de sélection et la nature des revenus ou flux futurs à prendre en compte.

A. La valeur de marché et le taux d'actualisation

Le taux d'actualisation (ou de sélection) est l'outil de calcul de la valeur de marché du projet et, par suite, de la VAN. L'usage du taux est considéré en premier et avant son mode d'estimation qui fera l'objet de propos ultérieurs.

1. La valeur actuelle nette

La VAN mesure le surplus de valeur produit par un investissement et guide la décision d'acceptation ou de rejet. Corollairement, la présence d'un supplément de valeur est utilisée comme indice d'une rentabilité satisfaisante par rapport au référentiel que l'on s'est fixé.

La méthode de la VAN suppose l'introduction d'une donnée étrangère au projet, à savoir le taux d'acceptation qui fait office de taux minimum à servir pour créer de la valeur.

Dans le cas présent, une simplification des calculs est introduite en prenant l'exemple de projets dont les revenus futurs sont supposés constants à l'infini. La nature des revenus n'est pas encore précisée et on les note provisoirement B pour bénéfices. L'horizon est pris en compte dans sa version longue et illimitée ce qui offre, à ce stade d'avancement de l'exposé, la possibilité de négliger la valeur résiduelle de l'actif. L'avantage de ces hypothèses est de travailler sur la formule d'évaluation d'une rente perpétuelle. Les données pourraient être moins restrictives sans priver la méthode de sa portée générale.

Avant de procéder au calcul d'une VAN, il est important de préciser la nature des termes employés : taux de rentabilité et valeur.

Considérons un projet dont le coût initial s'élève à I = 100, ce qui détermine le montant des apports, et dont on prévoit des revenus futurs annuels B = 10 constants à l'infini.

Ayant connaissance de ces deux données, il est possible de les convertir en taux de rentabilité de l'investissement par le calcul du ratio revenu/coût, soit 10/100 = 0,10.

Inversement, on peut dire que capital (100) a été placé à 10 %, si l'on considère que les revenus B = 10 sont obtenus par le produit du montant investi par le taux de rentabilité.

À ce stade, on note que l'investissement est considéré de façon autonome, à partir de ses seules caractéristiques, et que l'on raisonne sur le montant de l'apport initial c'est-à-dire sur des valeurs comptables.

La valeur de marché exprime une autre idée indispensable pour la suite. En effet, oubliant momentanément le coût d'achat pour ne considérer que les revenus futurs, on constate que ceux-ci sont étalés dans le temps selon une périodicité annuelle et qu'ils ne sont pas comparables en l'état en raison de la valeur attribuée au temps.

Le processus mathématique utilisé pour homogénéiser des revenus espacés sur l'axe du temps est l'actualisation. Il consiste à remplacer leur suite par un indicateur unique qui n'est autre que leur somme estimée à une date précise, la date initiale par commodité. Elle prend le nom de valeur actuelle.

Une telle valeur, dite de marché, actualise les revenus futurs auxquels on a droit en cas de conservation de l'actif ou auxquels on renonce en cas de vente. Dans ce cas, l'inconnue est la valeur.

À cette fin, il faut disposer d'un taux d'actualisation. Celui-ci mesure, en quelque sorte, le taux de dépréciation attaché à des revenus éloignés du moment présent. Il indique aussi la valeur à investir maintenant pour obtenir des résultats donnés.

A priori, rien n'empêche de conserver le taux de 10 %. Dans les conditions particulières de perpétuité, la somme actualisée des revenus futurs, ou valeur actuelle, se calcule par le rapport revenu/taux d'actualisation, soit 10/0,10 = 100. On voit, à cette occasion, que la valeur est une fonction inverse du taux puisqu'il apparaît au dénominateur.

On remarque clairement l'effet de dévalorisation du temps, puisque la valeur obtenue de 100 peut sembler bien faible face à ce que représente une suite de revenus de 10 à l'infini. Disons que les premiers revenus conservent plus de valeur, en raison de leur proximité du moment présent, que ceux très éloignés qui se perdent à l'infini. Le processus de l'actualisation est exactement l'inverse de celui de la capitalisation. Si le premier retire les intérêts, le second les ajoute.

Le résultat obtenu pour la valeur peut s'interpréter de différentes manières selon le point de vue adopté. Le propriétaire de l'actif a droit à une suite de revenus de 10 étalés dans le temps qui, estimés aujourd'hui, valent 100 au vu du taux de rentabilité. Il dispose de deux modes de perception de la richesse : l'un est étalé dans le temps (les bénéfices), l'autre est immédiat (la valeur actuelle). C'est donc aussi une valeur disponible en cas de vente : le propriétaire peut négocier immédiatement ses droits futurs à hauteur de 100. On peut dire aussi que l'acheteur est disposé à payer 100 un actif dégageant des revenus de 10 pour rentabiliser son placement à hauteur de 10 %.

Il y a enfin le point de vue de la société qui verse les revenus. Pour elle, le taux d'actualisation exprime le coût de l'opération en termes de rémunérations exigées. Connaissant le prix de l'investissement et le taux de rentabilité exigé, elle en déduit quelle doit être son offre de revenus.

Toutes ces formulations sont proches et correspondent à des écritures différentes de la relation existant entre revenus, taux et capital (apport ou valeur, selon le cas).

Compte tenu de l'emploi d'un même taux (10 %), la valeur de marché est égale au montant investi (100), c'est-à-dire à la valeur comptable. Ce cas particulier, pour intéressant qu'il soit, n'est pas en mesure d'expliquer la notion de surplus. Il faut d'autres informations. Pour justifier les écarts entre la valeur d'apport et la valeur de marché, il convient de se situer dans un scénario à deux taux. C'est ce qui va être fait pour illustrer la VAN en respectant son objet premier qui est de comparer plusieurs projets.

Prenons trois investissements (I) pour exemple :

Ia Coût : 100 B = 10

Ib Coût : 150 B = 20

Ic Coût : 40 B = 2

Chaque projet a son propre taux de rentabilité (noté r). Il est calculé de manière comptable par la formule revenu/coût. Il prend le nom de taux interne de rentabilité (TIR) ou taux de rentabilité intrinsèque de l'investissement (ROI ou *return on investment*).

Ia : r = 0,10

Ib : r = 0,13

Ic : r = 0,05

Chaque investissement dégage une rentabilité positive et elles sont toutes différentes.

Chaque projet a son propre taux de rentabilité (r). Si on actualise les flux d'un investissement à son propre taux de rentabilité on obtient les valeurs d'apport, ce qui n'est pas très instructif. Il n'est pas possible d'avancer dans le processus de choix si tout est exprimé en valeur d'apport.

Il manque une règle de décision et celle-ci abandonne l'usage du taux interne de rentabilité. Admettons que le taux exigé soit de 8 % pour ce genre de risque. Son origine n'est pas expliquée pour l'instant. Il fait office de taux d'actualisation (ou de sélection) commun à tous les projets concurrents.

On peut calculer, à ce taux, la valeur de marché de chaque projet, par l'actualisation de ses revenus futurs. On la note V.

Va = 10/0,08 = 125 pour un coût Ia = 100 ; le surplus est de 25 > 0, d'où acceptation

Vb = 20/0,08 = 250 pour un coût Ib = 150 ; le surplus est de 100 > 0, d'où acceptation

Vc = 2/0,08 = 25 pour un coût Ic = 40 ; la perte est de 15 < 0, d'où rejet.

La différence (V – I) prend le nom de VAN. Elle mesure, selon le cas, un surplus ou une perte de valeur attachée à l'investissement évalué aux conditions du marché. La méthode consiste à se demander quelle est la valeur actuelle des revenus du projet sur le marché ou, alternativement, quelle est la somme à placer pour les obtenir. La comparaison permet de savoir si cette valeur est finalement plus, ou éventuellement moins, élevée que le coût de l'investissement (I).

Tout projet d'investissement en entreprise est confronté à son alternative sur le marché.

On retiendra que la comparaison est possible grâce à l'usage d'un taux unique d'actualisation pour tous les projets appartenant à une même classe de risque.

De même, la VAN est positive à chaque fois que le taux intrinsèque de rentabilité (TIR ou r) excède le taux exigé (*a contrario*).

C'est le cas des projets Ia et Ib.

Ia : VAN = 25 car 0,10 > 0,08

Ib : VAN = 100 car 0,13 > 0,08

Ce n'est pas le cas du projet Ic

Ic : VAN = - 15 car 0,05 < 0,08

Si d'aventure, un projet dégage un TIR exactement égal au taux exigé, sa VAN est nulle, ce qui veut dire quand même rentabilité positive (voir le premier scénario avec le taux de 10 %).

En conclusion, le message de la VAN positive est qu'il est préférable, pour le même risque, d'investir dans la firme plutôt que sur le marché. La raison est, qu'aux conditions du marché, il faudrait placer une somme plus importante pour espérer les mêmes revenus. La règle est que si l'actif produit plus que ce que l'on exige de lui, il y a surplus.

La valeur de marché inclut la VAN. Pour le projet Ia, la valeur de marché de 125 intègre l'enrichissement de 25 au-delà du prix d'achat de 100.

Le taux exigé fait office de taux minimum pour créer de la valeur. Il fixe les obligations de résultat pour la firme. Il y a donc deux taux dans tout problème de choix d'investissement : celui qui est exigé (demandé) et celui qui est dégagé (offert).

L'autre avantage est que, si chaque projet est évalué à son propre taux interne, il est impossible d'additionner les valeurs. Par contre, il y a additivité si l'on raisonne au taux commun de la VAN, qui fait office d'étalon de mesure.

La valeur globale pour l'investisseur est V = Va + Vb = 125 + 250 = 375 pour un coût global I = Ia + Ib = 100 + 150 = 250. La différence, ou mesure de l'enrichissement, est la somme des VAN = 25 + 100 = 125.

2. La classe de risque

Le problème laissé en suspens est celui de la détermination du taux de rentabilité exigé. Pour l'évaluation d'un actif (investissement), il convient de raisonner en termes de substitut et sur des données homogènes.

Il s'agit, dans un souci de rationalité, de substituts de marché, ce qui à la fois suppose et permet d'avoir une vue large et complète de l'ensemble des alternatives. Le premier critère d'homogénéité est celui de l'horizon ; il doit être le même ou comparable. L'autre problème est que, à horizon donné, le marché est à même d'offrir plusieurs taux de rentabilité différents. On trouvera toujours d'autres actifs qui font mieux et inversement. On ne peut donc travailler qu'à l'intérieur de catégories déterminées, c'est-à-dire sur des substituts de marché certes, mais à condition d'être proches de l'investissement analysé (sinon, on s'expose au danger de sur ou sous estimation des performances).

Le critère central de comparaison est celui du risque et de sa décomposition en classes. On optera donc pour des actifs de référence qui ont le même profil de risque. En un mot, le problème est de trouver le bon étalon de mesure.

3. Illustration de l'évaluation d'un projet et de son enregistrement en valeur de marché

Cette illustration est proposée sans revenu intercalaire ni impôt et avec un seul financement (capitaux propres). Selon le principe de la VAN, tout investisseur accepte d'apporter des capitaux aujourd'hui dans l'espoir de récupérer davantage demain.

Considérons de nouveau l'exemple de l'investissement Ia, à ceci près que l'on se place sur un horizon d'un an. Ainsi retranscrit, on apporte 100 aujourd'hui pour récupérer 110 demain. Le taux de rentabilité réalisé est de 10 % soit (110-100/100), ce qui est plutôt bien, mais insuffisant pour juger l'intérêt du projet. En effet, il faut tenir compte des autres possibilités offertes, en clair disponibles, sur le marché et à risque comparable.

Si l'opportunité de placement alternatif se lit 100 maintenant pour 120 dans un an, l'investisseur du projet est perdant. Le même apport est plus rentable à l'extérieur et le taux du marché est de 20 %. Pour exprimer cette moindre performance de l'investissement projeté, il suffit d'actualiser ses résultats au taux du marché, soit 110/1,20 = 98 en valeur actuelle, soit une perte actualisée de 2.

Par contre, si le marché donne 108 dans un an pour un placement immédiat de 100, l'investisseur du projet est gagnant. En effet, il réalise un taux de rentabilité de 10 % sachant que le taux de marché exigé et considéré comme minimum est de 8 %.

Pour exprimer cette meilleure performance, il actualise la valeur de l'investissement projeté au taux du marché, soit 110/1,08 = 102 approximativement, en valeur actuelle. Celle-ci excède le prix d'achat égal à 100, ce qui correspond à une VAN de 2. L'actif vaut 102. Autrement dit, on apporte 100 qui valent 102 maintenant, ou 110 dans un an.

Une présentation de ce second cas peut être matérialisée par l'usage du bilan.

	Date initiale	**Un an plus tard**	**Taux de rentabilité**
Bilan de l'actif Conditions de marché	100 100	110 108	Taux réalisé : 10 % Taux exigé : 8 %
Bilan de l'actif établi aux conditions du marché	102 = 110/1,08	110	

Bilan comparé en valeur actuelle

C'est cette dernière présentation qui sera préférée et retenue par la suite.

En fait, on commence par constater que le cours est 102. Cela veut dire que le taux exigé est de 8 %, car 110/1,08 = 102. La valeur a augmenté, parce que la société a dépassé le revenu exigé correspondant à 8 %.

B. L'explication des flux financiers : le mode de détermination des flux d'exploitation

Le concept de revenu (*income statement*) n'est pas à confondre avec celui de liquidité (*cash-flow statement*). Pour tout investissement, le raisonnement est construit sur les flux de trésorerie. L'indicateur de liquidité est obtenu en plusieurs étapes.

Le point de départ est la capacité d'autofinancement (CAF), mais le mode de calcul préconisé par le plan comptable intègre plus de variables qu'il n'en faut. Rappelons que, dans une perspective prévisionnelle, les seules corrections connues avec certitude viennent des dotations aux amortissements (ce qui exclut les provisions et les opérations exceptionnelles).

La détermination des flux de liquidité s'effectue dans l'hypothèse d'un financement exclusif par capitaux propres qui est conforme à l'usage d'une seule catégorie de ressources. Cela équivaut à ne retenir que des flux d'exploitation. Cette condition exclut les charges financières. Elle est provisoire avant de considérer le mode d'introduction des effets de la dette.

Enfin, le raisonnement en termes de flux laisse entendre que l'on s'intéresse à des variations annuelles provoquées par l'investissement et par rapport à une situation où il n'y en a pas. Cette condition est de portée générale.

La question la plus délicate réside dans le calcul de l'impôt (IS) au taux T et qui est fonction des déductions. Les taxes dépendent, pour la partie qui nous intéresse, de la dépréciation des actifs (les dotations aux amortissements notées DA). Par simplification, on pourra admettre que l'amortissement est linéaire.

Textuellement, la CAF est un flux d'exploitation net d'impôt.

Dans les notations habituelles inspirées des soldes intermédiaires de gestion :

CAF = EBE – IS

Une attention particulière doit être accordée au calcul de l'IS :

IS = (EBE – DA) T = RE.T

Il y a donc plusieurs écritures selon le point de départ du calcul :

En partant de l'EBE : CAF = EBE – RE.T

En partant du RE : CAF = RE (1 – T) + DA

On reconnaît au passage le mode de calcul habituel de la CAF mais en ne tenant pas compte du mode de financement. Ces écritures sont le pendant des formules soustractives et additives. L'amortissement n'est pas déduit car il n'est pas une sortie de trésorerie. Au contraire, il la reconstitue à l'abri de l'impôt (*tax shield*).

Il y a une troisième version, développée ci-dessous :

CAF = EBE (1 – T) + DA.T

Cette notation utilise l'EBE après impôt comme s'il était intégralement taxé, mais auquel on ajoute l'économie fiscale réalisée grâce aux amortissements (DA.T), c'est-à-dire au produit de la réduction de la base imposable (DA) par le taux d'imposition (T).

L'EBE est une base pertinente d'évaluation du cash-flow. La prise en compte des amortissements ne sert qu'à calculer l'impôt et à le diminuer.

On peut être amené à faire des distinctions selon la position occupée. L'actionnaire reçoit le bénéfice net B : B = (EBE – DA). (1 – T). La formule indique que l'impôt est réduit sous l'effet de l'amortissement. L'entreprise dispose d'une somme égale à la CAF, c'est-à-dire davantage : CAF = (EBE – DA). (1 – T) + DA. La différence vient de l'amortissement.

Enfin, pour obtenir le cash-flow net, il convient de tenir compte d'un dernier retraitement. La CAF est un indicateur de liquidité potentielle. Les encaissements et décaissements réels dépendent des délais de paiement accordés et reçus ainsi que des délais de stockage. Ces liquidités bloquées dans le cycle d'exploitation sont évaluées par le besoin en fonds de roulement d'exploitation BFRE.

On a donc : Cash-flows nets = CAF - Δ BFRE

Δ BFRE représente le coût de la croissance. Les augmentations de BFRE sont retranchées et les diminutions sont ajoutées.

En conclusion, la méthode de sélection des investissements est établie par la rentabilité.

Les difficultés particulières rencontrées dans la détermination des paramètres spécifiques du projet sont laissées de côté pour conserver un cadre d'analyse général.

Ces problèmes latents dépendent du contexte, c'est-à-dire de la nature de l'actif à évaluer. Ils concernent le recueil de l'information technique et commerciale mais aussi l'exactitude avec laquelle la tâche peut être réalisée. On peut fournir quelques exemples d'incertitudes d'estimation à surmonter :

La dépense initiale n'est pas forcément unique mais elle peut être étalée dans le temps si l'actif en question est à constituer progressivement.

Les cash-flows ne sont pas nécessairement à leur maximum si on admet d'inclure des dépenses discrétionnaires et les coûts liés à leur surveillance.

La durée de vie n'est pas obligatoirement connue à l'avance ; elle peut être écourtée ou prolongée selon les choix stratégiques réalisés en chemin.

En revanche, parmi tous ces paramètres de calcul, l'analyse du taux d'actualisation mérite d'être privilégiée. Il est à la fois le référentiel de comparaison des autres variables de la prise de décision et leur lien.

Il mérite une étude approfondie car il découle des financements et de leur structure. En un mot, il est externe au projet et dépend des caractéristiques de la firme.

L'analyse sera faite dans une optique traditionnelle et donc générale, en mettant à part toutes considérations relatives au contexte organisationnel. L'exploration du risque est, en quelque sorte, incomplète mais la méthode est conforme à l'état de connaissance actuelle du problème.

Fiche 11

La base d'estimation de la valeur : l'exploitation

L'évaluation de tout actif prend appui sur une estimation de ses flux futurs. Pour un investissement, la base d'estimation de la valeur provient de l'exploitation et cette partie traite de la nature des flux à prendre en considération.

La mesure de la valeur se poursuit ensuite par l'usage d'un taux d'actualisation. La notion de coût du capital est introduite à cet effet sans la détailler pour l'instant.

La valeur vient de l'exploitation : Le résultat d'exploitation RE

Le principe d'unicité de valeur soutient que la valeur globale d'une société (VG) est stable, quoi qu'on fasse en matière de grille de financement. La partie qui peut changer est la valeur des titres financiers obtenue à partir de leur rémunération.

Dans une optique de répartition, la base de la valeur est le résultat d'exploitation (RE). On peut montrer, en effet, que RE est le total des sommes distribuables à partir d'une relation comptable simple. Il suffit de décomposer les revenus par destination (le calcul est proposé sur une seule année).

Les notations :

La dette D est rémunérée au taux t et produit des frais financiers $FF = tD$

Les actions perçoivent un bénéfice net B après imposition au taux T.

Les rémunérations des apporteurs sont au nombre de deux dans les comptes de la société :

Le revenu des actions : $B = (RE - tD).(1 - T) = RE(1 - T) - tD + tDT$

Le revenu des dettes : $FF = tD$.

Par l'addition des deux rémunérations versées par l'entreprise à ses apporteurs, on obtient :

$RE\ (1 - T) + tDT$.

On remarque la particularité de la formule : il est fait comme si la société ne pratiquait aucune déduction et payait des impôts sur la totalité du RE avant d'introduire un second terme de correction (t DT) désignant les économies d'impôts réalisées grâce à la déductibilité des frais financiers. Cette économie fera l'objet de plus amples développements par la suite (elle correspond au produit de la réduction de la base imposable tD par le taux d'imposition T).

Pour que le schéma soit complet viennent ensuite les prélèvements de l'État :

Montant des impôts : (RE – tD).T = RET – tDT

L'addition des trois parts : RE (1 – T) + tDT + RET – tDT donne RE.

La somme totale des trois versements est égale à RE, le montant distribuable. Ce montant est invariant. On peut décider de verser moins d'impôt, mais il faudra payer davantage de frais financiers et le bénéfice sera plus faible. Un avantage fiscal se paye par l'ajustement des autres rémunérations.

L'enveloppe globale de la valeur a donné lieu à la comparaison avec un gâteau, rendue célèbre par Modigliani et Miller.

La valeur est bien contenue par le résultat de l'exploitation et il est effectivement au départ de tous les calculs. Le choix des financements est une affaire de répartition et concerne les apporteurs.

Par suite, il est possible de fournir une vue synthétique du problème.

Le rôle du résultat d'exploitation après impôt RE (1 – T) dans l'évaluation

La théorie financière confère aux impôts un statut précis : celui d'un coût, c'est-à-dire d'un facteur qui, par sa présence, change la nature des décisions de financement.

L'enveloppe de la valeur est donnée (RE), mais elle subit l'imposition.

Si les actionnaires sont seuls, la société verse une somme égale à RE.T sous forme d'impôts et il reste RE (1 – T) en guise de rémunération nette perçue par les apporteurs, c'est-à-dire comme bénéfice net (B) pour les actionnaires.

Les impôts sont élevés et on peut décider de réduire la part de l'État par endettement.

Avec une dette, le nouveau bénéfice s'écrit B = (RE – FF). (1 – T). En réarrangeant les termes, on obtient : B = RE (1 – T) – FF (1 – T).

Par suite, la somme des rémunérations nettes perçues par les apporteurs est :

B + FF (1 – T) = RE (1 – T).

La somme des rémunérations nettes est la même dans les deux cas (avec ou sans dette) et s'établit à RE (1 – T), mais sa composition et donc sa répartition sont différentes.

L'avantage, tel qu'il a été établi plus haut, est de disposer d'un point fixe d'évaluation avec le résultat d'exploitation et il apparaît que RE (1 – T) en est la seule référence. Mais la particularité de la formulation est de retenir une imposition pleine, comme s'il n'y avait pas de possibilité de déduction sur la base imposable.

Exemple

Le revenu d'exploitation est égal à 100 et le taux d'imposition est de 30 %. Ce taux arbitraire est retenu pour la simplification des calculs et sera généralisé à l'ensemble des exemples qui suivent.

Si les actionnaires sont seuls, la société verse RE.T en impôts, soit 30. Le revenu des actionnaires est de 70. Pour réduire les impôts, il faut s'endetter.

Admettons maintenant que les frais financiers soient de 20. Les impôts baissent à (100 – 20). 0,30 = 24 et le revenu des actionnaires chute à (100 – 20 – 24) = 56 (soit une diminution de 14). La somme du bénéfice net et des frais financiers après impôts est : B + FF (1 – T) = 56 + (20 x 0,70) = 56 + 14 = 70. On retrouve RE (1 – T).

La somme des rémunérations nettes est égale à RE (1 – T).

Cette affirmation se vérifie sans peine en l'absence de dette. Dans l'exemple, les impôts RE.T valent 30 et le bénéfice net (RE – RE. T) s'élève à 70.

En présence de dettes, le nouveau bénéfice s'élève à : (RE – FF). (1 – T) = RE (1 – T) – FF (1 – T). On remarque qu'il correspond à l'ancien bénéfice sans dette, mais duquel on retranche l'impact des frais financiers après impôts, soit FF (1 – T). La dette réduit la rémunération nette des actionnaires à hauteur de FF (1 – T).

La somme disponible RE (1 – T) et la formule de la valeur

On a vu que la somme des rémunérations nettes perçues par les apporteurs est RE. (1 – T). Elle correspond au bénéfice net revenant aux actionnaires lorsqu'ils sont seuls. L'endettement ne modifie pas cette somme car le revenu net des prêteurs contribue à diminuer d'autant celui des actionnaires.

Par suite, la formule générale de la valeur de l'entreprise VG apparaît sous la forme suivante (en simplifiant l'écriture à une rente perpétuelle) :

$$V_G = \frac{RE(1-T)}{CC}$$

Le numérateur (résultat net d'exploitation) concerne l'entreprise et il est invariant alors que le dénominateur (taux d'actualisation) est une donnée du marché. Il s'appelle coût du capital CC et sa valeur change selon la structure du financement. Ce second volet introduit la question du partage des richesses et fournit la clé de répartition de la valeur. Il sera abordé plus loin.

L'avantage de la méthode est de baser l'évaluation sur deux facteurs inaltérables par les décisions financières (RE et le taux d'imposition T).

La valeur actuelle nette (VAN) et les autres méthodes d'évaluation

Fiche **12**

Exemple de calcul de la rentabilité d'un investissement

Mots clés

Valeur actuelle nette (VAN). Indice de profitabilité (IP). Taux interne de rentabilité (TIR).

La VAN (ou NPV, *net present value*), dont le principe a été exposé, est illustrée par un exemple dans les lignes qui suivent. Le taux d'actualisation est communiqué et les flux sont variables.

La première étape d'un calcul de rentabilité consiste à déterminer le montant des cash-flows nets (après impôts) pour chaque année. Ces flux de trésorerie ne proviennent que de l'exploitation et tiennent compte des éventuelles variations du BFR qui retardent les encaissements.

Dans l'exemple qui suit, le coût initial des actifs investis (I0) est de 100 000. Cette somme correspond au montant des apports et, par conséquent, à leur valeur comptable.

Les autres informations viennent du passif du bilan, c'est-à-dire des financements, pour fournir le taux d'actualisation. Le passif est le lieu de détermination du taux de rentabilité exigé par chaque catégorie d'apporteurs, lequel correspond symétriquement au coût financier de la ressource utilisée par la société.

Ce coût est mesuré par un indicateur unique. C'est le cas s'il n'y a que des capitaux propres. C'est encore le cas en ajoutant des dettes, car le coût du capital est une moyenne pondérée des coûts des ressources employées.

L'incidence de la dette n'étant pas prise en compte dans les cash-flows d'exploitation (voir *supra*), elle intervient dans la détermination du taux d'actualisation. L'entreprise considérée est déjà endettée. Le taux d'actualisation n'est autre que le coût du capital (noté t pour l'instant). Admettons qu'il soit de 8 % l'an. Le taux d'imposition T est de 30 %.

L'exemple qui suit illustre le mode de calcul de la VAN sur les 4 prochaines années. Les cash-flows nets d'exploitation sont connus. Comme les flux sont variables selon les années, les formules de la rente perpétuelle ne sont pas utilisables. Les résultats sont arrondis.

Années k	**Cash-flows nets annuels CFk**	**Coefficients d'actualisation (1,08)-k**	**Cash-flows nets actualisés CFk (1,08)-k**
1	30000	0,926	27780
2	60000	0,857	51420
3	30000	0,794	23820
4	20000	0,735	14700

La somme actualisée des cash-flows nets est de 117720. Elle représente la valeur de marché du projet. Comme il a coûté 100000, le surplus s'élève à 17720.

En effet, en appliquant la formule de calcul de la VAN :

$$\text{VAN (t \%)} = \sum_{k=1}^{n} CF_k(1+t)^{-k} - I_0$$

On obtient :

VAN (8 %) = 117720 - 100000 = 17720.

La VAN est positive et l'investissement peut être déclaré rentable à 8 %.

Interprétation

La valeur comptable du projet est de 100000. Sa valeur de marché, obtenue par actualisation des flux futurs à 8 % est de 117720. L'enrichissement est de 17720 : il va sur le compte des actionnaires et correspond à l'augmentation du cours de l'action (ou de capitalisation boursière).

En d'autres termes, pour avoir les cash-flows indiqués tout en exigeant 8 % de rentabilité, il aurait fallu apporter 117720 aux conditions du marché. Comme le projet de la société donne accès aux mêmes cash-flows avec une dépense initiale limitée à 100000, les apporteurs économisent 17720. C'est le surplus du projet.

Variante de formulation de la VAN

Traditionnellement, la VAN apparaît sous forme d'une différence :

$$\text{VAN (t \%)} = \sum_{k=1}^{n} CF_k(1+t)^{-k} - I_0$$

Une variante intéressante consiste à utiliser les mêmes informations pour calculer un ratio : c'est l'indice de profitabilité IP (*profitability index*). Il établit un rapport entre la valeur actuelle des cash-flows futurs (VA) et le coût initial de l'investissement.

$$\text{IP} = \frac{VA}{I_0} \quad \text{avec VA} = \sum_{k=1}^{n} CF_k(1+t)^{-k}$$

Le projet est accepté si IP > 1

Avec les données de l'exemple, IP = 1,1772. L'IP introduit la rentabilité par euro investi et privilégie la rentabilité relative. L'inconvénient est de ne pas prendre en compte la taille du projet. Comme tout ratio, il oublie de dire combien d'euros ont été investis et partage cette limite avec le critère suivant. La VAN est certainement le critère le plus pertinent.

Autre critère d'évaluation d'un investissement

Plutôt que d'exprimer la rentabilité sous la forme d'un surplus monétaire, on peut préférer l'usage d'un taux pour faciliter la communication financière. Il s'agit du TIR ou taux interne de rentabilité (ROI ou *return on investment*).

Le TIR est le taux t qui annule la VAN. Il vérifie donc l'égalité entre la valeur actuelle des cash-flows nets et le coût initial de l'investissement :

$$\sum_{k=1}^{n} CF_k(1+t)^{-k} = I_0$$

Si on note x ce taux inconnu, il est tel que l'on vérifie l'égalité suivante :

$$100.000 = \frac{30.000}{(1+x)} + \frac{60.000}{(1+x)^2} + \frac{30.000}{(1+x)^3} + \frac{20.000}{(1+x)^4}$$

Le taux de rentabilité intrinsèque du projet pris en exemple vaut 16,43 %, signe d'une bonne performance. En effet, la rentabilité réalisée est supérieure à la rentabilité exigée de 8 %.

Autrement dit, si VAN (t %) > 0 $\Longrightarrow$ TIR > t

Il est équivalent de dire que la VAN vaut 17 720 ou que le TIR est de 16,43 %.

Fiche 13

L'évaluation des financements : le levier financier et le coût du capital

Mots clés

Le levier financier. Les pondérations des financements. Le coût du capital. L'évaluation de la dette. Les travaux préparatoires à la construction du bilan en valeur de marché. Les incidences de la fiscalité. Le coût du capital ajusté.

Les financements font partie des variables décisionnelles du choix d'investissement en apportant les informations nécessaires à la connaissance du coût des ressources utilisées dénommé coût du capital financier. Ils ont été considérés dans l'optique des apporteurs avant de prendre en compte celle de l'entreprise. Le cadre est toujours celui de la réalisation d'un investissement dont on espère dégager un surplus (VAN > 0).

La question est de savoir si les proportions tenues par les capitaux propres et la dette ont de l'importance en termes de valeur.

Les conditions du montage financier retenu sont importantes, mais elles ne sont pas toutes incorporées dès le début. Ainsi le cadre d'étude néglige-t-il provisoirement le rôle particulier des impôts.

En ce cas, deux remarques peuvent être formulées.

Tout d'abord, on constate qu'il y a juxtaposition de deux sources de financement totalement différentes. Mais elles sont complémentaires et le partage de la richesse produite par l'exploitation s'effectue selon des règles à préciser.

Ensuite, on ne choisit un autre financement que pour faire plus ou mieux que ce que l'on obtiendrait par les seuls capitaux propres. Le type d'amélioration provoqué mérite d'être clairement défini ainsi que les modalités de sa mesure.

L'étude des financements met en avant leurs facteurs de différence. Ils ne sont pas sur un pied d'égalité face au risque si l'on regarde leur logique d'accès aux rémunérations. Par suite, le partage des revenus entre les catégories se trouve adapté en conséquence et ne dépend plus seulement des contributions initiales, mais de la quantité de risque qu'elles assument spécifiquement.

La conclusion est que l'on s'éloigne progressivement du mode de répartition initial des contributions, et de la logique des apports, pour expliquer le mécanisme de distribution de la valeur. Seule celle-ci compte véritablement et elle n'est pas allouée uniquement selon le rapport des mises de départ.

I. Les différences marquantes entre les financements

Les financements diffèrent en matière de risque et on pense en premier lieu aux conséquences sur les taux de rentabilité exigés. Par suite, le risque affecte aussi le rapport des valeurs entre financements.

Le cadre statique est d'abord retenu avant de considérer les aspects dynamiques.

A. La prime de risque

Les financements occupent des positions différentes au regard du risque de revenu : les frais financiers pour la dette et le bénéfice pour les capitaux propres.

Ils sont tirés tous deux du résultat d'exploitation, mais les frais financiers sont payés avant les bénéfices selon l'ordre des paiements au compte de résultat. Les premiers sont donc plus sûrs que les seconds. Ce qui compte pour le prêteur, c'est la capacité de paiement aux conditions qui ont été prévues. Les frais financiers dépendent du risque d'exploitation.

Le bénéfice, en tant que résidu final, est variable par définition. Il est versé conditionnellement et dépend du risque d'exploitation auquel s'ajoute le risque lié à l'endettement. Son exposition est plus forte.

Malgré tout, la différence d'exposition au risque n'empêche pas l'équilibre de l'ensemble, comme cela a été montré plus haut.

1. Les écarts d'exposition au risque et l'impact sur le partage des valeurs

Une structure de financement mixte présente des avantages en termes de taux de rentabilité pour certains apporteurs.

Lorsque l'on est plusieurs à participer au financement d'un projet commun, chacun est en droit d'attendre une rémunération en proportion des quantités mises en jeu à l'origine, ce qui semble équitable à première vue (celui qui apporte 50 % des capitaux a droit à 50 % des revenus). Mais le raisonnement est incomplet dès lors que certains sont plus exposés au risque que d'autres. Un autre aspect est important : le droit provient des modes d'accès aux revenus qui sont différents et calqués sur le risque.

Si l'on pose que l'un des financements est sûr (ou plus sûr), ce qui permet de lui accorder un taux de rentabilité donné, l'autre ne peut espérer qu'une fourchette de revenus, ce qui lui confère un droit accru sur le partage de la valeur. Par suite, comme on le verra, les proportions de valeur obtenues ne correspondent pas nécessairement aux participations initiales en apports.

La conséquence importante est de préciser la nature de l'avantage recherché par celui qui est en position de risque : la juxtaposition de deux financements différents se justifie pour dégager un surplus de rentabilité sur l'un d'eux et un droit supplémentaire sur la valeur. La position risquée est la plus complexe, ce qui explique le souci d'en avoir une expression synthétique.

2. Les écarts de rentabilité et la logique de la prime de risque

La présence d'un risque ne conduit pas fatalement à l'éliminer puisqu'il est accepté, si ce n'est recherché. En finance, le risque est analysé comme quelque chose que l'on peut dédommager au moyen d'une contrepartie (ou compensation) sous forme de rémunération supplémentaire.

La mesure du risque se fait par le calcul d'une prime. Il donne droit à une rentabilité plus élevée à celui qui l'encourt. Symétriquement ce dédommagement a un coût pour l'entreprise : des ressources plus chères, c'est-à-dire une obligation de cash-flows accrus.

Les primes de risque ne sont pas les mêmes dans le souci de s'ajuster aux différences marquantes entre financements.

Le coût de la dette tient compte du risque. Mais elle a plus de chances d'être honorée par sa rémunération que les actions par le bénéfice (les frais financiers reposent sur le résultat d'exploitation, lequel est forcément plus élevé que le bénéfice).

En conséquence :

Taux de rentabilité exigé de la dette (t) < Taux de rentabilité exigé des capitaux propres (r)

Symétriquement pour l'entreprise, cela implique que le coût de la dette est inférieur à celui des capitaux propres :

- Coût de la dette < Coût des capitaux propres ;
- Si les coûts des financements sont différents, la suite montre qu'ils ne sont pas indépendants.

3. Les interactions entre financements

Les deux financements que sont la dette et les capitaux propres ne reçoivent pas la même attention pour le calcul de la prime de risque qui leur est attachée. Cela a des conséquences en termes d'évaluation des apports.

Le taux d'intérêt ne change pas automatiquement en fonction de la quantité de dette (ce qui permet de l'augmenter dans certaines limites) mais dépend de l'aptitude de l'emprunteur à supporter la charge de l'endettement, c'est-à-dire de sa classe de risque d'exploitation. Cette remarque rejoint l'une des hypothèses classiques sur la stabilité du taux d'intérêt.

On pose comme hypothèse que le taux d'intérêt de la dette t est fixe.

La dette est risquée à hauteur des paiements qui lui sont dus. S'ils sont respectés, ce que l'on admettra, son coût effectif est égal au taux d'intérêt nominal (aux frais et commissions près). Par suite, la dette a une valeur constante tant que le paiement des frais financiers n'est pas menacé. Au mieux, le prêteur a droit à la valeur comptable (dite nominale). Mais par souci de nuance, on verra plus loin que la valeur de la dette est malgré tout sensible aux fluctuations du taux d'intérêt du marché.

La valeur des actions est volatile car fondée sur un résidu par nature variable dépendant à la fois du risque d'exploitation et du risque d'endettement.

On pose que le taux de rentabilité des actions r est variable.

Par suite, il n'est pas surprenant que les analyses portent de façon privilégiée sur ce type de financement. Ce sont les actions qui retiennent le plus d'attention pour le calcul du surcroît de rentabilité lié au risque.

Le principe de la prime de risque est de s'ajouter à un taux sans risque. Le levier financier fournit la formule de rémunération du risque appliquée en l'occurrence aux capitaux propres. Il établit un lien entre les deux financements dans un sens précis.

B. L'effet de levier financier

Les impôts sont provisoirement négligés, car ils n'interviennent pas à ce stade, et le raisonnement porte uniquement sur des exigences de rentabilité.

Si on note r le taux de rentabilité exigé par les actionnaires lorsqu'ils sont seuls, la prime de risque qui s'y ajoute dépend de l'importance relative de la dette par rapport aux capitaux propres (D/C) et de l'écart entre le taux r et le taux d'intérêt t, soit (r – t).

La formule générale s'écrit : r′ avec dette = r sans dette + prime de risque

La prime de risque est égale à $(r - t).\ D/C$

Le taux ajusté au risque r′ s'écrit : $r' = r + (r - t).\ D/C$

Cette fonction linéaire sera détaillée ultérieurement. On voit clairement qu'en l'absence de dette, la prime est nulle ($r' = r$).

Le levier est mis en évidence par la décomposition du résultat en soldes intermédiaires de gestion simplifiés (SIG).

Il y a plusieurs démonstrations possibles. La seconde est la plus courante.

Première possibilité

En l'absence de dette, le montant de l'actif d'exploitation (A) est égal à celui du passif (P) et donc des capitaux propres (C). Le résultat d'exploitation exigé (RE) peut s'écrire r.A car il rémunère l'actif aux conditions des actionnaires.

Sans frais financiers ni impôt : B = RE = r.A

En présence de dette :

Le montant de l'actif d'exploitation (A) est égal à celui du passif (P) qui correspond cette fois à la somme des capitaux propres et des dettes : C + D.

La rentabilité des actions est déconnectée de la rentabilité de l'actif. L'écart est le levier L : r′ = r + L et l'avenir dira s'il est favorable ou non.

Avec des frais financiers (FF), mais sans impôt, si l'on décide de substituer la dette à une fraction des capitaux propres, le RE est scindé en deux parts : RE = FF + B.

Si chaque part avait la même rémunération, on pourrait écrire : rA = rC + rD.

Mais il n'en est rien ; la dette a une rémunération moindre (t) et l'écriture exacte du second membre est pour les actionnaires : rC + (rD – tD) où tD = FF.

Le terme (rD – tD) représente un gain du fait du remplacement d'un financement coûteux par un autre qui l'est moins. Ce gain se reporte sur le taux de rentabilité des capitaux propres r′ (effet de levier).

Pour les actionnaires, le premier terme n'est plus rA mais r′C.

Par suite : r′C = rC + (rD – tD) = rC + (r – t) D

Il reste : r′ = r + (r – t). D/C

On a bien : r′ avec dette > r sans dette. Mais le levier n'est favorable que si r > t et d'autant plus que D est élevée.

On notera aussi, dans cette formule, que r est égal au taux de rentabilité d'exploitation de l'actif. Faute de dette, les actionnaires ne peuvent pas prétendre davantage. Mais ils peuvent espérer un supplément de rentabilité avec une dette.

Exemple de calcul de levier selon la première possibilité

Admettons que l'actif investi A soit de 150.

Sans dette, le taux de rentabilité exigé des capitaux propres r = 0,10. Comme les actionnaires financent la totalité du programme : C = 150 et le bénéfice attendu B est de 15.

Admettons maintenant que deux financements soient mobilisés dans les proportions suivantes : capitaux propres C = 100 et endettement D = 50. Le ratio D/C vaut 0,50.

Si les deux financements présentaient le même risque, ils pourraient prétendre à la même rémunération r = 0,10.

Nous aurions les deux parts suivantes :

rA = rC + rD = (0,10 x 100) + (0,10 x 50) = 15.

Mais il en va différemment puisque la dette dispose d'une garantie de revenu et coûte moins cher ($t < r$).

Le taux d'intérêt de la dette t est connu par le contrat de prêt : $t = 0,05$. En revanche, le taux de rentabilité des capitaux propres va s'ajuster à cette nouvelle situation et constitue l'inconnue. L'objet du levier L est de mesurer l'impact de la dette sur ce taux.

On peut appliquer l'idée selon laquelle les actionnaires, en occupant une position centrale, perçoivent la totalité des revenus et en assurent la distribution (ce qui n'est pas inexact). L'avantage est aussi de montrer l'importance des modes de répartition.

Les actionnaires ont droit à une rémunération de 10 % sur leur apport de 100 : le revenu obtenu en propre est : 100 x 0,10 = 10.

La seconde tranche de financement est fournie par les prêteurs à hauteur de 50. Mais elle coûte 5 % au lieu de 10 %, ce qui donne :

Versement des intérêts aux prêteurs : 50 x 0,05 = 2,5

Gain (ou économie) des actionnaires : 50 x (0,10 – 0,05) = 2,5

Ce gain de 2,5 est obtenu sans apport de leur part et se reporte sur les 10 de revenus obtenus en propre : leur revenu total est de 12,5. Comme l'apport des actionnaires est limité à 100, le taux de rentabilité ajusté est de 12,5 %.

Dans la situation d'endettement :

Taux de rentabilité ajusté (12,5 %) > Taux de rentabilité sans dette (10 %).

La différence est l'effet levier L = 2,5 %. La formule du levier donne directement ce résultat : 0,125 = 0,10 + (0,10 – 0,05) x 0,5

Seconde possibilité

Transcrit en taux, on cherche la valeur de $r' = B/C$ (où B désigne le bénéfice). Avec FF les frais financiers, on a $B = RE - FF$ et par suite : $r' = (RE - FF)/C$.

En développant pour faire apparaître des taux : $r' = (r.A - t.D)/C$

Or, $A = C + D$ et par suite : $r.A = r.C + r.D$

En remplaçant r.A par cette somme et en réarrangeant les termes, on obtient r'.

En effet, $r' = (r\,C + r\,D - t\,D)/C = r + (r - t).\ D/C$

La démonstration demande deux éclaircissements :

Les impôts ne sont pas ignorés par irréalisme ou par arbitraire, mais pour étudier des phénomènes indépendants de la fiscalité. Il est fait abstraction des taxes tant qu'elles ne sont pas utiles à la compréhension d'un raisonnement.

La présentation part d'une situation de financement intégral par capitaux propres. Telle n'est pas forcément la réalité dès le début. Toutefois, même avec un endettement préexistant, c'est la situation à laquelle il faudrait parvenir pour la reconstituer. Elle seule est en mesure de donner le taux de rentabilité exigé d'un financement exclusif par capitaux propres avant de l'adapter à une quantité différente de dette.

Exemple de partage des revenus avec prise en compte des impôts au taux T = 0,30.

Un mode pratique d'analyse consiste à partir d'une situation simple où les actionnaires sont seuls (D = 0 et T = 0 pour commencer). L'introduction de la dette met en jeu le levier. Il reste à considérer l'effet des impôts.

Dans cette présentation, ne sont retenus que les revenus sans procéder à leur actualisation. L'objectif est de mettre en relief les changements de parts respectives des parties prenantes.

Situation sans dette :

Le bénéfice B avant impôt a été calculé plus haut : rA = 0,10 x 150 = 15.

Le bénéfice après impôt est B (1 – T) = 15 x 0,7 = 10,50 et les impôts s'élèvent à BT = 15 x 0,3 = 4,5.

Globalement :

La part des actionnaires est de 70 %, c'est-à-dire (1 – T)

La part de l'État est de 30 %, soit T.

Situation avec dette :

La présentation est faite en termes de variations entre les deux situations.

La part des prêteurs vaut Dt = 50 x 0,05 = 2,5 de frais financiers. Cette part est exonérée d'impôt pour la société et dégage une économie fiscale DtT = 2,5 x 0,3 = 0,75.

La part de l'État peut être calculée par différence entre le montant des impôts sans dette et le montant des économies dues à la dette : BT – DtT = 4,5 – 0,75 = 3,75.

La part des actionnaires est le bénéfice net ajusté. Le principe consiste à partir du bénéfice net sans dette que l'on corrige des effets de la dette au nombre de deux :

B (1 – T) + DtT – Dt = 10,5 + 0,75 – 2,5 = 8,75.

Un calcul direct permet de vérifier tous ces résultats.

En résumé, le bénéfice avant impôt de 15 est divisé en trois parts exprimées en % :

Part des prêteurs : 2,5/15 = 0,17

Part de l'État : 3,75/15 = 0,25

Part des actionnaires : 8,75/15 = 0,58

Le total donne 1 et correspond à la valeur globale du revenu.

La part non imposée des prêteurs (0,17) mise à part, il reste 0,83 de revenu imposable à partager entre actionnaires et l'État. L'État a droit à 30 % soit 0,3 x 0,83 = 0,25. Les actionnaires ont droit aux 70 % restants : 0,7 x 0,83 = 0,58. La clé de répartition est modifiée par la dette qui réduit la part de l'État.

On obtient une première subdivision du passif du bilan en regroupant les deux parts revenant aux apporteurs de capitaux :

Part des capitaux propres et des dettes : 0,58 + 0,17 = 0,75

Part de l'État : 0,25

Alors qu'un apporteur seul disposait de 70 % de la valeur globale, à deux ils disposent collectivement de 75 %, c'est-à-dire davantage.

La seconde subdivision du bilan consiste à décomposer le revenu total destiné aux titres financiers (11,25) en deux parts :

Part des capitaux propres : 8,75/11,25 = 0,78

Part des dettes : 2,5/11,25 = 0,22

La part des actionnaires s'améliore en présence de dettes.

En résumé, on peut établir un tableau de répartition des revenus en prenant des bases de calcul différentes :

Part des actionnaires (8,75) Part des prêteurs (2,5)	0,58 0,17	Ou 8,75/11,25 Ou 2,5/11,25	0,78 0,22
Part des apporteurs (11,25)	*0,75*	Ou 11,25/11,25	1
Part de l'État (3,75)	0,25		
Revenu global (15)	*1*		

Complément sur un cadre dynamique

Ajoutons pour terminer que, dans un cadre dynamique, la différence de rémunération initialement conçue pour dédommager est aussi un facteur d'incitation au risque. Cette remarque peut paraître troublante et il est utile de voir comment un état donné pousse au changement.

La prime de risque des capitaux propres est le moyen de convaincre les investisseurs réticents et moins nombreux que, pour espérer un gain élevé, il faut accepter l'éventualité de pertes importantes. Mais si la compensation offerte a pour vertu de corriger le risque, elle opère aussi dans l'autre sens pour l'accentuer.

Comme le prêteur renonce contractuellement à toute prétention sur le surplus de valeur, une fois ses exigences de rémunération satisfaites, il est dans la logique de l'actionnaire d'agir sur le résidu dans le but de l'augmenter le plus possible. Autrement dit, s'il court le risque d'un revenu affaibli par la dette, c'est dans l'intention de profiter pleinement de la situation contraire. Il aura tendance à provoquer cette seconde éventualité.

La solution consiste à prendre des risques additionnels, en particulier en matière d'investissements. Les actionnaires sont attirés par le surplus et ils ont le moyen de l'atteindre en acceptant des actifs plus valorisants. Ceux-ci étant certainement plus rares, ou innovants, ils sont incités à prendre plus de risques. Si la rentabilité des actifs est élevée, il y a d'autant plus de chances que le rendement des actions excède significativement le coût de la dette, parce qu'elles ont droit au surplus.

Mais à la marge, un niveau d'exigence élevé et une surenchère dangereuse sur le surplus poussent vers les limites du possible, en compromettant la réalisation des objectifs. On n'ignore pas que, plus la demande de résultat augmente, moins on a de chance de la satisfaire. C'est le problème de l'adéquation au risque : doit-on se réjouir d'une exigence de rentabilité élevée s'il n'y a pas de revenu correspondant ? Autrement dit, le dédommagement est l'outil d'accession au risque mais jusqu'à un certain point où ses effets pervers le rendent inopérant.

En conclusion, si l'accent a été mis jusqu'alors sur la différenciation des capitaux pour connaître les critères et les modes d'adaptation au risque, il est maintenant possible de s'engager sur la voie différente, mais complémentaire, de leur homogénéisation.

Le processus d'homogénéisation s'applique aux ensembles. Ce mode de transformation permet de remplacer des capitaux, à l'origine différents, par deux catégories de financements typiques seulement (la dette et les capitaux propres comme ensemble indistinct). L'homogénéisation se poursuit en tentant de réduire ensuite ces deux catégories à une seule, le capital financier, pour avoir connaissance des conditions générales de financement. Ce travail s'avère précieux pour les modèles théoriques.

II. Les étapes de la méthodologie de regroupement des financements

Les phénomènes étudiés dans ce qui suit sont restreints à leur dimension purement financière. Par essence, les cash-flows d'exploitation n'ont aucune raison d'être affectés.

Cette partie aborde des questions d'ordre théorique et méthodologique. Bien que de natures différentes, tous ces éléments convergent vers le même but : fournir le cadre préparatoire à l'estimation d'un coût unique, dénommé coût du capital. Le cadre théorique est celui de Modigliani et Miller.

Le coût du capital désigne le coût des financements utilisés dans l'optique de l'entreprise. Comme il est unique, il convient de disposer d'une méthode permettant de l'estimer à partir des caractéristiques des différents financements mis en œuvre. Ces composantes sont à la fois quantitatives (les proportions retenues de chaque financement) et relatives aux prix (les coûts respectifs des capitaux).

A. L'objectif : la détermination du coût du capital de l'entreprise

Ce coût s'applique au capital financier et ses composantes sont donc au passif du bilan. Plus précisément, il sert à mesurer le coût des capitaux permanents utilisés à un moment donné et concerne l'entreprise dans son ensemble.

Son mode de calcul est relativement simple une fois connus ses éléments constitutifs. Il prend la forme d'un coût moyen pondéré obtenu à partir de la connaissance des proportions de financements mises en œuvre et de leur coût respectif. Dans cette opération, les financements sont juxtaposés.

La structure financière se compose des capitaux propres (C) et des dettes financières (D) qui, exprimés par rapport à la valeur totale des financements ($V = C + D$), donnent les ratios C/V et D/V (en pourcentages, la somme fait un).

Chaque ressource a un coût, noté respectivement r pour les capitaux propres et t pour les dettes.

Le coût moyen pondéré (CMP) est égal à : $(C/V).r + (D/V).t$

Il est unique. On rappelle que, dans l'hypothèse présente, il n'y a pas d'impôt.

Comme $r > t$, le coût du capital est compris entre ces deux taux comme peut l'être toute valeur moyenne.

En lui-même, le calcul ne pose pas de problème pour s'y attarder. En revanche, l'interprétation demande des précisions.

Le coût du capital fait office de taux d'actualisation, ou de rendement minimum exigé, pour le calcul de la VAN d'un projet. En effet, celle-ci sera positive si les revenus dégagés sont supérieurs aux sommes qu'il convient de verser, en guise de rémunération, aux apporteurs de capitaux (il y a surplus si on demande moins de ressources que n'en produit l'actif).

Les composantes du coût du capital sont déterminées aux conditions du marché. On admet que le marché offre des possibilités de placement dont le rendement est le minimum que l'on puisse exiger des capitaux dont on dispose. Les revenus de l'investissement projeté diront s'il fait mieux (et de combien) que se procureraient les mêmes capitaux sur le marché. De ce point de vue, le coût du capital est un coût d'opportunité ou d'option. Ainsi calculé, il présente aussi l'avantage de tenir compte des changements de conditions dans le temps.

Le coût du capital permet de connaître le changement de valeur de l'apport. Avec le surplus lié à une VAN positive, le rapport des valeurs de marché des capitaux n'est plus égal au rapport des valeurs des contributions. Les nouvelles pondérations ne sont pas proportionnelles aux taux d'engagement. Autrement dit, la valorisation des capitaux conduit à une autre règle de répartition de la richesse créée.

Le calcul du coût du capital ne pose pas de problème lorsque le financement est unique. Il est égal au coût de la seule ressource utilisée. Il n'en irait pas de même en présence d'une structure mixte où l'on note l'existence de plusieurs taux de rentabilité correspondants à des niveaux d'exigence différents selon la nature de l'apport.

L'idéal serait de pouvoir conserver la simplicité permise par l'usage d'un taux unique. Dans ce cas, il concerne l'ensemble des capitaux. C'est précisément l'objet de la méthode du coût du capital que d'opérer cette synthèse.

Elle le peut en raison d'une propriété majeure établissant qu'au lieu d'être simplement juxtaposés, les coûts respectifs des ressources utilisées sont en situation d'interdépendance (l'une est fonction de l'autre). C'est ce qui a justifié l'étude des comportements des apporteurs les uns par rapport aux autres.

B. Une vue d'ensemble sur l'évaluation des ressources

L'usage du coût du capital nécessite une mise en adéquation préalable de l'évaluation des ressources et plusieurs niveaux de transformation. Ils obéissent à des règles qui ont force de principes.

1. Le principe de l'évaluation permanente

L'intérêt de ce principe est d'obtenir une évaluation permanente de la structure financière, c'est-à-dire revue et corrigée pour tenir compte des changements continus, favorables ou non, des conditions économiques. Cette estimation s'effectue aux conditions du moment (en termes financiers, en valeurs actuelles).

Une société ne part pas de zéro au moment de son évaluation. De nouveaux financements sont mobilisés tandis que de plus anciens suivent leur cours ou disparaissent. Il est donc nécessaire de se mettre à la recherche d'une méthode permettant une mise à jour permanente des conditions de financement. Elle présente un autre avantage en matière de clarté de lecture.

2. Le regroupement des financements en catégories homogènes

Il y a plusieurs familles de financement au bilan et, au sein de certaines d'entre elles, des capitaux obtenus à des conditions différentes. Pour parvenir à une estimation permanente, il faut d'abord disposer de catégories de financements considérés comme uniques.

La méthode a pour objet de transformer une collection de financements différents en une situation équivalente de financement unique. Cette conversion s'obtient en plusieurs étapes :

- par catégorie de ressources d'abord : comme elle est valable d'office pour les actions, la transformation ne s'applique qu'aux dettes pour créer une situation de dette unique
- pour l'ensemble des financements ensuite : la transformation ne peut que conduire à une situation équivalente de « tout fonds propres » (l'inverse étant impossible).

L'homogénéisation peut donc s'effectuer à plusieurs niveaux :

De la pluralité des dettes à une dette unique estimée en valeur actuelle

De la structure financière mixte composée de la dette et d'actions vers un mono financement par capitaux propres

La méthode consiste à évaluer les financements au taux du marché et aux conditions du moment. L'élément d'ajustement est la valeur.

Par application du principe d'ajustement de la valeur, on voit clairement comment il est possible de passer du « montant » des apports et de leur proportion première à leur « valorisation » respective qui conduit à une autre répartition de la richesse créée. Cet aspect est important au moment de la recherche des proportions exactes des capitaux qui composent la structure financière.

3. Le regroupement des catégories en un fonds unique de ressources

La mixité des capitaux est un fait qui s'impose à l'analyse. Mais un équivalent en financement unique existe aussi. Une telle correspondance paraît troublante à première vue. L'intérêt du parallèle est d'ordre pratique : la transformation de deux ressources en un financement unique équivalent permet de réduire le nombre d'indicateurs de coût à un seul : le coût du capital.

Il convient tout d'abord de justifier la nature du financement unique. Rien ne nous empêche de faire varier la dette au-delà de son niveau actuel, mais il est impossible de l'amener à 100 % des ressources. Il faut donc suivre le processus inverse à celui de la pratique courante, en laissant la dette céder la place aux capitaux propres, remplacement qui peut aller sans réserve jusqu'à 100 % du passif financier. Ainsi toute situation d'endettement peut-elle être traduite en état équivalent d'endettement nul.

Cette opération est permise grâce à l'ajustement des taux de rentabilité au risque (voir le levier financier). On connaît en particulier, pour l'avoir étudié, le mode d'ajustement des exigences de rentabilité des actions. Il dépend du coût de la dette, après l'avoir harmonisé aux conditions du marché, et de la proportion de dette, après l'avoir rendue homogène et unique, par rapport à la valeur des actions.

Il s'ensuit que, partant du taux de rentabilité des actions en présence de dettes, on peut obtenir le taux correspondant en leur absence. C'est ainsi qu'il est possible de raisonner sur un usage généralisé des capitaux propres. Comme les actionnaires sont protégés par le principe d'ajustement de leur taux de rentabilité, ils sont neutres au changement du taux d'endettement, ce qui ne veut pas dire qu'il n'y a pas de préférence.

Les conséquences utiles en découlent et permettront de mettre en avant le rôle des impôts :

Le premier résultat remarquable est l'identité du coût du financement unique et de celui du financement mixte. Cette propriété est vérifiée lorsque deux financements se complètent de manière parfaitement harmonieuse, comme les capitaux propres et la dette.

En effet, l'utilisation d'un seul coût pour deux financements différents est rendue possible grâce au processus d'ajustement de l'un des financements au risque de l'autre. Il y a toutefois une différence entre les deux situations : elle réside dans la règle de partage des revenus entre les apporteurs.

Le second résultat est de priver les ajustements de taux, consécutifs aux modifications de la structure financière, de toute incidence sur la valeur de l'entreprise. Cette conclusion est connue sous le nom de principe de la stabilité de la valeur.

Le mécanisme d'ajustement des taux permet de garder la valeur intacte. Autrement dit, si différence de valeur il y a, elle ne peut pas provenir des taux de rentabilité exigés mais d'une autre cause.

L'avantage de la méthode est donc de révéler la nature exacte et externe du phénomène explicatif d'une différence de valeur. Il trouve son utilité en rompant l'harmonie constatée entre les taux et en désignant le facteur qui confère la supériorité d'un financement sur l'autre.

En effet, l'ajustement des taux est parfait dans un cadre de validité spécial, c'est-à-dire sans impôt. La compensation des taux s'effectue en leur absence et en fonction de deux types de risques seulement, l'un d'exploitation, l'autre financier. Il n'y a pas de risque fiscal et, comme tel, il n'est pas susceptible de rémunération.

Si le mécanisme d'ajustement des taux au risque fonctionne correctement, il y a un point sur lequel il ne peut pas gommer les différences : c'est celui de la fiscalité. Elle sépare définitivement les deux financements si l'un est taxé et l'autre exonéré.

La méthode veut que la fiscalité soit traitée à part. En conséquence, le financement qui présente un avantage fiscal pourra être poussé à son extrême, sachant que l'autre, qui en est dépourvu, ne perd rien sur la variable risque tout en gagnant beaucoup sur la variable fiscale. C'est sur ce second volet que l'on va chercher à agir.

III. L'évaluation de la dette

La dette sert d'illustration aux principes précédents.

On partira de deux constats pour justifier le choix de la dette :

Les titres financiers créent des obligations de paiement de nature différente. Ces versements de liquidités sont plus ou moins programmés selon le financement : la dette donne lieu à des paiements fixes, alors qu'ils sont variables pour les actions.

Pour la dette, les obligations de rémunération proviennent à la fois de titres anciens et nouveaux. Le critère de la maturité distingue des générations de dettes, différentes par leurs conditions de taux. En revanche, il n'y a qu'une seule catégorie d'actions, toutes identiques. Leurs conditions de rémunération sont toujours nouvelles parce que remises à jour en permanence. Il est donc tentant de traiter la dette de la même manière, c'est-à-dire comme un financement unique.

L'opération envisagée est la mise à jour permanente de la dette. Comme il y a plusieurs dettes différentes, cette évaluation se fait par l'application du principe d'équivalence avec une dette unique aux conditions du moment.

A. L'homogénéisation de la dette

1. La méthode

L'évaluation de la dette est faite au taux du marché et à partir des flux financiers restants, c'est-à-dire des versements d'intérêts. Ces deux éléments sont à détailler.

Pour commencer, il est utile de s'attarder sur les termes employés. La notion de cash-flow semble être bien adaptée au problème. La firme verse bien des intérêts, mais on préfère les désigner par « fraction des cash-flows » consacrée à la dette. Cette terminologie insiste sur le fait que ces sommes sont à produire dans le futur à partir des conditions initiales de la dette telles que fixées dans le passé (la quantité empruntée et le taux de départ). Si l'on considère l'ensemble, ces cash-flows sont d'importances inégales en raison de la présence de plusieurs générations de dettes.

Pour évaluer l'ensemble, il manque une méthode d'enregistrement de ces fractions de cash-flows. Une solution possible consisterait à additionner les charges en intérêt de chaque dette. Mais cette approche, fondée sur des flux arrêtés dans le passé, n'est pas de mise pour l'ajustement que l'on recherche.

La question de l'évaluation est de savoir ce que l'on pourrait faire avec cette fraction de flux financiers. Tout dépend des nouvelles conditions du moment en matière de taux d'intérêt. Autrement dit, évaluer un endettement aujourd'hui consiste à se demander si l'on aurait plus ou moins de capitaux à sa disposition en consacrant la même charge d'intérêt que celle actuellement en vigueur pour le service du prêt. Cette estimation prend tout son sens pour l'emprunteur comme pour le prêteur.

Pour poursuivre, il faut comprendre que ce sont les conditions du moment, et elles seules, qui vont fixer le niveau des cash-flows à atteindre au titre de l'endettement.

Ces conditions s'appliquent naturellement à toute nouvelle dette. Mais on va aussi les transférer aux anciennes, même si elles sont assujetties à des appels de fonds différents, plus ou moins élevés d'ailleurs. En un mot, on utilise un processus d'harmonisation tenant compte des coûts et des quantités respectifs de chaque dette.

Sachant que toute nouvelle dette est correctement évaluée à sa valeur nominale, la solution consiste à actualiser les charges anciennes au taux du marché. En pratique, il suffit d'ajouter tous les frais financiers dus par année et d'actualiser leur somme.

La charge totale est rendue homogène par l'usage d'un taux unique. En somme, il est fait comme s'il n'y avait qu'une seule dette, nouvelle, bien que composée de tranches d'intérêt différentes mais parfaitement additionnables. L'avantage des valeurs de marché est de fournir une formule simple et unique. La valeur actuelle de l'endettement total ainsi obtenue est réduite ou accrue, selon le cas, par rapport à sa valeur comptable résiduelle.

La diversité naturelle des dettes, une fois ramenée à une seule estimation en termes de valeur de marché, est utilisée ensuite en guise de pondération lorsque l'on ajoute les actions, pour former la structure financière.

De manière plus générale, le phénomène étudié n'est autre que l'ajustement de la valeur d'une dette aux variations de taux d'intérêt.

Admettons que les conditions du moment se caractérisent par une montée du taux. Cette évolution est avantageuse pour l'emprunteur qui dispose d'un capital donné à un coût réduit. La position du prêteur est parfaitement symétrique : il perd sur la partie restante de la dette puisqu'il a placé ses capitaux à un taux inférieur à celui qu'il pourrait obtenir aujourd'hui.

Mathématiquement, la valeur résiduelle de la dette baisse, ce qui signifie allégement de la charge de l'endettement pour l'emprunteur. Cette variation de valeur a plusieurs significations :

L'emprunteur dispose d'un certain capital. Pour l'obtenir à l'identique aujourd'hui, il faudrait verser un intérêt plus élevé chaque année. Des liquidités sont libérées et on peut estimer la valeur actuelle de ces économies. Le gain correspond à la baisse de valeur de la dette.

Avec les mêmes paiements, c'est-à-dire avec la même fraction de cash-flows dédiés aux intérêts, l'emprunteur aurait aujourd'hui moins de dette. Comme le capital disponible est donné, il a finalement plus de ressources pour le même prix.

Finalement, pour un même cash-flow et un service identique en intérêt, l'emprunteur a la possibilité d'accroître son endettement à venir, ce qu'il fera s'il souhaite maintenir intacte sa structure financière.

Exemple :

Considérons un exemple simplifié où les dettes sont remboursées in fine. Les impôts ne sont toujours pas considérés. En l'état, la situation est la suivante :

Deux anciennes dettes : $D1 = 200$ $t1 = 5\ \%\ FF1 = 10$

$D2 = 100$ $t2 = 7\ \%\ FF2 = 7$

Une nouvelle dette : $D3 = 100$ $t3 = 9\ \%\ FF3 = 9$

Au bilan, la somme des valeurs résiduelles est de 400. Chaque dette a son propre taux d'intérêt et cette approche donne peu d'indication sur les charges futures et les cash-flows à dégager.

Le problème est de savoir quelle est la valeur de marché V de l'endettement total aux conditions du moment (9 %). On remarque que les taux d'intérêt augmentent sur la période. Le fait que certaines dettes aient été obtenues à des taux inférieurs à celui qui prévaut maintenant est favorable à l'emprunteur : cet avantage doit être évalué.

Les valeurs de marché sont calculées par l'actualisation des frais financiers de chaque dette au taux du moment :

D1 = 10/0,09 = 111,11

D2 = 7/0,09 = 77,78

D3 = 9/0,09 = 100

On obtient la valeur totale de l'endettement V = 288,89 < 400

L'effet taux allège la charge de la dette exprimée en valeur de marché. Celle-ci est inférieure à la somme des valeurs résiduelles (400).

On fait comme s'il n'y avait qu'une seule dette (288,89) rémunérée à 9 % par une somme de frais financiers qui est de 10 + 7 + 9 = 26.

26/0,09 = 288,89

Les anciens taux d'intérêt ont disparu pour céder la place à des frais financiers additionnables. Pour le service de cette dette, le cash-flow doit être au minimum de 26.

L'opération a consisté à convertir les frais financiers au taux du marché en une nouvelle dette unique. Aujourd'hui, avec de telles liquidités versées en intérêts, le capital obtenu serait de 288,89. Comme l'endettement disponible de 400 s'est fait à de bonnes conditions sur la partie la plus ancienne des emprunts, le gain actualisé est de 111,11 par différence.

Le taux du marché est retenu car il indique le niveau auquel il va falloir produire les ressources futures. Mais ce niveau est trop élevé pour les anciennes dettes et le mécanisme réduit leur poids relatif.

2. Les raisons de l'évaluation au taux du marché : l'impact sur les pondérations entre dettes

Considérons un autre exemple où cohabitent une ancienne dette *in fine* de 100 au taux de 5 % et une nouvelle, *in fine* aussi, mais de 200 au taux de 7 % (c'est le taux de marché). En tenant compte de ces données historiques, le bilan comptable présente un endettement total de 300. Les intérêts sont respectivement de 5 et 14 soit un total annuel de 19. Ils indiquent le niveau effectif de consommation de liquidités futures. Les pondérations de valeur sont actuellement de 1/3 et de 2/3.

Il y a, *a priori*, deux méthodes possibles pour former une dette unique :

- L'usage d'un taux moyen
- L'usage du taux du marché

Un taux moyen

Visant le strict équilibre, on peut tout d'abord déterminer le taux d'intérêt moyen exigé des deux financements. Il est basé sur les taux d'intérêt de départ.

Comme pour le calcul de toute moyenne pondérée, il est :

(1/3 x 0,05) + (2/3 x0,07) = 0,0634

Par équivalence, cela revient à n'avoir qu'une dette de 300 à 6,34 %, soit 19 de frais financiers à payer chaque année. Par actualisation de cette charge, la valeur est bien :

300 = 19/0,0634

À ce même taux d'actualisation, on peut décomposer les calculs :

Valeur de l'ancienne dette : 5/0,0634 = 78,8644

Valeur de la nouvelle dette : 14/0,0634 = 220,8202

Par addition, la valeur de la dette unique est bien, en valeurs approchées :

19/0,0634 = 300

La valeur totale est stable (300), mais on constate que les valeurs individuelles ont changé. Celle de l'ancienne dette a baissé, en signe de conditions avantageuses ; celle de la seconde a augmenté.

Les pondérations aussi ont évolué, soit dans l'ordre :

0,26 # 0,33

0,74 # 0,66

L'idée est intéressante et fonde une autre méthode qui sera préférée.

Le taux du marché

La seconde méthode s'aligne sur les seules conditions du moment pour la reconstitution de la situation d'endettement au temps présent. On retient un seul taux d'actualisation, celui du marché (7 %) et non plus un taux moyen. Il s'applique à l'ensemble des flux.

Le taux du marché est adapté à la dernière dette qui vaut 200. En revanche, ce n'est pas celui de l'ancienne qui est de 5 %. Disons qu'avec les paiements réels qui lui sont attachés, on obtiendrait un versement initial moindre au taux en vigueur (payer 5 d'intérêts au lieu de 7).

En effet, avec les versements réels, on a le bilan financier suivant pour l'évaluation de la dette :

5/0,07 = 71,43

14/0,07 = 200

La somme des valeurs de marché s'établit à 19/0,07 = 271,43

Les intérêts s'additionnent au même taux.

On constate qu'avec les versements réels et aux conditions de taux du moment, on obtiendrait un capital moindre de 271,43. C'est ce qu'il importe de savoir. Mais on dispose de 300. Cette différence vient de l'ancienne dette, avantageuse au vu de son coût. L'écart entre ce que l'on a (300) et ce que l'on aurait (271,43) est de 28,57.

En effet, aujourd'hui, pour avoir 100 (au lieu de 71,43), il faudrait verser 100 x 0,07 = 7 d'intérêt, au lieu de 5 aux conditions d'hier. On économise 2 de frais financiers. Cette économie, actualisée à 7 %, donne 28,57. En clair, aujourd'hui, pour disposer des mêmes moyens financiers, il faudrait dégager 2 de ressources supplémentaires chaque année.

Les 28,57 représentent le surplus implicite de l'ancienne dette, dont bénéficie l'emprunteur pour qui les efforts de versement des intérêts sont de 19 alors qu'il devrait concéder 21 à la banque pour obtenir 300. Autrement dit, il fait mieux que si tout devait être nouveau à 100 %.

En résumé, il y aurait bien *a priori* deux façons pour faire apparaître une dette unique au bilan. La première consisterait à conserver tous les taux, mais sous forme de moyenne. La seconde n'en retient qu'un seul, celui du jour d'évaluation. Elle équivaut à ne retenir qu'une ressource ici à 7 %, après avoir converti toutes les autres dettes à cette condition. C'est la méthode finalement retenue.

L'avantage de cette façon de procéder est d'identifier un surplus. Dans le cas présent, il bénéficie à l'emprunteur. Le contraire est possible.

L'autre conséquence est que la valeur de marché de la dette ne coïncide plus avec la somme des valeurs nominales, ce qui est logique. En procédant ainsi, ce sont les pondérations qui changent, *i.e.* les rapports entre financements.

En appliquant un taux unique d'évaluation à l'ensemble des dettes, leurs pondérations sont modifiées. Ces remarques vont être détaillées. Comme dans de nombreux modèles, il n'est pas inconsistant de raisonner sur une dette unique, de surcroît entièrement nouvelle.

B. L'ajustement corollaire de la valeur des actions

Une question précise vient à l'esprit : quel sera l'impact sur les actions ? L'évaluation des actions ne dépend, dans le cas présent, que de l'ajustement à la dette.

Plusieurs dettes différentes ont été remplacées par une seule adaptée au taux du marché. Par équivalence, la méthode procède comme s'il n'y en avait qu'une seule, mais sa valeur de marché est différente de la somme des valeurs nominales restantes. Par là même, on introduit une modification, un effet quantité dont l'impact est sensible sur la proportion d'endettement dans le total du passif financier.

En termes de cash-flows consommés, la nouvelle dette ainsi déterminée proportionne le prélèvement de frais financiers au taux actuel du marché. En d'autres termes, la consommation actuelle de cash-flows est convertie au taux du marché pour évaluer le poids présent de la dette. Si ce dernier est différent de la somme effectivement disponible par voie d'endettement, on peut conclure que le reste des cash-flows a un impact sur la valeur des actions.

Exemple

En utilisant les données du premier exemple comportant trois dettes, on peut s'attendre à ce que la réduction de la part de la dette au passif s'accompagne d'une valorisation des actions.

Notons que, face à cette situation, il y a plusieurs possibilités :

- *Garder la nouvelle structure financière en l'état,*
- *Il faudra peut-être attendre l'occasion d'un investissement pour accroître les dettes et se rapprocher du taux cible retenu pour la structure financière,*
- *Sinon, l'ajustement pourrait être réalisé tout de suite par un versement de liquidités aux actionnaires (ex. des dividendes).*

Les deux derniers cas sont des opérations de substitution menées pour le maintien d'un certain taux d'endettement.

Des données sont déjà disponibles (les impôts ne sont pas considérés) :

La valeur de marché de la dette unique D est 288,89. Elle consomme des liquidités au taux de 9 %, soit 26 de frais financiers.

Des informations supplémentaires sont introduites pour analyser la situation des actions :

Les conditions initiales du financement étant inconnues, le raisonnement est construit sur des variations de valeur.

Admettons que les cash-flows futurs soient de 46 l'an et que l'on en attende un taux de rentabilité d'exploitation k de 12 %.

La valeur actuelle des actifs est de 46/0,12 = 383,33.

Des informations précédentes, il est possible de déduire la valeur du bénéfice B = 46 – 26 = 20 et, par suite, la valeur des actions. Comme titres financiers « réceptacles » du surplus, leur valeur résiduelle est déterminée par différence :

Valeur produite par les cash-flows	*383,33*
Prélèvement de valeur par la dette	*–288,89*
Valeur des actions	*94,44*

Il est possible d'obtenir la valeur des actions autrement, en actualisant le bénéfice au taux de rentabilité ajusté au risque des actionnaires. Il s'agit de la méthode du levier financier : le bénéfice B est de 20 et il ne manque que le taux d'actualisation.

Pour cela, il faut d'abord calculer les pondérations des valeurs de marché. Elles sont:

Pour les actions, notées C:	*94,44/383,33*	*0,25*
Pour la dette, notée D:	*288,89/383,33*	*0,75*

Ces pondérations fixent les taux de prélèvement de richesse de chacun, actionnaires et prêteurs. On sait que la pondération obtenue (0,25 et 0,75) a toute chance d'être différente des taux de participation aux apports.

La structure financière est: D/C = 0,75/0,25 = 3,06

Par application de la formule du levier, le taux de rentabilité des actions est r soit:

0,12 + (0,12 – 0,09). 3,06 = 0,2118

La valeur des actions en découle: C = 20/0,2118 = 94,43.

Ce résultat est concordant avec le précédent.

Conclusion

L'ajustement du taux de rentabilité exigé par les actionnaires s'effectue à deux variables d'endettement:

- le taux d'intérêt,
- la quantité de dette.

Il opère dans des conditions avantageuses. L'attrait est de pouvoir raisonner sur une seule dette, même s'il y en a plusieurs, et sur un seul indicateur de coût.

Les taux d'intérêt, dits historiques, des anciennes générations de dettes ne sont pas conservés, mais leurs charges financières existent, puisque les capitaux continuent à être utilisés tels qu'ils sont. Ceux-ci consomment des ressources qu'il faudra produire avec les investissements du moment.

D'une certaine façon, le taux du marché qui se substitue aux anciens s'applique en arrière pour estimer toute ancienne dette aux conditions du moment et la convertir intégralement en nouvelle.

La valeur de la dette ainsi obtenue sera plus ou moins élevée que la somme de ses composantes nominales. La différence, qui n'est plus de la dette, se reporte sur les capitaux propres, c'est-à-dire sur la valeur des actions. Si un surplus apparaît, il s'ensuit des possibilités de ressources supplémentaires pour les actionnaires.

Avec les ajustements de valeur, c'est le rapport D/C, ou proportion des dettes sur les capitaux propres, qui s'adapte.

IV. La mise en équivalence avec un financement unique par capitaux propres

C'est le dernier volet des opérations d'homogénéisation. L'intérêt de la question n'est pas purement théorique. Il est évident que les sociétés mobilisent des financements différents. Malgré tout, il est possible et utile de procéder à la transformation d'une situation de diversité financière en un autre état homogène. L'objectif est de montrer que l'association de deux financements a pour équivalent une situation de financement unique.

A. Portée et limites du processus d'homogénéisation

Retirer des différences naturelles aux financements est une démarche qui peut s'avérer utile pour révéler des phénomènes importants.

La différence la plus importante entre financements est certainement celle du coût.

Le coût est directement associé au risque. De fait, toute opération comporte au minimum deux catégories d'agents qui se partagent deux niveaux de risque différents.

Dans ce type de contrat bipartite, il est évident que le risque global doit être assumé quelque part et la fraction qui n'est pas à la charge de l'une des parties est forcément supportée par l'autre. Après tout, c'est la présence d'un financement qui fait varier le risque de l'autre financement. Le résultat important est qu'il peut y avoir des différences de coût entre capitaux, mais elles se compensent.

Par suite :

Deux financements ont toujours collectivement le même coût global quoi qu'on décide quant à leurs parts respectives.

Le coût global est celui qui est exigé par les actionnaires seuls. Lorsque deux financements ont des coûts qui se compensent, cela équivaut à n'en avoir qu'un seul, aux conditions de celui des deux qui peut être seul.

Toute situation duale peut être ramenée par équivalence à un autofinancement intégral, que l'on qualifie de « tout fonds propres », moyennant une correction.

Si le coût est unique, il n'y a plus qu'une seule catégorie de risque et tous les acteurs sont à la même enseigne. Comme le risque doit être assumé de façon ultime, ce coût est variable et est celui d'un financement seul exposé à l'intégralité des aléas.

Cette opération est valable au niveau d'un ensemble composé initialement de financements évoluant de manière duale.

Exemple

Un actif a une valeur de 300 000 et les actionnaires seuls attendent 14 % de rentabilité, c'est-à-dire 300 000 x 0,14 = 42 000 de résultat.

Ils peuvent aussi s'adresser à des prêteurs, sur la base de la parité de financement, au taux t de 10 %. La dette vaut 150 000.

Les taux sont effectivement différents à l'origine, dans un sens qui est favorable aux actionnaires.

Mais les coûts vont s'ajuster et, dans ce cas, les actionnaires, conscients du risque accru qui pèse sur eux, vont modifier leurs exigences de rentabilité. Elles peuvent être estimées, selon la formule du levier, à r, soit :

0,14 + (0,14 – 0,10). 1 = 0,18

Pour plus de détail, on a :

Les revenus :

FF (frais financiers) = 150 000 x 0,10 = 15 000 calculés sur la valeur de la dette

B (le bénéfice) = 42 000 – 15 000 = 27 000

Les valeurs de marché, par actualisation :

C (capitaux propres) = 27 000/0,18 = 150 000

D (la dette) = 15 000/0,10 = 150 000

Chaque financement se voit attribuer une pondération de 0,5

Avec les taux, dont l'un (r) est ajusté au risque, on peut calculer leur valeur moyenne, ce qui n'est autre que le coût du capital (ou coût moyen pondéré) : CC

CC = (0,18 x 0,5) + (0,10 x 0,5) = 0,14

La situation équivaut à celle d'un financement unique, où chaque part (égale) est rémunérée à 14 %.

Cette situation retrace un schéma à moyenne constante, quoi qu'on fasse, et qui est égale au taux de rentabilité exigé par les actionnaires seuls (14 %).

La conséquence est que les différences de taux ne sont pas les éléments les plus importants, car les taux s'ajustent. Leur moyenne est stable, mais c'est une moyenne particulière puisque ses composantes se compensent. Le facteur coût étant neutralisé, il convient de rechercher une autre différence qui ne serait pas éliminable (c'est-à-dire compensable).

B. La partition en dernier ressort des capitaux par les impôts

La différence majeure entre financements est leur traitement fiscal.

Les ressources peuvent être homogénéisées à condition de ne considérer que leur coût. Mais le facteur fiscal est celui pour lequel toute homogénéisation est impossible : la vraie différence est là.

La fiscalité n'entretient pas de lien avec les coûts, c'est-à-dire avec les niveaux d'exigence des agents et leur risque.

Les différences de traitement fiscal viennent des lieux de perception des impôts et du fait que ceux-ci peuvent être déplacés, par application du principe selon lequel un revenu ne peut être taxé qu'une seule fois, c'est-à-dire par celui qui le perçoit et non par celui qui le verse.

Or, selon la position occupée par les apporteurs de fonds dans la firme, il y a une part du revenu qui sort et une autre qui reste. La différence essentielle qui démarque les financements est leur origine qui peut être interne (pour les propriétaires de la société) ou externe (pour les créanciers prêteurs).

Le traitement fiscal en découle. Les capitaux apportés par les prêteurs sont imposés à leur niveau et la firme en est exonérée (*a contrario*). Cette différence est de nature à affecter les choix financiers : sortir les revenus dans la direction où ils sont les moins imposés.

Il est possible d'extraire des impôts du périmètre de la firme, ce qui est fiscalement neutre pour l'État mais pas pour les agents considérés. Les exigences de rentabilité sont préservées, les résultats d'ensemble sont les mêmes, mais les agents ont de bonnes raisons de privilégier certaines formes d'externalisation.

Les différences entre financements méritent d'être réexaminées.

L'attention est détournée des écarts de coût, sans pouvoir explicatif majeur puisqu'ils opèrent dans des conditions d'équivalence. Par le mécanisme d'ajustement, ces aspects sont relégués au second plan.

L'attention se concentre sur l'externalisation des impôts car elle fait basculer le raisonnement de manière décisive. Il est évident que si l'on peut préserver une situation tout en réduisant les taxes pour l'un des agents, les choix sont définitivement clarifiés.

Tels sont les apports de la théorie financière. Toutes les formules d'évaluation reconnaissent et intègrent deux facteurs de différence entre les financements : le risque et le traitement fiscal. Mais on peut les ramener à un seul en neutralisant la variable risque.

Le traitement fiscal est la seule différence restante. Elle est considérée séparément, pour montrer que les impôts frappent une part des revenus et pas l'autre. C'est le message de la théorie du coût du capital.

1. Les incidences de la fiscalité sur la structure financière

Par le concept de financement unique, on reconnaît l'existence de deux formes de capitaux qui se fondent en un seul par équivalence. Il ne peut s'agir que de capitaux propres dont le coût est stabilisé. Une telle construction a des propriétés intéressantes.

Sous cette condition, on pourrait admettre un instant un scénario où la dette présente le même risque que les actions de la société sans risque d'endettement. Elle a donc le même coût (noté r). Mais il y a alors quelques différences à souligner.

La valeur de la dette ne serait pas fixe, mais fonction de la valeur globale V de la société. Ce résultat est normal si on rappelle que la dette se comporte, par hypothèse, comme les actions. Par suite, les intérêts se calculent sur la valeur de la dette au taux unique r des actions. Les frais financiers sont FF = r.D.

La dette permet une réduction d'impôt, ce que n'autorisent pas les actions de la firme non endettée. L'élément vraiment important est celui qui est étranger au système : ce sont les taxes. En effet, si les impôts frappent un revenu et pas l'autre, ils donnent la primeur à celui des financements qui permet de les réduire. Dans le cash-flow, on a donc avantage à augmenter la fraction du revenu qui n'est pas taxée. Plus elle est importante, moins il y aura de taxe sur l'autre.

À ce point, on voit que le thème du financement unique consiste à effacer des différences pour n'en faire ressortir qu'une seule. La méthode permet de tout neutraliser, sauf le fait qu'une part du financement est capable de réduire les taxes et l'autre non. C'est ce qui lui confère son attrait.

2. L'application au coût du capital ajusté

On notera CF les cash-flows avant impôts tirés de l'exploitation et T le taux d'imposition. Le montage, tel qu'il est conçu, ne comporte qu'un seul financement si l'on admet, pour l'instant, que les capitaux propres et les dettes sont de même risque, ce qui lui donnerait droit à un taux de rentabilité unique r. Mais une part est imposée (C) tandis que l'autre ne l'est pas (D).

On s'intéresse en particulier à la part non imposée du cash-flow. Sous ces conditions, ce sont les frais financiers FF = r.D. On pose, par hypothèse, que les flux sont constants sur le long terme (en pratique à l'infini).

Le cash-flow net vaut $CF - (CF - r.D).T = CF\,(1 - T) + r.DT$

Le terme r.DT représente les économies d'impôt.

Le cash-flow se compose de deux parts : l'une est pleinement imposée, l'autre est exonérée de taxe. La formule écrite en tient compte. Pour avoir le montant réel des impôts, on fait comme si la totalité du cash-flow était taxée, mais à condition de rajouter ensuite les impôts qui ne sont pas payés grâce à la seconde part. Cette économie est proportionnelle aux revenus versés à l'extérieur.

Connaissant les flux, il reste à les actualiser au seul taux connu : r. L'ensemble des informations est actualisé au même taux noté r, car tous les flux sont de même risque dans cette forme d'approche. Ce paramètre est de toute façon unique si on le saisit à deux niveaux particuliers : c'est le coût des actions seules et le coût moyen en cas de financements partagés entre deux composantes de coûts différents.

L'avantage est de pouvoir calculer la valeur à un seul taux et d'estimer un ensemble au seul coût des actionnaires.

La valeur actuelle des cash-flows nets est:

$$\frac{CF(1-T)+rDT}{r}=\frac{CF(1-T)}{r}+DT$$

Valeur de la société avec dette (VL) = Valeur de la société sans dette (VU)

+ Valeur actuelle des économies d'impôts (DT)

Cette écriture est bien connue dans les modèles d'évaluation. On reconnaît l'équation célèbre de Modigliani et Miller (VL désigne la valeur avec levier, c'est-à-dire *levered* et VU la valeur sans levier, soit *unlevered*).

Toutefois, cette formulation de la valeur peut être améliorée. En effet, le taux r n'englobe pas toute l'information, puisque DT est traitée à part. Il faudrait donc une autre évaluation, actualisant l'ensemble sous un dénominateur commun, c'est-à-dire un taux r' incorporant aussi DT, par conséquent la dette et les taxes.

Ce nouveau taux englobe toute l'information et n'a pas besoin d'une correction comme cela est nécessaire pour la formule fondée sur l'usage de r.

Par définition r' # r et intuitivement: r' < r.

Il y a donc une autre présentation possible. Si la première consiste à rajouter des flux (DT), la seconde vise à réduire le taux. Autrement dit, on cherche à intégrer directement l'incidence fiscale de DT dans r pour le corriger.

Le nouveau taux r' inconnu est destiné à remplacer r. Il vérifie l'égalité:

$$\frac{CF(1-T)}{r'}=\frac{CF(1-T)}{r}+DT$$

En éliminant les dénominateurs, c'est-à-dire en multipliant chaque terme par r.r', on a:

CF (1 - T). r = CF (1 - T). r' + r. r' TD

Et

CF (1 - T). r' = CF (1 - T). r – r. r' TD

D'où:

$$r'=\frac{CF(1-T)r}{CF(1-T)}-\frac{rr'TD}{CF(1-T)}$$

$$r'=r-\frac{rr'TD}{CF(1-T)}$$

Or, V la valeur de la société endettée s'écrit: $V=\frac{CF(1-T)}{r'}$

Par suite:

$$r'=r-\frac{1}{V}rTD=r(1-\frac{D}{V}T)$$

C'est le coût du capital ajusté. La méthode permet de ne pas adapter les deux taux entre eux mais de les garder tels quels. On constate bien que r' < r.

Les capitaux ont été étudiés pour les rapports qu'ils établissent entre les différentes catégories d'apporteurs. À conditions d'exploitation données, les proportions de financement utilisées fixent le mode de partage des rémunérations. Celui-ci s'effectue selon la quantité de risque assumée. On a vu que le levier était le mécanisme d'introduction du risque. Globalement, si les rémunérations s'ajustent en se compensant, le coût du capital est stable.

La conséquence est, qu'avant de considérer les impôts, rien ne vient favoriser tel financement plutôt que tel autre. En revanche, les taxes introduisent une distorsion en changeant la politique financière, car les décideurs se mettent à la recherche de refuges où abriter les ressources. La dette en est un : elle rend un service fiscal spécial. C'est le coût du capital qui enregistre cet avantage, en diminuant. En effet, l'ajustement du taux de rentabilité exigé des actions se fait sur la base du coût de la dette avant impôt, mais comme ce coût est en réalité réduit du montant des économies d'impôt, le coût du capital qui en est la moyenne s'en trouve diminué. La dette, non imposée, apporte un extra de valeur.

On a vu qu'il y avait un réel intérêt méthodologique à faire comme s'il n'y avait pas eu de dette. En procédant ainsi, on obtient la rentabilité de base et le mode d'étalonnage du risque. Le point théorique d'endettement nul fixe le référentiel de rentabilité et la méthode de mesure des écarts de rémunération liés au risque.

Fiche 14

Coût de la dette et coût des capitaux propres

Le coût de chaque financement est d'abord estimé séparément, en commençant par la dette en raison de la plus grande facilité de calcul. Par nécessité, le raisonnement est construit sur une seule dette et sur une seule action, ce qui suppose un travail d'homogénéisation (transformation présentée par ailleurs).

Mots clés

Taux effectif de la dette (TEG). Évaluation des actions par les dividendes. Modèle de croissance de Gordon et Shapiro. Étude de la relation entre croissance et valeur. Valeur actuelle des opportunités de croissance.

I. Le coût réel de la dette

Le coût réel de la dette se calcule assez aisément, car il repose sur une base explicite et contractuelle : un taux d'intérêt nominal. Ce dernier est connu directement si la dette est unique.

Dans l'analyse qui suit, le passage du taux nominal au taux effectif dépend d'un facteur unique : la fiscalité. Dans ce modèle, seul le taux d'imposition (T) est retenu pour son incidence sur le coût de la dette.

Exemple

Considérons la question sur une seule année : une dette D de 1 000 venant à échéance dans un an au taux d'intérêt nominal t = 0,12. L'annuité unique se compose des frais financiers notés FF = 1 000 x 0,12 = 120 et du remboursement de la somme empruntée, ce qui donne un total de 1 120.

La question du coût réel de la dette comporte deux niveaux :

- *celui des relations avec la banque*
- *celui des conséquences en matière d'imposition*

Les relations avec la banque :

Elles sont simples et résumées par la formule d'évaluation de la dette.

$$V = D = \frac{1120}{(1,12)} = 1000$$

La valeur de marché est égale à la valeur nominale aussi longtemps que le taux est le même et que le service de la dette est assuré sans faille.

Les conséquences fiscales

Les frais financiers sont déductibles et réduisent les impôts. La base imposable diminue de 120 et les impôts, calculés au taux T = 0,30 pour simplifier, baissent de 120 x 0,3 = 36. Cette différence, notée FF.T, prend le nom d'économies d'impôts.

En conséquence, la charge réelle des intérêts en termes de trésorerie (c'est-à-dire de décaissements) n'est pas 120, mais 120 – 36 = 84. Cela correspond au total de deux opérations contraires : les intérêts versés corrigés des impôts non payés. La différence prend le nom de frais financiers après impôts :

FF – FF.T = FF (1 – T) = 120 x 0,7 = 84. La société ne supporte que 70 % du total.

Ces deux aspects sont regroupés dans le calcul du coût réel de la dette.

Le taux effectif global ou TEG

Globalement, l'emprunteur obtient 1 000 aujourd'hui et solde l'emprunt dans un an par une annuité de 1 084. On sait que le TEG vérifie l'égalité entre le capital perçu et la somme actualisée des décaissements. L'inconnue x vérifie :

$$1000 = \frac{1084}{(1+x)} \Rightarrow (1+x) = 1,084$$

Le TEG est égal à 0,084 < 0,12 le taux nominal.

Une variante consiste à remarquer qu'un coût financier s'obtient par le ratio entre une charge de trésorerie et le montant du capital utilisé, ce qui donne sur un an :

$$\frac{84}{1000} = 0,084$$

Cette formule, apparemment plus simple, s'applique à l'année.

Finalement, pour calculer le coût réel d'une dette, on utilise la formule suivante : t (1 – T). L'avantage est qu'elle dispense du calcul des flux en n'utilisant que des taux : 0,12 x 0,7 = 0,084.

Quelques remarques

Le calcul du TEG n'a tenu compte que d'un avantage de la dette, ce qui explique qu'il soit inférieur au taux nominal. L'endettement présente aussi des inconvénients (frais, commissions bancaires) qui, dans ce cas, viendraient majorer le TEG : c'est surtout sous cet aspect qu'il est connu.

L'illustration a été faite sur une seule année, ce qui n'enlève rien à la généralité de la formule t (1 – T). Elle s'applique pour des durées plus longues et à toutes les formes de remboursement (constant, variable, unique et *in fine*).

L'exemple concerne l'emprunteur, mais on peut l'étendre au prêteur pour calculer son taux de rentabilité. La banque verse 1 000 et encaisse des intérêts nominaux de 120 qui, après impôts valent aussi 84. Le taux de rentabilité du prêteur est donc le même : 8,4 %.

II. Le coût des capitaux propres

Il n'est pas exagérément difficile de connaître le coût de la dette. Il en va différemment de celui des capitaux propres : il est non écrit (implicite) et il n'y a d'autre solution que de le déduire d'un ensemble de calculs relevant de l'évaluation des actions. Ce coût est assurément positif. Sa détermination est facilitée s'il s'agit d'une société cotée en bourse.

A. Le modèle général

Le coût des capitaux propres pour l'entreprise est appréhendé en prenant le point de vue adverse des actionnaires : il s'agit du taux de rentabilité exigé en contrepartie de leurs apports.

Les exigences des actionnaires prennent deux formes :

- des revenus ou dividendes (DIV) : ils sont espacés dans le temps ;
- une plus-value en capital : elle est réalisée lors de la revente des titres au prix Pn.

Le problème est relativement simple si l'on raisonne sur une seule année et pour une action en raison de son caractère représentatif de l'ensemble des titres (elles ont toutes les mêmes droits).

Considérons l'exemple suivant

P0 = 12 le cours actuel ou prix d'achat

DIV1 = 0,6 le dividende versé dans un an

P1 = 13,8 le cours dans un an ou prix de cession

Connaissant ces trois informations, la question est de déduire le taux de rentabilité exigé (r) par le marché. Le problème s'énonce de la façon suivante : s'il y a accord sur la valeur du dividende et du cours, il est possible d'inférer le taux implicitement exigé du placement à partir du niveau de cotation actuel.

L'équation actuarielle de base s'écrit :

$$P_0 = \frac{DIV_1 + P_1}{(1+r)}$$

En règle générale, le coût d'un financement est le taux qui égalise, à l'origine, la valeur des fonds versés et la somme actualisée des flux reçus. En réarrangeant pour avoir r :

$$(1 + r) = \frac{DIV_1 + P_1}{P_0}$$

Par suite : $r = \frac{DIV_1 + P_1}{P_0} - \frac{P_0}{P_0}$ *et enfin* $r = \frac{DIV_1 + (P_1 - P_0)}{P_0}$

Dans l'exemple : $r = \frac{0,6 + (13,8 - 12)}{12} = 0,05 + 0,15 = 0,2$

En payant 12 aujourd'hui, les actionnaires font en sorte que les flux annoncés rentabilisent le capital au taux exigé de 20 %.

Le taux exigé apparaît comme la somme deux composantes :

Le taux de rendement (0,05) calculé à partir des revenus en dividende

Le taux de plus-value en capital (0,15), dont on verra ultérieurement la signification, grâce à un parallèle avec la croissance.

Comme le montre la formule de P0, plus le taux exigé est élevé, moins l'actionnaire est disposé à payer cher l'action.

Plus généralement, pour ne pas se limiter à un an, le taux recherché satisfait l'équation suivante en introduisant le temps et plusieurs périodes :

$$P_0 = \frac{DIV_1}{(1+r)} + \frac{DIV_2}{(1+r)^2} + \ldots \frac{DIV_n + P_n}{(1+r)^n}$$

Cette écriture a un sens pour l'investisseur et la prise en compte du temps va permettre de la transformer.

L'actionnaire a un horizon de détention limité. Il se retire et met ainsi un terme à la série de flux qui lui revient avec la revente au prix Pn. Ce dernier est le prix d'achat pour un nouvel actionnaire et devient à son tour une somme actualisée de revenus futurs. Par conséquent, la valeur de cession disparaît dans des dividendes successifs et cette constatation va modifier la formule d'évaluation.

Le modèle d'évaluation peut être réécrit en conséquence :

- une valeur de cession concerne l'actionnaire ;
- le raisonnement n'est pas construit sur la durée de détention de l'investisseur, mais sur la durée de vie totale de l'action qui correspond à celle de la société ;
- la durée de vie d'une société est présumée longue.

La conséquence est que la formule d'évaluation est établie dans l'optique de la firme et pas dans celle d'un actionnaire. Par suite, la valeur d'une action est indépendante de l'investisseur et de la durée de détention qui lui est propre. Il en découle plusieurs simplifications.

L'horizon d'évaluation (le nombre d'années n) est supposé très long, ce qui s'écrit mathématiquement $n \to \infty$

La société ne verse que des dividendes (les titres ne sont pas remboursables, sauf en cas de dissolution ou de rachat, par exemple). Sur le très long terme, la valeur terminale disparaît. Disons que la valeur actuelle d'un prix lointain est quasiment nulle.

La formule d'évaluation devient, sans limite et avec les seuls dividendes :

$$P0 = \frac{DIV_1}{(1+r)} + \frac{DIV_2}{(1+r)^2} + \ldots\infty$$

Cette écriture est à la base de tous les modèles de dividendes (DDM ou *Dividends Discount Models*). La valeur d'une action se ramène à une suite de dividendes et ne dépend que des dividendes, c'est-à-dire des flux de liquidités versés par la société à ses actionnaires. On ne parle pas ici des bénéfices, mais on y reviendra.

B. Les hypothèses de croissance

Le problème suivant est donc celui de la prévision des dividendes. À la différence de la dette, il n'y a ni maturité, ni flux spécifié à l'avance (pas de rémunération contractuelle, pas de remboursement). Le dividende dépend des performances de la société (le bénéfice net) et des décisions du management (politique de distribution). L'analyse s'oriente donc vers l'utilisation de modèles de croissance et, plus particulièrement, vers la connaissance de la loi de variation des dividendes.

Plutôt que de prétendre prévoir les dividendes année par année, on préfère évaluer le premier d'entre eux avec précision et lui appliquer ensuite un taux de variation, ce qui permet de saisir une série dans son ensemble. Selon le degré de précision recherché, on peut se projeter d'un trait de l'origine à l'infini ou sinon découper l'avenir avec des taux de variation différenciés.

Les hypothèses sur les dividendes futurs sont au nombre de deux

Hypothèse I : Le modèle sans croissance

Le dividende est constant et les indices attribués aux années disparaissent des symboles pour garder une notation unique : DIV. La société est parvenue à maturité ou est en état stationnaire.

La formule d'évaluation retenue est celle de la rente perpétuelle. Cette simplification n'est pas inconsidérée et se révélera utile pour isoler avec plus de clarté le rôle du facteur de croissance. La transformation de la formule de la valeur actuelle d'annuités constantes sur un horizon infini donne :

$$P0 = DIV.\frac{1-(1+r)^{-n}}{r}$$

Si $n \to \infty$, alors $(1 + r)^{-n} = 0$ et il reste $P0 = \frac{DIV}{r}$

Comme notre objectif est le calcul de r : $r = \frac{DIV}{P_0}$

Hypothèse II : Le modèle avec croissance.

Il repose sur la détermination d'une loi de croissance telle que les dividendes augmentent à taux constant noté g. Il suffit de connaître le premier d'entre eux pour disposer de toute la série.

Comme il paraît plus judicieux d'exprimer chaque dividende par rapport au premier, plutôt que par rapport à celui qui le précède directement, nous avons une série infinie de termes à actualiser au taux r :

DIV1, DIV1 (1+g), DIV1 $(1+g)^2$, DIV1 $(1+g)^3$ ....

Ces termes forment une progression géométrique de raison (1+g) et leur somme actualisée s'obtient par la formule de Gordon-Shapiro :

$$P0 = \frac{DIV_1}{(r-g)}$$

Comme notre objectif est de calculer r : $r = \frac{DIV_1}{P_0} + g$

La comparaison entre les deux formules d'évaluation du coût des capitaux propres :

On remarque que la formule de GORDON-SHAPIRO est de portée générale : si g = 0, elle coïncide avec la première règle d'évaluation (H1).

Pour résumer, avec deux informations disponibles : le cours initial P0 (car il est observé à la cote) et le premier dividende DIV1 (car il dépend de l'activité de l'année), l'analyste qui souhaite connaître le coût des capitaux propres r est face à une inconnue intermédiaire : le taux de croissance g.

Le taux de croissance

La question demande de plus amples développements. D'abord, il ne s'agit pas d'une donnée choisie arbitrairement. Elle est endogène et dépend des caractéristiques financières de la société. Ensuite, il faut en préciser l'objet et dissiper une confusion possible : il ne s'agit pas de la croissance du chiffre d'affaires, mais de variables concernant les capitaux propres.

Le mode de croissance des capitaux propres :

Dans le cas présent, le mécanisme prend appui sur l'alternative entre la distribution de dividendes et la mise en réserves. Nous avons donc besoin de deux indicateurs supplémentaires :

- le taux de distribution en pourcentage : d = DIV/B ;
- le taux de mise en réserves (ou de rétention) : b ou plus simplement (1 – d).

Le modèle considère aussi que ces deux taux sont constants dans le temps.

Le fond du problème repose sur l'hypothèse de réinvestissement. Elle implique que le processus fonctionne en circuit fermé. Autrement dit, n'y a pas de ressources externes à injecter dans la société, comme celles venant par exemple d'une émission d'actions. L'augmentation du capital social est nulle.

On analyse donc un schéma de croissance soutenable, dont l'origine est uniquement la politique de distribution et son corollaire : la rétention des bénéfices.

Les dividendes sont définitivement sortis de la trésorerie par le versement aux actionnaires. En revanche, les sommes mises en réserves donnent lieu à des investissements dans la société qui contribuent à augmenter le bénéfice de l'année suivante et à accroître le montant des dividendes futurs. Le processus s'enclenche à l'infini et tous les indicateurs de taux sont stabilisés. Autrement dit :

Si on distribue tout, il ne peut pas y avoir de croissance endogène. Le dividende est constant, ce qui correspond à l'état stationnaire

Si on ne distribue rien, tout part en réserve et alimente la croissance

La discussion portera surtout sur les situations intermédiaires.

Il ne peut y avoir croissance de dividendes qu'avec une distribution partielle du bénéfice. Ces précisions débouchent sur la définition du taux de croissance : g est le taux de croissance endogène permis par le réinvestissement d'une partie des bénéfices dans la société et à son propre taux de rentabilité r'.

Il est important de noter que r' est le taux de rentabilité des capitaux propres réalisé par la société et qu'il a toutes les chances d'être différent du taux de rentabilité exigé par le marché r :

On a r # r'

On peut écrire la formule de calcul de g : Elle indique que le taux de croissance dépend de l'importance des bénéfices réinvestis (1 – d) et du taux de rentabilité de la société (r') ou, plus précisément, du produit de ces deux taux.

Par conséquent : $g = (1 - d).\ r'$ ou encore $g = b.r'$

Discussion

Si la société distribue l'intégralité de son bénéfice, d = 1 et g = 0. Faute de mise en réserves, le moteur de la croissance ne peut pas s'enclencher.

Si la société met la totalité de son résultat en réserves, d = 0 et g = r'. Il s'agit bien d'une croissance interne. Elle est maximum sans ressources externes. Si enfin la société pratique une rétention partielle de son bénéfice, par exemple 50 %, le taux de croissance est égal à la moitié de son taux de rentabilité r'.

Il s'agit d'un taux de croissance généralisé : il concerne les capitaux propres, le bénéfice et pas seulement les dividendes.

Exemple de calcul du taux de croissance

Les capitaux propres de départ de la société s'élèvent à 100, le taux de rentabilité r' = 0,15 et d = 0,4. On étudie la situation au terme des deux années suivantes.

En fin d'année 1 :

B = 0,15 x 100 = 15. Ce bénéfice se décompose en dividendes (DIV = 15 x 0,4 = 6) et en mises en réserves (MR = 15 x 0,6 = 9) qui portent les capitaux propres à 109.

En fin d'année 2 :

B = 0,15 x 109 = 16,35. Les dividendes augmentent à 6,54 et les mises en réserves sont de 9,81 ce qui portent les capitaux propres à 118,81.

Le calcul montre que tous ces postes augmentent de 9 %. La formule donne plus directement ce chiffre : g = (1 – 0,4) x 0,15 = 0,09.

Le mécanisme de la croissance est établi. Il reste à considérer ses liaisons avec la valeur.

C. Approfondissement : croissance et valeur

La croissance n'est pas automatiquement synonyme de valeur. La formule de Gordon-Shapiro peut être réécrite, connaissant maintenant l'expression de g :

$$P_0 = \frac{DIV_1}{r-(1-d)r'} = \frac{dB}{r-(1-d)r'}$$

Il s'agit d'une formule dite à deux taux (r et r′). Elle met en évidence d'autres phénomènes et notamment les relations entre le cours (P0) et la croissance (g). Le cours, c'est-à-dire la valeur, dépend de la relation entre r et r′. C'est ce qui va être montré.

On ne retiendra que le cas où la croissance est positive grâce à la mise en réserves. Trois situations sont distinguées.

Si r = r′, le cours $P_0 = \frac{dB}{r-r+dr} = \frac{B}{r}$

On retrouve la formule d'une rente perpétuelle, caractéristique d'une valeur stable. Il n'y a pas d'augmentation du cours, en dépit d'un effort de mise en réserves. La « valeur », créée par la rentabilité r′ des investissements, correspond exactement à celle qui est exigée r, de sorte qu'il n'y a aucun surplus. En d'autres termes, les investissements sont à VAN nulle.

On remarquera aussi, dans cette formulation, que le dividende est remplacé par le bénéfice au numérateur. Cela signifie que l'on obtiendrait le même résultat (cours) en distribuant tout.

Si r < r′, la situation est radicalement différente : on écrira r′ = r + h.

En développant : $P_0 = \frac{dB}{r-(1-d)(r+h)} = \frac{dB}{r-r+dr+dh-h}$

$$P_0 = \frac{dB}{d(r+h-\frac{h}{d})} = \frac{B}{r+h(1-\frac{1}{d})}$$

$$P_0 = \frac{B}{r+h(\frac{d-1}{d})} = \frac{B}{r-h(\frac{1-d}{d})}$$

La valorisation dépend de l'écart de taux (h) et du taux de distribution. Cette adaptation de la formule précédente B/r est élaborée pour montrer la réduction du dénominateur et donc l'augmentation du cours.

Si r < r′, le cours augmente, signe que la société a des investissements rentables. L'écart de valeur par rapport à B/r s'appelle la valeur actuelle des opportunités de croissance (VAOC).

Enfin, si r > r', la société est en croissance, mais avec perte de valeur. Privée d'investissements rentables, mieux vaudrait augmenter la distribution de dividendes plutôt que de réinvestir.

Si r' = r – h, le même développement que ci-dessus donnerait la valeur suivante :

$$P_0 = \frac{B}{r + h(\frac{1-d}{d})}$$

L'augmentation du dénominateur réduit la valeur.

La valeur actuelle des opportunités de croissance (VAOC)

L'écriture de base, choisie pour l'évaluation d'une société, a pour objectif d'isoler le facteur croissance. Elle se note :

Valeur d'une société en croissance = valeur sans croissance + VAOC = $\frac{B}{r} + VAOC$

La valeur sans croissance ne pose pas de difficulté apparente si l'on en juge par sa formule (voir l'exemple ci-dessous). L'inconnue est la VAOC qui peut faire l'objet d'une estimation directe.

Considérons une société qui met en réserves une partie de son bénéfice, soit B (1 – d), pour le réinvestir dans des projets dont le taux de rentabilité est r'. La valeur de l'investissement s'élève donc à I = B (1 – d) et il dégage un surcroît de bénéfice I.r' au terme d'une période.

Le problème est de déterminer la valeur tirée du facteur de croissance, en utilisant la méthode de la VAN. Pour cela, nous procédons en deux temps :

D'abord en calculant la VAN sur un horizon supposé infini

Ensuite en introduisant le taux de croissance

La VAN est la différence entre la valeur actuelle du surplus et le montant de l'investissement initial. Cette actualisation s'effectue aux conditions du marché dont le taux exigé est r :

$$VAN = \frac{I.r'}{r} - I = \frac{I.r'}{r} - \frac{I.r}{r} = \frac{I(r'-r)}{r}$$

On retrouve bien les conclusions du modèle précédent : la VAN est positive si r' > r. On peut écrire aussi : $VAN = \frac{B(1-d)(r'-r)}{r}$

Pour avoir la VAOC, il manque encore le facteur de croissance g. En effet, la mise en réserves de chaque année va enclencher un processus de croissance tel que : $VAOC = \frac{VAN}{(r-g)}$. La VAOC est une actualisation de VAN. En regroupant tous les termes :

$$\text{VAOC} = \frac{B(1-d)(r'-r)}{r} . \frac{1}{(r-g)} = \frac{B(1-d)(r'-r)}{r(r-g)}$$

Exemples et applications des formules d'évaluation des actions

Cet exemple a pour objectif d'isoler le rôle de la croissance sur la valeur. Il se prolonge par une illustration de la VAOC.

Une société annonce le versement d'un dividende par action (DPA) de 15 dans un an. L'évaluation de l'action suppose de connaître son évolution future. Selon l'hypothèse retenue, les dividendes augmenteraient d'un taux annuel constant g = 2 %. À partir du premier (DIV = 15), on peut déduire facilement toute la série (DIV2 = 15,30 puis DIV3 = 15,61 et ainsi de suite).

Si le taux de rentabilité exigé sur le marché est disponible r = 0,10, l'inconnue est le cours actuel, c'est-à-dire le prix que les investisseurs sont disposés à payer.

$$P_0 = \frac{15}{0{,}10 - 0{,}02} = 187{,}50$$

Ce premier résultat inspire deux remarques.

Remarque 1 sur l'interprétation du taux de croissance

Le taux de croissance s'applique aux dividendes, mais il a aussi une autre signification intéressante pour l'investisseur. Il concerne les capitaux propres, comme le montre la décomposition de leur taux de rentabilité exigé. En effet, ce taux de rentabilité (r = 0,10) peut être scindé en deux composantes en partant de la formule de base de cotation du titre :

En effet : $r = \frac{15}{187{,}50} + 0{,}02 = 0{,}08 + 0{,}02 = 0{,}10$

La lecture indique que le taux de rendement obtenu à partir des dividendes est de 8 % et que le taux de croissance de 2 % correspond au taux de plus-value en capital.

Pour illustrer cette correspondance, prenons le cas d'un actionnaire qui souhaite revendre son titre au terme d'une année de détention. Le prix de cession est égal à la valeur actuelle des dividendes suivants auxquels il renonce. Le premier d'entre eux est DIV2 = 15,30.

$$P_1 = \frac{15{,}30}{0{,}10 - 0{,}02} = 191{,}25$$

On vérifie que le taux de plus-value est égal au taux de croissance g :

$$\frac{P_1 - P_0}{P_0} = \frac{191{,}25 - 187{,}50}{187{,}50} = 0{,}02$$

Remarque 2 sur l'origine du taux de croissance

Le taux de croissance dépend des caractéristiques de la société, précisément de sa politique de distribution et de la rentabilité réalisée. Deux informations supplémentaires sont apportées à cette fin :

Le taux de distribution d est égal à 0,85 (le taux de mise en réserves est 0,15)

Le taux de rentabilité des capitaux propres de la société r′ est égal à 0,1333.

Ces données permettent de vérifier la valeur du taux de croissance par la formule g = (1 – d). r′ soit 0,15 x 0,1333 = 0,02.

Ces précisions permettent de comprendre aussi que le cours s'établit à 187,50 du fait que r′ > r. L'écart de taux, noté h, s'élève à 0,0333.

Par ailleurs, si le premier dividende de 15 représente 85 % du BPA, on en déduit que ce dernier vaut 17,65 (soit 15/0,85). Ces informations sont nécessaires pour la suite.

La liaison entre la croissance et la valeur

Pour étudier la liaison entre la croissance et la valeur, il faut d'abord définir ce que serait une situation sans croissance et mettre au point ce référentiel de comparaison.

Théoriquement, une croissance nulle (g = 0) vient de l'absence de réinvestissement du bénéfice, c'est-à-dire d'un taux de distribution égal à 1. Dans ce cas, le dividende est égal au bénéfice (B = DIV = 17,65) et la valeur sans croissance s'établit à :

$$P_0 = \frac{17,65}{0,10} = 176,50$$

Mais dans le cas présent, la croissance est positive (g = 0,02) puisque l'on pratique le réinvestissement. En effet, la société met une partie de son résultat en réserves (d < 1). Il faut donc considérer le problème différemment et chercher une autre explication du côté des taux de rentabilité.

Le référentiel équivalent de comparaison implique que la société investirait à des conditions insuffisamment rentables, c'est-à-dire telles que le taux de rentabilité réalisé sur les capitaux propres est égal au taux exigé, soit r′ = r = 0,10. Disons qu'il n'y a pas d'opportunités d'investissements rentables, ce qui signifie qu'ils ont au moins une VAN nulle.

On peut calculer la valeur d'un titre, avec r′ = r :

$$\frac{dB}{r-(1-d)r}$$

Soit en valeur : $\frac{0,85x17,65}{0,10-(0,15x0,10)} = 176,47$

On remarque que l'effort de réinvestissement est mal récompensé puisque la société obtiendrait exactement la même valeur avec un taux de distribution égal à 1, comme calculé ci-dessus :

$$P_0 = \frac{17,65}{0,10} = 176,50$$

On en conclut que la société aurait intérêt à verser l'intégralité de son bénéfice sous forme de dividende et à renoncer à la croissance.

Le cours de 176,50 est le référentiel de valeur sans croissance, à comparer avec la valeur intégrant la croissance. Il y a deux façons de la connaître :

Soit le taux de croissance g est effectivement nul

Soit, et par équivalence, il s'agit d'une croissance insuffisamment rentable qu'il n'est pas souhaitable de maintenir

Comme la société a des opportunités de croissance, la valeur du titre peut être estimée à partir du bénéfice pour garder la même base d'évaluation sur l'ensemble de la comparaison :

$$\frac{B}{r-h(\frac{1-d)}{d})} \text{ soit } \frac{17{,}65}{0{,}10-0{,}0333(\frac{1-0{,}85}{0{,}85})}=187{,}57$$

L'écart entre les deux valeurs, avec et sans croissance, est : 187,57 - 176,5 = 11,07. Cette valeur correspond à la VAOC que l'on peut obtenir directement par la formule :

$$\frac{B(1-d)(r'-r)}{r}.\frac{1}{(r-g)}$$

$$\frac{17{,}65x0{,}15x0{,}0333}{0{,}10}.\frac{1}{0{,}10-0{,}02}=11{,}02$$

L'écart de 11 est la valeur supplémentaire apportée par la croissance.

Une variante

Un calcul plus détaillé est possible en procédant en deux temps. Il convient, tout d'abord, de calculer la VAN de la première année, puis d'incorporer le taux de croissance.

La mise en réserves de la première année est obtenue par la formule B (1 - d) = 17,65 x 0,15 = 2,6475. Cette somme est investie dans la société au taux de 0,1333 et donne un surcroît de résultat de 2,6475 x 0,1333 = 0,3529. La VAN de l'année 1 est calculée en actualisant à l'infini ce flux à 10 % puis en retranchant le montant investi :

$$\frac{0{,}3529}{0{,}10}-2{,}6475$$

soit VAN (0,10) = 3,5291 - 2,6475 = 0,8816

De manière différente, on pourrait calculer directement le surplus venant du réinvestissement à partir du différentiel de taux (r' – r) = 0,0333 :

I (r' – r) = 2,6475 x 0,0333 = 0,0882.

La VAN (0,10) serait aussi :

$$\frac{I(r'-r)}{r}=\frac{0{,}0882}{0{,}10}=0{,}8816$$

Comme l'opération se poursuit à l'infini avec une croissance de 2 %, on vérifie :

$$VAOC=\frac{0{,}8816}{0{,}10-0{,}02}=11{,}02$$

Fiche

15

Le levier financier

Un exemple de calcul par la formule

Le levier est un mécanisme de liaison entre financements : il mesure l'incidence de la dette sur le taux de rentabilité des capitaux propres. Le sens de la relation est précisément défini.

Dans le cas présent, il est calculé *a posteriori* sur des données réalisées.

Les documents comptables doivent être adaptés en conséquence.

Bilan *comptable* après répartition des résultats au terme du dernier exercice N

ACTIF		PASSIF	
Somme des immobilisations nettes, du BFR et du disponible		Capitaux propres Dette financière MT	2 000 3 000
Total	*5 000*	*Total*	*5 000*

La présentation du bilan comptable permet de faire apparaître le montant de l'actif économique (il correspondant aux capitaux investis dans l'activité) et la composition du passif financier (la structure des ressources). Le ratio dettes sur capitaux propres (D/C) vaut 1,5.

Le taux d'imposition (T) est de 30 %.

Pour l'année écoulée N, les SIG simplifiés sont :

Résultat d'exploitation RE	600
Frais financiers FF	(300)
Résultat courant avant impôt RCAI	300
Impôt	(90)
Bénéfice net B	210

La formule du levier ne permet pas de prendre en compte les opérations exceptionnelles car, non récurrentes, il n'est pas possible de les mettre en équation.

Mais le fait de raisonner hors opérations exceptionnelles a pour autre avantage de faire reposer la rentabilité sur l'exploitation.

Le fondement du levier est le suivant : le paiement de frais financiers a pour inconvénient de diminuer le bénéfice net. Mais il offre deux avantages en contrepartie : les frais financiers sont déductibles et réduisent les impôts et, d'autre part, la dette réduit l'apport en capitaux propres. En réunissant ces points positifs et négatifs, le levier fait la synthèse de ces trois effets.

L'analyse de la rentabilité réalisée en N

Le taux de rentabilité des capitaux peut être calculé directement en formant le ratio entre le bénéfice net et le montant des capitaux propres.

$$r = \frac{210}{2000} = 0,105$$

Le levier va plus loin : il a pour objet d'isoler l'incidence de la dette sur ce résultat et de fournir un schéma explicatif. Dans notre présentation, les impôts apparaissent seulement à la fin, mais il est possible aussi de fiscaliser chaque calcul intermédiaire.

Plusieurs étapes sont nécessaires.

Le taux de rentabilité sans dette

Avec une dette nulle, la rentabilité des capitaux propres se confond avec la rentabilité d'exploitation dégagée par les actifs, notée k. Elle correspond au ROA (*return on assets*).

$$k = \frac{RE}{A} = \frac{600}{5000} = 0,12$$

On peut aussi le calculer directement après impôts : k (1 – T) = 0,12 x 0,7 = 0,084

L'incidence des dettes

Elle dépend du taux d'intérêt t.

$$t = \frac{FF}{D} = \frac{300}{3000} = 0,10$$

Comme k > t, le levier est favorable.

On peut aussi calculer directement le taux d'intérêt après impôt : t (1 – T) = 0,10 x 0,7 = 0,07. Le constat est le même si on compare le coût net de la dette (0,07) au ROA après impôts (0,084).

Le levier financier

L'écart de taux est (k – t) = 0,12 – 0,10 = 0,02. Il est amplifié par l'importance de la dette au bilan, mesurée par le ratio D/C = 1,5. On obtient donc le levier :

$$L = (k-t)\frac{D}{C} = 0,02x1,5 = 0,03$$

Directement après impôts, nous obtenons 0,084 – 0,07 = 0,014 et, en pondérant par la dette : 0,014 x 1,5 = 0,021

Le taux de rentabilité des capitaux propres avec dette :

Ce taux est le ROE (*Return on equity*). Schématiquement, on applique la relation : ROE = ROA + L. En présence de dette, la rentabilité des actions diffère de celle des actifs. Il reste à savoir si c'est en plus ou en moins et la réponse est fournie par le levier L.

Après impôts : r = (k + L) (1 – T) = (0,12 + 0,03) x 0,7 = 0,1050. Sinon, lorsque tous les résultats sont déjà fiscalisés : r = 0,084 + 0,021 = 0,1050. Cette dernière écriture permet de résumer la situation :

Rentabilité sans dette : 0,084

Contribution de la dette à la rentabilité : 0,021

Rentabilité avec dette : 0,1050

La formule générale du levier est :

Taux de rentabilité des actions $r = \left\{ k + (k - t)\frac{D}{C} \right\}(1 - T)$

Conclusion :

Sans dette : r = 0,084. Avec dette : r = 0,1050. La dette améliore la rentabilité : c'est l'effet levier.

Commentaires :

Le levier est favorable si k > t et d'autant plus que l'entreprise est endettée. Le ratio d'endettement D/C fait office de multiplicateur. Dans ce cas, (k – t) > 0 et vient s'ajouter à k.

Le levier est défavorable si k < t et d'autant plus que l'entreprise est endettée. La formule montre que r est inférieur à k puisque (k – t) < 0.

Le levier est inexistant en l'absence de dette. Si D = 0, la formule montre que r = k (1 – T).

On comprend que le levier est un outil efficace de diagnostic du risque financier.

Le coût du capital et l'analyse de la valeur par la théorie du compromis

Fiche **16**

I. Le principe du coût du capital

II. La diminution du coût du capital selon la politique financière

III. L'impact sur la valeur

IV. Généralisation : les quatre états de la structure financière

Mots clés

Coût du capital. Théorie du compromis de Modigliani–Miller. Ajustement du coût du capital en fonction de l'endettement et rôle des impôts. Thèses de la neutralité et de l'absence de neutralité de la structure financière. Valeur de la société sans dette et avec dette. Impact sur la valeur et sur la VAN des investissements.

La problématique de la politique financière

Le coût du capital est le taux d'actualisation utilisé pour le choix d'investissement. Il intervient donc dans la mesure de la rentabilité (VAN). Un coût élevé réduit la valeur.

Le coût du capital participe à la détermination de la valeur de marché de l'entreprise. La question est de savoir si une modification de la politique de financement permet d'atteindre ce coût et la valeur. La théorie du compromis offre un cadre général d'étude de cette question. Cette théorie repose sur l'hypothèse de substitution des capitaux en postulant que ceux-ci se remplacent mutuellement et parfaitement, deux à deux.

L'illustration de la théorie de Modigliani-Miller est simplifiée. Elle sert à mettre en évidence les conditions d'une baisse du coût du capital.

Plusieurs situations sont discutées :

Si les capitaux propres sont seuls, leur rentabilité est égale à celle des actifs : $r = k$

Si la dette remplace progressivement les capitaux propres, cette égalité est rompue et r # k. Pour savoir si r est supérieur ou inférieur à k, il faut utiliser la formule du levier qui enseigne que $r = k + L$.

Le cas présenté repose sur une gradation de situations que l'on ne trouve pas dans la réalité. En effet, les capitaux propres, qui constituent la seule ressource de départ, sont progressivement remplacés par la dette dans le but d'isoler l'incidence de la fiscalité par une démonstration commode. Dans les faits, la société est très certainement déjà endettée, ce qui oblige à des calculs supplémentaires pour neutraliser les effets de la dette et des impôts. Le retour à une situation de financement unique est présenté dans une autre fiche.

I. Le principe du coût du capital

Son calcul requiert 5 informations : quatre concernent l'entreprise et une lui est externe, le taux d'imposition (T).

Les données relatives à l'entreprise sont résumées par le passif du bilan :

Proportions de financements (%)	*Coûts respectifs des financements (%)*
Capitaux propres : C/C + D	Taux exigé par les actionnaires : r
Dettes financières : D/C + D	Taux exigé par les prêteurs : t

Ces 5 informations sont synthétisées par un seul indicateur : le coût du capital. Il apparaît sous la forme d'un coût moyen pondéré (CMP).

Une nuance entre points de vue est importante. Le coût du capital n'a de sens que pour l'entreprise. Les apporteurs de capitaux ne s'intéressent, quant à eux, qu'au taux de rentabilité qui leur est propre et $r > t$.

II. La diminution du coût du capital selon la politique financière

Un projet d'investissement (le coût n'est pas précisé pour considérer uniquement les valeurs de marché) produit un flux annuel de trésorerie constant de 42 000 à l'infini. L'objectif est d'en déterminer la valeur de marché par actualisation en fonction de plusieurs schémas de financement.

La gradation des états va du plus simple (I) au plus complet (IV) :

	Capitaux propres seuls	Capitaux propres + Dettes
Sans impôt : T = 0	État I	État II
Avec impôts : T = 0,30	État III	État IV

L'information de départ est le taux de rentabilité exigé des capitaux propres lorsqu'ils assurent l'intégralité du financement : r = 0,14. Ce taux rémunère le seul risque présent : celui de l'exploitation. On insiste sur le fait que le taux r est connu dès le départ.

État I (sans impôt)

L'absence de dette implique que le levier de financement L est nul (cette situation est repérée par un indice u pour *unlevered* dans les formules). La valeur de marché des capitaux propres est obtenue par l'actualisation d'une série de bénéfices constants à l'infini et égaux à 42 000.

La composition du passif est simple :

$$C = \frac{B}{r} = \frac{42000}{0,14} = 300000$$

Par suite, la valeur de la société, obtenue à partir de cet investissement, est aussi :

VU = 300 000

Le coût du capital (CC) est confondu avec le taux de rentabilité exigé r :

CC = r = 0,14

Ceci résulte d'une simplification de la formule du coût du capital lorsque la dette est nulle.

$$CC = \frac{C}{C+D}r + \frac{D}{C+D}t(1-T) \text{ avec D = 0 et T = 0.}$$

État II (sans impôt)

La dette est introduite et une structure mixte de financement apparaît. Le scénario du financement monolithique est abandonné. La situation de l'entreprise est-elle modifiée ? Un mécanisme de levier L va s'enclencher (il apparaît dans les formules par l'indice L pour *levered*).

La valeur de la dette D est de 150 000 et le taux d'intérêt nominal t est de 10 %. Il s'agit d'une valeur de marché dans la même hypothèse de rente perpétuelle.

L'opération paraît avantageuse, puisqu'il s'agit de remplacer une ressource coûteuse (les capitaux propres) par une dette qui l'est moins.

La première étape consiste à déterminer les flux financiers dans un ordre précis :

Les frais financiers sont FF = D. t = 150 000 x 0,10 = 15 000

Le bénéfice est obtenu par différence : 42 000 – 15 000 = 27 000

Le bénéfice est moindre, mais l'apport des actionnaires est réduit grâce à la dette.

La seconde étape porte sur les taux d'actualisation de chaque catégorie d'apporteurs :

Le taux d'actualisation de la dette est t = 0,10

Le taux d'actualisation des actions n'est plus r = 0,14. Si les actionnaires sont rationnels, et ils sont présumés tels, ils se rendent compte que le risque de leur rémunération s'est accru avec la dette ; ils seront plus exigeants.

Autrement dit, au risque d'exploitation s'ajoute dorénavant un risque financier. La prime de risque sera calculée par la formule du levier financier L.

$$r = k + (k - t)\frac{D}{C} = 0,14 + (0,14 - 0,10)1 = 0,18 \text{ car } \frac{D}{C} = 1$$

Le taux de rentabilité exigé des actions passe de 14 à 18 %.

Le passif du bilan s'écrit en valeurs de marché :

$$C = \frac{B}{r} = \frac{27000}{0,18} = 150000$$

$$D = \frac{FF}{t} = \frac{15000}{0,10} = 150000$$

Le total donne la valeur de l'entreprise endettée à partir de cet investissement :

$VL = 300000$ égale à V_U

Ce calcul illustre la thèse de la neutralité du financement, dans un univers sans impôt. La dette n'apporte rien de particulier pour la société, puisque sa valeur est la même avec ou sans.

$VL = V_U$

Valeur de la société avec dette = valeur de la société sans dette

Le résultat est confirmé par le coût du capital.

Chaque financement représente 50 % de la valeur et par suite :

CC = (0,18 x 0,5) + (0,10 x 0,5) = 0,14

Le coût du capital est stable, avec ou sans dette, et la société ne tire aucun avantage de l'endettement.

Dans les états I et II, la valeur vient de l'actif et est obtenue par la même formule :

$$V = \frac{RE}{CC} = \frac{42000}{0,14} = 300000$$

Le seul apport de l'endettement concerne les actionnaires : ils augmentent leur taux de rentabilité à 18 %.

État III (avec impôts)

Les impôts sont introduits, mais dans un schéma à dette nulle. Quelle sera la situation des capitaux propres ?

Comme précédemment, la première étape consiste à déterminer les flux financiers :

Les impôts valent RE.T et s'élèvent à 42000 x 0,30 = 12600

Par différence, la valeur du bénéfice net est RE - RE.T = RE (1-T) et s'élève à 42000 - 12600 = 29400. Il est en forte baisse.

La seconde étape porte sur le taux d'actualisation. Il est unique et, pour une situation sans dette, égal à 14 %. Il sert aussi au calcul de la valeur actuelle des impôts, car ce manque à gagner est évalué aux conditions exigées par les actionnaires.

Le passif du bilan s'écrit en valeurs de marché (E désigne la créance de l'État) :

$$C = \frac{B}{r} = \frac{29400}{0,14} = 210000$$

$$E = \frac{IS}{r} = \frac{12600}{0,14} = 90000$$

La valeur de la société reste bien de 300 000, mais sa répartition change. Elle ne va plus intégralement sur le compte des actionnaires et la nouvelle valeur des capitaux propres est soumise à une forte baisse :

VU = 210 000

Sans impôt, on a vu qu'il n'est pas aisé de trouver des arguments en faveur de l'endettement. Pour réduire les impôts, un moyen légal est de pratiquer des déductions. Comme précisément les frais financiers sont déductibles, la dette rend un service particulier en contribuant à la réduction des impôts, ce qui lui confère une valeur spéciale.

État IV (avec impôts)

C'est la situation la plus complète.

La première opération consiste à répartir le RE en ses trois composantes de rémunération :

Les frais financiers sont de 15 000

Les impôts diminuent du fait de cette déduction : (42 000 – 15 000) x 0.3 = 8 100

Le bénéfice net vaut : 42 000 – 15 000 – 8 100 = 18 900

Les taux d'actualisation sont connus.

Le passif du bilan s'écrit en valeurs de marché :

$$C = \frac{B}{r} = \frac{18900}{0,18} = 105000$$

$$D = \frac{FF}{t} = \frac{15000}{0,10} = 150000$$

La somme des deux premières composantes donnent la valeur des titres financiers :

$V_L = 255\,000$, avec $V_L > V_U$

Pour arriver à 300 000, il reste à considérer la valeur actuelle des impôts dus :

$$E = \frac{IS}{r} = \frac{8100}{0,18} = 45000$$

Cette part diminue au profit des apporteurs.

Conclusions en présence d'impôts

La valeur V augmente grâce à la dette. Sans elle, la valeur VU était de 210 000. Mais son utilisation permet à la valeur VL d'atteindre 255 000. L'écart de 45 000 en faveur de la société provient des impôts non payés.

On peut établir une formule générale de la valeur des économies d'impôts. Elle dépend de l'importance des frais financiers t.D. Sur un an, la réduction d'impôts s'élève à t.D.T. La valeur actuelle des économies réalisées est finalement :

$$\frac{tDT}{t} = DT$$

On utilise le taux d'intérêt de la dette pour l'actualisation, car c'est elle qui est à l'origine du phénomène.

La formule permet de vérifier la valeur de l'écart de 45 000. En effet, DT = 150 000 x 0,3 = 45 000.

On peut ajuster la première équation de la valeur d'une société en écrivant :

Valeur avec dette = Valeur sans dette + valeur actuelle des économies d'impôts

Ou

VL = VU + DT

Symétriquement, si la valeur augmente, il est possible d'enregistrer une baisse du coût du capital à partir du passif de l'état IV.

$$CC = \left(0,18 \times \frac{105\,000}{255\,000}\right) + \left(0,10x0,7 \times \frac{150\,000}{255\,000}\right)$$

$$CC = (0,18x0,4118) + (0,07x0,5882)$$

$$CC = 0,1153$$

Pour la première fois, il diminue en devenant inférieur à 14 %. Il prend le nom de coût du capital ajusté (sous-entendu à la dette) ou CCA.

On retrouve aussi la formule directe de calcul de la valeur, qui est, rappelons-le :

$$V = \frac{RE(1-T)}{CC}$$

Soit ici : $VL = \frac{RE(1-T)}{CCA} = \frac{29\,400}{0,1153} = 254\,986 \approx 255\,000$

Notons que le CCA a fait l'objet d'une formulation théorique l'exprimant par rapport à CC :

$$CCA = CC(1 - T\frac{D}{V})$$

$$CCA = 0,14[1-(0,3x0,5882)] = 0,1153$$

III. L'impact sur la valeur

Jusqu'alors, le raisonnement a été mené uniquement sur des valeurs de marché. Une donnée supplémentaire est maintenant introduite avec le prix d'achat de l'investissement.

Le coût de l'actif investi détermine la valeur comptable des apports nécessaires au financement du projet.

IO = 250000.

Les apports sont répartis entre actionnaires et prêteurs. Le reste est sans changement.

Avec la connaissance du coût de l'actif, un calcul de VAN devient possible (la formule a été exposée dans une autre partie). La VAN revient aux actionnaires car ils sont les seuls à avoir accès au surplus. Par suite, on la déterminera à partir de leurs propres flux financiers.

L'intérêt des calculs qui suivent est de montrer que la VAN est plus ou moins élevée selon les schémas de financement.

États I et II : Les impôts ne sont pas considérés

Deux schémas de financement sont possibles. Il n'est pas utile de revenir en détail sur les calculs déjà effectués, mais ils sont poursuivis par l'introduction du coût initial du projet.

Financement intégral par capitaux propres (État I) :

La valeur de l'apport des actionnaires est de 250000. Comme la valeur actuelle à 14 % des flux futurs est de 300000, la VAN vaut 50000.

Financement mixte par dette (État II) :

Cette fois, la valeur de l'apport des actionnaires est réduite à 100000, puisque la contribution de la dette est de 150000. Comme la valeur actuelle à 18 % des flux revenant aux actionnaires est de 150000, la VAN est encore pour ceux-ci de 150000 – 100000 = 50000.

La dette ne change rien à la valeur de la VAN pour les actionnaires, ce qui est une autre façon d'illustrer la thèse de la neutralité.

Apport des actionnaires	Apport des prêteurs	Revenus des actionnaires	Taux exigé des actionnaires	Valeur des actions	VAN des actions
250000 (I)	0	42000	0,14	300000	50000
100000 (II)	150000	27000	0,18	150000	50000

États III et IV : Les impôts sont introduits

Il y a toujours deux modes de financement possibles.

Financement intégral par capitaux propres (État III) :

La valeur de l'apport des actionnaires est de 250000. Comme la valeur actuelle à 14 % des flux futurs après impôts est de 210000, la VAN est négative et vaut –40000. Le projet n'est pas rentable et il ne sera pas réalisé à cause des impôts.

Dans le détail, la VAN du projet, calculée à partir de l'exploitation, est toujours de 50000. Mais elle reviendrait intégralement à l'État pour le paiement des impôts. Comme ils sont de 90000, il manque encore 40000 que les actionnaires devraient prélever en plus sur leur richesse. Le projet n'aura pas lieu et l'État n'encaissera jamais de tels impôts.

Financement mixte par dette (État IV)

La valeur de l'apport des actionnaires est de 100 000. Comme la valeur actuelle à 18 % des flux futurs après impôts est de 105 000, la VAN perçue est positive et vaut 5 000. Un projet, non rentable avec des capitaux propres, peut le devenir grâce à la dette.

Dans le détail, la VAN du projet est de 50 000. Sur ce total, 45 000 va aux impôts (calculs réalisés plus haut) et les actionnaires gardent 5 000. La part de l'État est néanmoins plus élevée que celle des actionnaires.

Apports des actionnaires	Revenus nets des actionnaires	Taux exigé des actionnaires	VAN des actions	VAN de l'État
250 000 (III)	29 400	0,14	–40 000	90 000
100 000 (IV)	18 900	0,18	5 000	45 000

N.B. La notion de VAN de l'État est proposée pour les besoins de la démonstration.

IV. Généralisation : les quatre états de la structure financière

On peut proposer une généralisation de la méthodologie d'étude du capital financier. Les transformations de la structure financière déterminent 4 cas distincts et indiquent un ordre d'analyse en proposant un sens de lecture.

Cas I : Capitaux propres sans impôt (C)	Cas II : Capitaux propres avec impôt (C, T)
Cas III : Capitaux propres et dettes sans impôt (C, D)	Cas IV : Capitaux propres et dettes avec impôt (C, D, T)

La structure financière franchit des étapes successives qui mènent d'une situation simple à une situation plus complexe, selon le nombre de variables prises en compte. Le déplacement de I vers IV traduit une politique d'endettement. Le mouvement de IV vers I explore une politique de désendettement.

Il est possible d'aller dans les deux sens. En effet, une autre méthode comme la VANA (VAN ajustée) exploite plutôt la logique d'un processus de désendettement. Elle est présentée plus loin.

Commentaires du tableau ci-dessous

Les informations après impôts de la dernière colonne (n° 3) servent à déterminer la valeur de l'entreprise :

La base d'évaluation est commune à tous les calculs : il s'agit du cash-flow net sans déduction des frais financiers, soit CF (1 – T). Mais, pour obtenir la valeur correspondante à chaque cas, il est possible de l'ajuster à la structure financière choisie en adaptant le coût du capital qui sert de taux d'actualisation.

Les informations avant impôt de l'avant-dernière colonne (n° 2) fournissent la valeur des taux d'actualisation :

Cette partie procure les règles utiles à l'ajustement des taux à la structure financière.

En cas de financement unique, le coût du capital est égal au coût de ce financement, qui ne peut être que des capitaux propres (cas I).

En présence de deux financements, le coût du capital est égal à la moyenne des coûts des deux financements, en proportion de leur importance en valeurs de marché. Mais dans cette configuration, le taux de rentabilité exigé des actionnaires change avec la quantité de dette : il augmente avec l'endettement. Toutefois, son augmentation compense exactement le gain réalisé sur le coût moindre de la dette. Par conséquent, le coût du capital est stable (cas III). Le seul facteur pouvant modifier de résultat est d'origine externe : la fiscalité (case IV).

En sens inverse, si on retire la dette, le taux de rentabilité exigé des capitaux propres diminue et rejoint progressivement sa valeur de base, c'est-à-dire le niveau constant du coût du capital.

Le tableau ci-dessous résume la situation.

	Sans impôt (1)	Avec impôts
Capitaux propres seuls	CC = r	CC = r
Capitaux propres et dettes	Deux taux : r′ et t. Leur combinaison donne CC	Deux taux : r′ et t (1 – T) (2) Leur combinaison donne CCA < CC

On notera que r s'applique sans dette et que r′ intègre l'incidence de la dette.

(1) La situation hors impôt est particulière. Mais elle désigne néanmoins le contexte où se règlent les rapports entre les apporteurs de capitaux. La colonne n° 2 sert à déterminer des taux de rentabilité exigés.

(2) Le coût de la dette est réduit puisque ce financement ne supporte pas d'impôt. La dette contribue à réduire le coût global des capitaux pour l'entreprise. La colonne n° 3 est le lieu de calcul de la valeur.

Le coût du capital ne peut prendre que deux valeurs : CC et CCA. Le coût du capital CC est le même dans trois situations sur quatre. La partie grisée illustre la zone de validité de la thèse de la neutralité de la structure financière.

Fiche 17

Les financements et la gestion de l'entreprise

I. L'intérêt pour l'entreprise de la connaissance des coûts et leur interprétation

II. La pertinence de la stratégie de réduction des coûts

III. La transformation des choix de l'entreprise par la fiscalité

Mots clés

Signification du coût des financements pour l'entreprise. Modes de réduction des coûts. Levier financier, coût du capital, VAN et rôle des impôts.

L'analyse, commencée par l'étude des relations entre les apporteurs de capitaux, est élargie à l'entreprise et soulève le problème de la traduction de leurs exigences de rentabilité pour le management. Corollairement, il s'agit d'étudier les conséquences des choix de structure financière en termes de gestion.

Le raisonnement s'attache à isoler le rôle déterminant des impôts. Aussi aurons-nous à comparer des situations avant et après taxation.

Les impôts ne sont pas considérés aussi longtemps qu'ils ne sont pas utiles à la compréhension des mécanismes, mais il ne s'agit pas d'imaginer un cadre économique où il n'y en aurait pas. En revanche, il convient de les introduire au bon moment.

Les relations entre apporteurs de capitaux s'établissent dans un univers où les impôts n'entrent pas en jeu. Les actionnaires d'une société qui s'endette davantage augmentent leur exigence de taux de rentabilité en l'ajustant au risque financier, comme l'enseigne le mécanisme de l'effet de levier.

Mais pour les gestionnaires de la société, cette opération ne changerait rien en matière de coût du capital, car la hausse du taux de rentabilité exigé par les actionnaires prend exactement le relais du gain réalisé sur le coût de la dette et en gomme les effets.

Ce sont les impôts qui changent la conclusion. Ils ont un sens au niveau de l'entreprise, une fois réglée les relations entre apporteurs. Dans ce cas, la substitution des capitaux dans le sens d'un endettement accru apporte un avantage à l'entreprise sous forme de surcroît de valeur tiré des économies fiscales. La conséquence est la baisse du coût du capital de la société.

I. L'intérêt pour l'entreprise de la connaissance des coûts et leur interprétation

Nous avons considéré jusqu'alors les apporteurs de capitaux et leurs exigences en termes de rentabilité. Il convient maintenant de se préoccuper du point de vue de l'entreprise qui utilise ces ressources. Par symétrie, les taux de rentabilité des financements lui apparaissent sous forme de coûts.

Les positions sont contraires à première vue. En effet, un taux de rentabilité élevé est plutôt bien accueilli par l'apporteur du capital. Il n'en va pas de même de l'entreprise pour laquelle un coût est représentatif d'une obligation de revenu. Les décideurs sont mis face à un certain degré d'exigence et ont tendance à raisonner plutôt en termes de résultat. Pour eux, le coût détermine le niveau des revenus à atteindre grâce aux actifs et à leur gestion. Il représente donc un inconvénient : celui de trouver des investissements suffisamment rémunérateurs, par définition difficiles à réaliser.

En guise de mince consolation, le taux exigé a toutefois une vertu informative. Pour chaque apport qui lui est consenti, l'entreprise dispose d'un indicateur précis sur ce que l'on attend d'elle. En fait pour la firme, le taux est le vecteur de communication par lequel on lui signifie qu'il faut dégager des cash-flows ; ils en sont la traduction concrète. Réciproquement, satisfaire les attentes des investisseurs est dans l'intérêt évident de l'entreprise, car la valeur est le repère qui attire les capitaux dont on a besoin ou qui permet de les conserver.

Pour la gestion d'entreprise, une bonne connaissance des coûts est indispensable. Ils établissent le rapport entre la quantité de financement obtenu et les sommes à verser en contrepartie.

Mais les difficultés apparaissent pour appréhender correctement les coûts des financements. Elles sont différentes selon le type de ressource utilisé.

A. La dette pose des conditions précises

La signification du coût de la dette est claire. Il prend la forme de frais financiers à payer et se mesure par le taux d'intérêt. De plus, il fait référence à des phénomènes visibles, contractuellement définis. Ce taux, une fois négocié avec plus ou moins de pouvoir, est inconditionnel et imposé de l'extérieur ; comme tel, il ne laisse pas d'autre possibilité que de s'en accommoder. Il est « supporté » au sens premier du terme. L'évaluation de la dette est relativement aisée hormis quelques facteurs appelant des précautions mentionnées ci-dessous.

La conséquence est que l'entreprise n'agit pas sur la valeur de la dette en raison de la standardisation qui entoure le versement des annuités et tant que les conditions de service prévues sont remplies. Cette rigidité est caractéristique de la dette, au point qu'elle a une valeur relativement stable au regard des moyens d'action de la firme. On ne se délie pas de ses engagements.

Il y a, malgré tout, des exceptions en cas de coup dur ou par rapport aux autres dettes lorsque les conditions changent. Ce sont les deux vecteurs de variations de la valeur.

La valeur de la dette baisse si l'entreprise rencontre des difficultés de remboursement. Mais la valeur n'augmentera pas dans le cas contraire.

Le contexte entourant la vie de la dette revêt aussi de l'importance de deux points de vue. Il y a tout d'abord l'incidence du taux du marché : s'il augmente, l'apporteur du financement est perdant en termes de coût d'opportunité et l'emprunteur est gagnant (*a contrario*). Il y a ensuite le rôle des autres dettes. En règle générale, les nouvelles dettes ont tendance à « déclasser » les anciennes, car elles augmentent le risque et contribuent à « sous-tarifer » les plus vieilles dont les conditions sont fixes. L'importance de ce phénomène de transfert est d'autant plus marquée que leur maturité est éloignée.

En conclusion, il y a place pour quelques nuances : la valeur d'une dette dépend de son taux, des cash-flows, du taux du marché, des autres dettes et de sa maturité restante. Sa charge sera allégée ou alourdie selon les circonstances. La créance n'est donc pas une variable totalement passive.

B. Les actions soulèvent des problèmes d'interprétation

On sait que les actions constituent un financement omniprésent et constitutif de la société : ces deux éléments naissent et disparaissent ensemble. Il en va ainsi sauf cas particulier.

L'action est aussi le baromètre de l'état de santé futur de la société. À ce titre, elle a une valeur fondamentalement fluctuante pour toutes les raisons qui affectent le résidu à venir.

Chaque investisseur sait qu'il peut gagner et perdre avec les titres en portefeuille, mais sans pouvoir dire précisément combien. C'est en présence d'un marché actif qu'il le sait le mieux et c'est cette opinion qui suscite les transactions d'achat et de vente.

Une connaissance malaisée du coût pour plusieurs raisons

Pour le dirigeant d'entreprise, ce problème a des implications pratiques. Son jugement se heurte à plusieurs obstacles :

- à la différence de la dette, il n'y a pas de référentiel clair comme un taux d'intérêt ;

- l'entreprise peut décider de ne rien verser, puisque les bénéfices appartiennent de toute façon et en totalité aux actionnaires. Elle ne dispose pas d'un guide simple en matière de paiement à effectuer, ce qui est à l'origine des interrogations théoriques sur l'importance du mode de perception de la valeur ;
- l'actionnaire, qui dispose de moyens d'intervention rapides, ajuste en permanence sa position et joue la carte de la valorisation de ses avoirs. Satisfait ou insatisfait, il le fait savoir rapidement (sous hypothèse d'efficience).

Ces deux derniers points sont à préciser.

Le dilemme sur les paiements

La valeur produite par l'apport en capital est la seule préoccupation financière de l'actionnaire. Elle peut être perçue de deux façons équivalentes, au moins pour les théoriciens de la neutralité :

- la valeur peut être recouvrée immédiatement par la vente des actions détenues. La société est tenue à l'écart de cette décision puisque ce n'est pas elle qui verse le capital aux actionnaires mais le marché qui le fait à leur intention par les échanges de titres ;
- la valeur peut être recouvrée progressivement en conservant le titre par le truchement des dividendes. La société est cette fois au cœur du dispositif. En fait, elle ne versera jamais que des dividendes. De plus, c'est à ce niveau que s'effectue une évaluation par le complément d'information qu'elle apporte sur le cycle long de la détention d'une action.

Il s'agit de la même valeur. Mais ses modalités d'attribution sont différentes et soulèvent un embarras décisionnel car tous les flux ont une utilité.

- la société préférerait sans doute garder le bénéfice en réserves, par exemple pour investir directement. Mais l'actionnaire n'attendra pas éternellement et vendra pour mobiliser la valeur. C'est la conséquence de l'absence totale de tout versement ;
- si la société verse des dividendes, elle se comporte comme on le ferait à l'égard d'un investissement dont on espère bien un « retour » sous forme de souscription à de nouvelles actions. La distribution prépare une émission. Mais elle hésitera à tout verser, car nul n'est sûr de récupérer un jour, ou à de bonnes conditions, des fonds qui sont partis s'investir ailleurs. On est plus assuré de ce qu'on garde ; cette sécurité est celle de la mise en réserves et de la distribution partielle.

La question théorique porte sur la politique de distribution des dividendes : faut-il en verser et combien ?

La réactivité des actionnaires

Le coût des actions, c'est-à-dire l'exigence de rentabilité, est variable et s'établit en réponse aux décisions de la société.

Quoiqu'il puisse être décidé, une action s'ajuste sans cesse. Son revenu, même versé, ne l'éteint pas. Une réduction décidée sur l'un des compartiments de la valeur se répercute automatiquement en termes d'exigence accrue sur l'autre. Aucune société ne peut s'affranchir de cette contrainte forte de gestion. Les actions ne donnent pas une leçon de facilité aux directions d'entreprise.

Incontestablement, le compartiment des actions est problématique. Il appelle des efforts de gestion de la relation active qui s'établit avec les actionnaires. La direction est confrontée aux difficultés d'appréhension typiques d'un coût variable : manque de repères en matière de versements, exigences issues d'un taux de marché, auxquels s'ajoute la réactivité favorable ou défavorable aux décisions.

La réactivité s'exprime par le fait que le coût des actions s'adapte à toutes les situations.

Les difficultés corollaires d'interprétation du coût des actions

Pour les actions de société, les termes de rentabilité exigée et de coût soulèvent incontestablement des difficultés d'interprétation.

Sur les deux points de vue en présence, il n'y a pas lieu de s'étendre sur la rationalité des actionnaires. Ils attendent d'être rémunérés aux conditions qu'ils pourraient obtenir sur le marché pour le même risque et utilisent leur propre système de mesure en l'espérant fiable.

Pour l'entreprise chargée d'opérationnaliser des termes, la traduction utile s'obtient différemment. Le coût des actions désigne ce qu'il en coûte en termes de revenus nets à dégager dans le but de valoriser les apports. La signification de la demande des actionnaires est délicate à cerner : ils fixent le niveau attendu de rentabilité des investissements sur lesquels les directions ont prises, en d'autres termes leurs variables d'intervention. Ce taux détermine les projets rejetés et ceux qui seront acceptés. Mais les idées rentables sont difficiles à trouver car elles fixent la quantité d'efforts à fournir.

De plus, la contrainte est double pour les directions. Il faut des revenus qui doivent atteindre un certain niveau sur lequel on dispose d'une indication. Le taux appliqué à l'apport des actionnaires permet de déduire le revenu minimum apte à les satisfaire. Mais l'objectif est de le dépasser ; de la sorte, un revenu plus élevé, capitalisé au taux exigé, provoquera-t-il une augmentation de valeur des apports. La performance est récompensée à ce prix.

Des exigences et un coût élevés

Dans l'idéal, la valeur doit être la plus élevée possible. Personne ne remet en cause cet objectif qui présente des avantages pour les uns et les autres.

Cette préoccupation est évidente pour l'actionnaire : l'intérêt d'un cours élevé est sans discussion. L'actionnaire place ses ressources dans des projets rentables. La présence d'une prime valorise l'action et apporte la preuve de son attrait. Le cas contraire serait le signe précurseur d'un retrait de fonds ou d'un refus d'autres apports. Il peut aussi conduire à des mesures douloureuses, si ce n'est changer la direction.

Les intérêts de la société sont les mêmes. Mais un coût élevé est un inconvénient :

- il fait office de signal pour indiquer qu'il faudra des actifs suffisamment rentables pour fournir les revenus exigés, sous peine d'une baisse de valeur. La barre de la rentabilité des investissements est fixée ;
- il exprime la présence d'un financement onéreux ou obtenu à des conditions difficile. Les actions coûtent cher à hauteur du taux de rentabilité exigé. L'entreprise doit convaincre les investisseurs d'acheter les actions, pour les placer toutes et à un cours suffisant, pour en limiter le nombre.

Par suite, atteindre un taux de rentabilité élevé est une contrainte et la logique voudrait que l'on tente de s'en libérer. L'avantage de l'entreprise est de disposer de moyens d'action. Mais sont-ils efficaces ? Une baisse des coûts est-elle possible au vu des intérêts des actionnaires sachant qu'il est impossible de réduire leur niveau d'exigence ? On sait déjà que, de manière générale, toute facilité est illusoire.

II. La pertinence de la stratégie de réduction des coûts

La question permanente est de savoir s'il est possible de réduire le coût des ressources et, dans l'affirmative, de quelle manière. Il s'agirait d'un service inédit rendu aux dirigeants mais son examen ne peut être engagé qu'en considération des objectifs des apporteurs.

L'idée est que l'on peut obtenir une baisse de coût, mais seulement au niveau d'un ensemble de financements. La solution réside dans la mixité du capital. On ne peut pas abaisser le coût d'une ressource seule ; la société n'a aucun moyen à sa disposition pour modifier le prix d'un financement unique qui, en l'occurrence, serait composé d'actions. Par contre, elle peut réduire le coût d'un ensemble, ce qui justifie l'usage de l'endettement. C'est ce qu'enseigne la logique du coût du capital.

Le raisonnement est plus clair en commençant par négliger les impôts. Compte tenu de cette orientation, il convient de distinguer la situation des actionnaires de celle des dirigeants.

A. Les positions comparées des parties : les actionnaires et la société

La situation des actionnaires

Les ressources propres sont plus coûteuses que la dette et il est tentant de remplacer les unes par l'autre.

Mais l'utilisation de la dette fait augmenter le risque et l'exigence de rentabilité des actionnaires présumés rationnels. Si l'on garantit au nouveau venu qu'est le prêteur un revenu quelle que soit l'issue, en transformant des flux incertains en versements sûrs, le risque se déplace sur l'actionnaire qui réclame davantage en termes de rentabilité. La société va devoir le satisfaire.

Par suite, une intervention sur les proportions de financements n'engendre pas une baisse de leur coût global pour la firme. Le résultat est bien connu en théorie financière : l'un des coûts n'est pas invariant. Il ne sert à rien de s'endetter car le coût opposé augmente, laissant le coût global à son niveau initial. Il est impossible de le réduire à cause des compensations qui s'exercent entre ses composantes.

En d'autres termes, la valeur de la société est stable, alors que la rentabilité exigée par les actionnaires augmente.

La situation de la société

La décision d'endettement n'est pas un acte de renoncement car il n'y a pas de détente sur l'exigence globale de rentabilité. Le taux exigé se transmet toujours aux investissements et les dirigeants restent face à la même contrainte de rentabilité sur l'actif. La situation de la société est inchangée. Elle ne parvient pas à réduire ses obligations de résultats, globalement identiques ; elle dispose de la même masse de capitaux et seule leur structure a changé.

La dette n'est pas une facilité pour les décideurs dans la mesure où elle ne les autorise pas à être moins regardants sur les résultats des investissements.

B. Les conditions de validité de la substitution des financements : la stabilité de la VAN

Avant de connaître la signification d'une réduction des coûts pour la firme, il faut considérer la méthode d'analyse de cette possibilité dans l'optique de la firme.

On gardera en mémoire la rationalité et la logique de comportement des acteurs. Les dirigeants peuvent tenter de modifier la situation mais ils s'abstiendront de porter atteinte aux intérêts de ses actionnaires.

Pour décider de faire appel à un autre fournisseur de fonds, il faut normalement anticiper une amélioration de son sort par rapport à celui que l'on atteindrait sans lui, mais de quel point de vue ?

La rentabilité globale des investissements étant déterminée par des conditions d'ordre économique, elle reste la même et n'est pas affectée par les décisions de financement. L'amélioration n'est pas de ce côté.

Les actionnaires sont, en revanche, au centre des préoccupations. Pour ceux-ci, envisager l'endettement est une solution intéressante qui réduit leur engagement. Mais elle est soumise à une double condition. La première est que le surplus produit garde la même valeur. La seconde est qu'ils en demeurent les seuls bénéficiaires.

Ce dernier point demande un examen.

La condition fondamentale de la substitution des financements veut que le surplus de l'investissement (supposé positif) soit réservé à une seule des catégories d'apporteurs : il est sur le compte des actionnaires. Mais si la condition de base est de ne pas être perdant par rapport à la situation de départ, elle ne prévoit pas pour autant de gagner davantage, ce qui est impossible puisque la richesse produite est donnée par ailleurs. C'est ce qu'exprime la thèse de la neutralité, et telle qu'il y ait indifférence des actionnaires entre les deux solutions.

Ces conditions peuvent faire l'objet de deux traductions équivalentes :

- le maintien de la valeur actuelle nette (VAN) du projet ;
- la hausse du taux de rentabilité du financement remplacé.

Sur le premier aspect, le surplus qui fait l'objet de la surveillance est la VAN.

Admettons qu'un investissement produise une VAN positive avec les seuls capitaux propres.

Sur le premier aspect, elle sera la même en présence d'une dette et les actionnaires en seront toujours les seuls propriétaires. Il leur suffit de maintenir un apport en actions, même réduit, pour conserver ce droit. L'actionnaire capte tout le surplus dégagé quel que soit le mode de financement.

La formule ne manque pas d'attrait : si on réduit une contribution, on partage les résultats, mais le mécanisme est tel qu'il permet d'obtenir le même supplément de valeur.

Selon le second aspect, qui en fournit une autre expression, le taux de rentabilité vient mesurer cette performance. Il augmente et est tel que, avec une moindre dépense initiale, un revenu réduit, parce que partagé, permet de récupérer toute la valeur intacte.

Exemple

> *Considérons un exemple, sans impôt, déjà traité précédemment : celui d'un actif A dont le coût est de 100 et dont on espère un cash-flow de 10 dans un an, fixant la valeur finale V1 à 110.*
>
> *Le taux de rentabilité économique réalisé k est de (110 – 100)/ 100 = 0,10*

Au départ, le financement est assuré uniquement par des capitaux propres et l'exigence de rentabilité des actionnaires est de 8 %. Si les actionnaires apportent l'intégralité des ressources ils sont assurés de récupérer la totalité de la valeur.

Sous cette condition de financement, la valeur actuelle (VA) de l'actif est : V0 = 110/1,08 = 101,85. Par suite, les capitaux propres valent 101,85 aujourd'hui.

La mesure de l'enrichissement est fournie par la VAN :

VAN (8 %) = 101,85 – 100 = 1,85 > 0

En termes de taux, c'est l'excédent de rentabilité dégagé (k = 0,10) au-delà de ce qui est exigé (r = 0,08) qui crée le surplus de valeur.

Quelques remarques relatives à l'interprétation de la VAN :

Si les mêmes capitaux de 100 avaient été placés sur le marché à 8 %, les actions ne vaudraient que 108 dans un an. Le bonus de 2, obtenu par comparaison dans un an, vaut 2/1,08 = 1,85 aujourd'hui, soit la valeur de la VAN.

Une autre façon intéressante d'exprimer l'attrait de l'investissement est de souligner que pour obtenir la même valeur finale de 110 au taux du marché de 8 %, il aurait fallu placer au départ 110/1,08 = 101,85 c'est-à-dire plus que ce que l'on a fait avec 100.

L'économie initiale, qui fournit le bon mode de raisonnement en l'appliquant aux apports et qui s'élève à 1,85, est dénommée VAN. On voit l'intérêt des VAN positives dans la concurrence que se livrent les investisseurs.

Ces conditions de départ étant fixées, peut-on faire mieux et si oui à quel niveau ?

La solution ne peut pas venir de l'actif, sauf à changer ses conditions d'exploitation, ce qui n'est pas envisagé. Le couple (V0, V1) constitue l'enveloppe de valeur définie par l'actif. En effet, V1 est totalement invariant (110) et à partir de là V0 (101,85) a été calculée aux conditions du marché exigées par les actionnaires (8 %).

La solution vient du choix des financements et consiste à modifier la structure du passif. L'objectif est d'investir moins (que 100) et de récupérer la même VAN. Pour cela, il faut la participation d'un tiers qui avance des fonds et se retire avec une moindre prise de risque due à sa priorité.

La conséquence est que le taux de base des actionnaires (8 %) va augmenter d'une prime de risque liée à la présence de la dette. Le contraire entretiendrait une illusion. L'intérêt de la question réside dans le mode de calcul.

Dans notre exemple, admettons que l'on décide de financer l'actif avec une dette D = 50, au taux d'intérêt t = 0,06 toutes choses égales par ailleurs.

Si la dette est correctement honorée, elle vaut bien 50 en valeur de marché. En effet et dans un an, sa valeur est la somme des frais financiers D.t = 50 x 0,06 = 3 auquel s'ajoute le remboursement de 50, soir 53. Par actualisation, 53/1,06 donne bien sa valeur actuelle de 50.

Les capitaux propres investis au départ sont de 50. Selon le même processus, ils dégagent un bénéfice B = 10 – 3 = 7 après le service de la dette et valent donc 57 dans un an.

On vérifie que la valeur totale de l'actif est stable et s'élève dans un an à : C + D = 57 + 53 = 110.

Mais quel est le nouveau taux de rentabilité exigé par les actionnaires ? Il n'est plus de 8 % et peut être calculé de deux façons.

La première solution met en avant la logique de la conservation de la valeur et donc de la VAN. Celle-ci s'élève à 1,85 et est la propriété des actionnaires.

Les actions valent ainsi aujourd'hui 50 + 1, 85 = 51,85 et 57 dans un an. De même, la valeur totale des financements (C + D) est bien à l'origine 51,85 + 50 = 101,85

Quant au taux de rentabilité des actionnaires (r), il est tel que :

51,85 = 57/(1+r) d'où r = 0,099 sous l'effet de la prime de risque, au lieu de 8 %.

La seconde solution utilise la formule théorique de l'effet de levier financier :

Elle s'écrit : $r = k + (k - t)\dfrac{D}{C}$

Valeurs de marché des capitaux	Pondérations
Capitaux propres C = 51,85 Dettes financières D = 50	C/V = 0,51 D/V = 0,49
Valeur totale V = 101,85	D/C = 0,9643

Par suite : r = 0,08 + (0,08 – 0,06) 0,9643 = 0,099

La valeur du taux de rentabilité est la même quel que soit le mode de calcul. La méthode fondée sur le levier confirme que la VAN, qui est la propriété des actionnaires, n'est pas affectée par le mode de financement, quand bien même ils réduisent leur contribution.

Par ailleurs, le coût du capital, qui est le coût moyen pondéré des financements utilisés, est le même, étayant la thèse de la stabilité de la valeur.

CC = (0,099 x 0,51) + (0,06 x 0,49) = 0,08

Commentaires

La VAN qui s'élève à 1,85 en situation d'autofinancement garde la même valeur et se reporte toujours sur les capitaux propres pour les amener à 51,85 en cas d'endettement. C'est le résultat important qu'il convenait de souligner.

La rentabilité globale de l'actif ne change pas. Mais la rentabilité des apports peut être différente. Le nouveau taux de rentabilité exigé des capitaux propres est de 9,9 %. Le choix final de l'actionnaire dépendra de ses préférences en matière de risque (cf. le *trade-off*).

On soulignera une autre contribution de la VAN au raisonnement. Elle se reporte sur la valeur des actions et justifie que les rapports de richesse ne sont pas les mêmes à l'arrivée qu'au départ. C'est la règle du jeu où chacun trouve son compte. Il ne s'agit pas d'un transfert illégitime.

La conséquence pour l'entreprise est qu'il est impossible de réduire le coût global de ses financements à cause des compensations qui s'exercent entre les composantes du capital.

III. La transformation des choix de l'entreprise par la fiscalité

Un principe mis en évidence est que rien n'échappe à la perspicacité des actionnaires en contexte d'efficience. Le coût des actions est un coût flexible dont on connaît la logique et le mode d'ajustement.

Toute décision prise dans l'entreprise, et quelle qu'en soit la nature, est d'emblée exposée aux réactions des actionnaires. En un mot, il est impossible de modifier les obligations de rémunération à leur égard.

La seule solution est de trouver une exception, c'est-à-dire un événement face auquel il n'y aurait pas de réaction compensatrice des actionnaires. La recherche de ce genre de facteur est ardue. Mais une possibilité consiste à sortir du domaine traditionnel des seules relations entre les apporteurs de capitaux. Si les actionnaires sont sensibles au risque, il faut trouver un élément qui n'en est pas un.

Du premier scénario présenté, on a appris que deux financements ne suffisent pas, en eux-mêmes, pour abaisser le coût du capital de la société. Il demeure stable, quelles que soient les modifications apportées à la structure financière. La raison vient de la logique réactive des actionnaires qui ajustent leur taux de rentabilité aux risques. Pour la société, aucun changement favorable n'est à escompter en matière de politique d'investissement.

Pour que celle-ci modifie sa situation, il lui faudrait rendre un autre service aux actionnaires. Il lui faut une aide et l'occasion vient paradoxalement des impôts.

Le traitement particulier des impôts

Il s'agit d'étudier les possibilités d'application des règles valables pour les capitaux à d'autres phénomènes financiers. Or, les impôts sortent du cadre des mécanismes habituels.

La société peut faire le choix du financement exclusif par capitaux propres et, en ce cas, les actionnaires ont droit à toute la richesse créée. Mais le coût fiscal de cette politique est élevé. Il se traduit par une faible valorisation des actions puisque le taux de rentabilité prescrit s'applique à un revenu net réduit par les taxes.

Le traitement des impôts devient la préoccupation majeure. Le seul moyen de les réduire est de pratiquer des déductions. Les frais financiers en sont une et c'est cette fonction d'économie qui justifie la présence de la dette.

La substitution de ressources est de nature à accroître la valeur : elle offre cet avantage unique de réduire les impôts sans perte des autres avantages associés aux financements et à leurs coûts.

Il y a plusieurs façons de développer cette idée.

La première argumentation fait appel au levier financier.

Le levier est le mécanisme qui décrit l'ajustement du coût d'une ressource (les capitaux propres) au risque financier de l'endettement. Il est censé s'enclencher automatiquement en situation d'efficience pour peu qu'il repère correctement le risque.

Les impôts concernent les actionnaires. Si économie il y a, les liquidités sont récupérées par les actionnaires. Les conditions auxquelles est enregistrée cette opération revêtent beaucoup d'importance.

Normalement, on pourrait présumer qu'une hausse des liquidités est attribuable à un risque accru ce qui engendrerait une augmentation du taux de rentabilité exigé. Or, ici le levier ne détecte rien car la hausse des liquidités provient d'une économie d'impôt et non du risque.

Les impôts ne sont pas compensables : il n'y a aucune action possible à leur égard par la modification des taux.

L'impôt n'entre pas dans la logique de la prime de risque et un taux de rentabilité exigé est indépendant de la fiscalité. En finance, le risque est dédommagé en donnant droit à davantage de revenu. Techniquement, l'impôt a un risque nul car il est certain. S'il n'est pas un risque, il ne s'assure pas et ne donne lieu à aucun mode de prise en charge.

Il n'y a pas de compensation sur les taux et nous sommes sur un terrain sans *trade-off*, ce qui fait figure d'exception compte tenu de ce qui a été dit en général et jusqu'alors. Pour une fois, les actionnaires sont mieux rémunérés, sans changement enregistré sur le risque. Cette augmentation a lieu pour des causes qui n'ont rien à voir non plus avec l'investissement.

Nous sommes dans une zone de levier inopérant. La solution de l'endettement tire sa force de cet avantage unique. Il provient de la neutralisation du levier, qui se trouve ainsi déconnecté de l'opération réalisée. L'idée est que le taux de rentabilité exigé par les actionnaires n'est pas modifié (accru) pour cause de taxes.

En conséquence, pour un même projet, le taux exigé est stable et le risque correctement rémunéré alors que le flux de liquidité disponible augmente avec le surplus fiscal. Cette conjonction entraîne un effet favorable sur la valeur. Il provient de l'économie d'impôt liée à la dette.

La seconde argumentation fait appel au coût du capital.

Le coût du capital se calcule par une moyenne entre deux composantes. Si une compensation exacte du taux de rentabilité exigé par les actionnaires s'effectuait aux impôts, on aboutirait au même coût du capital, mais ce n'est pas le cas comme le montrent les développements précédents.

L'autre composante est le coût de la dette. Il baisse ; cette façon de procéder est logique. En choisissant d'imputer l'économie fiscale sur les frais financiers, on indique que la dette coûte moins cher pour les actionnaires que ce à quoi ils ont ajusté leurs exigences.

Le mode d'affectation de l'économie d'impôt peut surprendre car normalement les impôts sont à la charge des actionnaires et ils sont donc bénéficiaires de leur réduction. De même, l'impôt ne change rien pour le prêteur qui est payé avant sa détermination. Le choix a consisté à reporter intégralement les économies sur la dette car les conséquences de l'opération lui sont attribuables.

En résumé, si le coût des actions est stable et si le coût de la dette baisse, le coût du capital, qui en est la moyenne, est réduit d'autant dans ce nouveau contexte associant l'endettement et la fiscalité. Vu différemment, le coût du capital baisse en dessous du niveau exigé par les seules actions, qui était la référence incompressible.

C'est le couplage des dettes et des impôts qui permet à l'entreprise d'obtenir ce résultat spécial au plan théorique, où il y a à la fois montée du taux de rentabilité exigé des actions (grâce à la dette) et simultanément élévation de la valeur (grâce aux économies d'impôts). D'une certaine façon, le résultat de l'opération obtenu sans risque additionnel est, en soi, une performance évaluée comme telle.

La réunion de deux financements est de nature à réduire le coût du capital, mais uniquement en présence d'impôts.

En conclusion, on se trouve face à un mode de raisonnement pyramidal.

Il n'y a pas d'action isolée possible sur une ressource sans affecter l'autre. En augmentant la dette, la société se heurte à la réactivité des actionnaires. La règle fixant la relation entre financements existe et est connue par le levier. Les financements interagissent jusqu'à la compensation exacte de leurs conditions. Si la règle est présumée parfaite, les financements s'y conforment et la situation d'ensemble est stable. C'est ce qu'enseigne la thèse de la neutralité. Le message fort est l'absence de gain facile. Il est aussi de rappeler que des capitaux n'ont pas de sens pris séparément mais en considérant la réaction d'ensemble.

Il y a lieu de considérer ce qui peut modifier la situation d'ensemble. Avec un biais étranger au schéma, à savoir les impôts, un financement prend légalement une supériorité sur l'autre. La volonté d'économiser des impôts encourage l'usage de la dette. Rien ne l'arrête avant que d'autres coûts n'apparaissent.

La mesure du taux d'endettement et la pondération des financements

Fiche 18

Mots clés

Ratios d'endettement. Valeur des financements et valeur globale de la société. Pondération par rapport aux capitaux propres et par rapport à la valeur. Application au calcul du coût du capital.

La structure financière d'une entreprise est connue par un ratio entre les dettes et les capitaux propres. La mesure est simple pour un état donné. Il en va différemment en cas de transformation.

Pour guider cette transformation, on peut partir d'une situation simplifiée à l'extrême, c'est-à-dire d'endettement nul, pour introduire ensuite des facteurs de changement (l'emprunt et les impôts). Mais le contexte le plus courant est celui de l'entreprise déjà endettée qui souhaite étudier les effets d'une modification du niveau de ses emprunts actuels. Prise à ce stade, la question est plus délicate. La méthode enseigne qu'il convient de revenir néanmoins au référentiel de la dette nulle avant de s'aligner sur la structure cible de financement.

Ces transformations concernent principalement le coût du capital. Son mode de calcul est connu : il prend la forme d'une moyenne pondérée. Mais les choses sont plus complexes :

- le coût du capital dépend de la pondération des financements ;
- la pondération change en fonction des étapes de la transformation ;
- la question centrale est de trouver la pondération qui convient à l'ajustement du coût du capital. Ce problème nécessite une étude approfondie des modes d'expression du taux d'endettement. Les uns se placent par rapport aux capitaux propres (avec ou sans impôt) ; les autres se situent par rapport à la valeur (globale ou des titres financiers). Laquelle faut-il retenir ?

L'objectif est de parvenir à des formules de liaison entre situations différentes tout en évitant de longs calculs.

I. La mesure de l'importance de la dette au bilan

Cette partie aborde le problème délicat de la pondération des financements, c'est-à-dire de la proportion de capitaux propres et de dettes dans le bilan. D'emblée, il est admis que la société est endettée et c'est son importance qui doit être mesurée. Elle détermine automatiquement celle des capitaux propres puisqu'elle est la part complémentaire.

L'analyse montre qu'il y a plusieurs façons d'évaluer l'importance d'une dette. Les formules théoriques elles-mêmes utilisent des mesures différentes. Si l'on considère le levier financier, il conduit à raisonner sur le rapport D/C, alors que la formule du coût du capital fait référence à D/V_L.

Les bases d'évaluation de la proportion de dette sont au nombre de trois : C, V_L et V_G. Ces différences apparaissent dans le mode de lecture du bilan.

	Passif
Capitaux propres	C
Dettes	D
Valeur des financements	$\mathbf{V_L}$
Impôts	IS
Valeur globale	$\mathbf{V_G}$

Le passif du bilan comporte, en effet, deux blocs marqués en caractères gras :

La valeur des titres de financement : C + D (cette partie intéresse les apporteurs)

La valeur globale tenant compte des impôts

Le premier bloc peut lui-même prendre deux valeurs : V_U si la dette est nulle, ou sinon V_L en présence d'une dette. En ajoutant les impôts on obtient la valeur globale de la société V_G. Cette dernière expression est stable pour tout schéma de financement car la valeur provient de l'exploitation. Il n'est donc pas surprenant qu'elle serve de point de départ d'un taux cible d'endettement.

En présence d'impôts, on a :

$V_G > V_L > V_U$

La stratégie financière consiste à réduire les impôts du bloc n° 2 pour augmenter la valeur du bloc n° 1. La dette est au centre de l'analyse. Dans une première étape, on considérera la part de la dette dans le premier bloc constitué par les titres de financement. Les impôts restent à l'écart de l'évaluation.

Cette optique intéresse, au premier chef, les investisseurs.

II. Les deux modes d'expression de la dette

Comme pour toute variable financière, on dispose de deux écritures : en valeur et en taux. L'objet est de dissiper des imprécisions de langage.

En valeur : Il y a deux modes d'évaluation

La valeur comptable VC : elle correspond à la valeur nominale et devient valeur résiduelle ensuite en fonction des remboursements. La dette initiale peut s'exprimer en fonction du coût de l'investissement.

La valeur de marché VM : elle correspond à la valeur actuelle des flux financiers futurs alloués à la dette. En l'absence de risque de faillite et de menace sur les contreparties, cette valeur peut être considérée égale à la valeur comptable : VC = VM, sous cette hypothèse.

La suite privilégie l'usage des valeurs de marché.

En taux ou ratio d'endettement (%)

Il y a deux possibilités à propos desquelles les distinctions de langage sont capitales.

La plus courante consiste à comparer la valeur des dettes à celle des capitaux propres pour constituer un ratio noté : D / C. Le rapprochement est direct et entre deux postes différents. Par exemple, on constatera que : $D / C = 1 / 3$

La seconde possibilité consiste à exprimer la dette par rapport à la valeur totale des titres de financement VL pour constituer un ratio noté D / V_L.

Pour avoir l'équivalence avec le ratio précédent (1/3), l'écriture du taux d'endettement sera radicalement différente.

Dans un financement total de 4, il y a 1 de dette pour 3 de capitaux propres. Dans l'exemple, cela donne D = 0,25 VL et un taux d'endettement de 25 % au lieu de 33 %.

En effet, le passif du bilan se présente comme suit par rapport à $V_L = 1$:

C = 0,75

D = 0,25

Ce sont deux écritures différentes, mais équivalentes puisque : $\frac{D}{C} = \frac{0,25}{0,75} = \frac{1}{3}$

En conséquence, il est indispensable de préciser le mode d'expression du taux d'endettement. Ces différences ont de l'importance selon le problème à traiter. On rappelle aussi, ce qui fera l'objet d'une autre correction ultérieure, que les impôts sont traités à part dans le bloc n° 2.

Pour l'exemple qui suit et sauf indication contraire, on utilise le cas particulier des perpétuités pour la commodité des calculs.

III. Illustration des différences de pondération

Nous utilisons les données d'un exemple ayant servi précédemment au calcul du coût du capital et à la démonstration de la théorie de Modigliani et Miller. Il traite des changements de pondération selon la place accordée à la fiscalité. Les données utiles sont rappelées.

A. Les pondérations par rapport aux capitaux propres

Il y a deux possibilités. Cette question concerne la formule du levier financier. En effet, l'usage de D/C est la marque distinctive du levier. Mais quels capitaux propres utiliser ?

La différence d'écriture vient des impôts. Dans les présentations qui suivent, nous préférons parler de situations avant et après impôts pour montrer leur incidence, plutôt que d'états avec et sans impôts car on ne peut nier leur existence.

Les capitaux propres avant impôts

La situation est résumée dans le tableau suivant où $V_L = V_G$:

Financements	Valeurs de marché	Pondérations
Capitaux propres C	150 000	0,5
Dettes financières D	150 000	0,5
Valeur globale VG	**300 000**	**1**

Ratio d'endettement $\frac{D}{C} = 1$

La référence de calcul est V_G

Les capitaux propres après impôts

L'arrivée des impôts conduit à distinguer V_G et V_L

Financements	Valeurs de marché	Pondérations
Capitaux propres C	105 000	0,4118
Dettes financières D	150 000	0,5882
Valeur des titres VL	**255 000**	**1**
Impôts	45 000	
Valeur globale VG	**300 000**	

Ratio d'endettement $\frac{D}{C} = 1,4286$

La référence de calcul est V_L

Le poids de la dette augmente en présence d'impôts (de 0,5 à 0,5882), non pas en raison de son accroissement mais parce que la valeur des capitaux propres diminue.

Il y a deux écritures du bilan et les pondérations changent. Le facteur de correction correspond aux impôts et il apparaît clairement qu'ils affectent seulement les capitaux propres, dont la valeur baisse.

De manière directe : C = 150 000 (1 – T) = 150 000 x 0,7 = 105 000 après impôts. Intuitivement, on comprend que (1 – T) est à la base d'un coefficient de transformation d'un bilan vers l'autre.

Exemple de transformation directe d'un taux d'endettement d'une situation avant impôt à une situation après impôt

Connaissant $\frac{D}{C} = 1$ *par rapport à* V_G *(avant impôt), on peut exprimer ce ratio par rapport à VL en tenant compte de la baisse de valeur de C résultant des impôts. Il suffit de faire apparaître (1 – T) au dénominateur.*

Cela donne par rapport à V_L *:*

$$\frac{D}{C}.\frac{1}{(1-T)} = 1.\frac{1}{0,7} = 1,4286$$

Inversement, connaissant cette valeur par rapport à V_L*, on peut l'exprimer en rapport avec* V_G*, en annulant cette fois les impôts. Il suffit de faire apparaître (1 – T) au numérateur.*

$$\frac{D}{C(1-T)}.(1-T) = 1,4286x0,7 = 1$$

En résumé, avec cet exemple où le ratio D/C = 1, on observe que si le taux d'endettement avant impôt est $\frac{D}{C}$*, il s'élève à* $\frac{D}{C(1-T)}$ *après impôts.*

NB Ces transformations sont utiles pour l'usage du levier financier et le calcul d'une prime de risque (ce point est abordé par ailleurs).

B. Les pondérations par rapport à la valeur

Il y a encore deux possibilités et la question concerne cette fois le coût du capital. L'usage de ratios exprimés par rapport à la valeur est la marque distinctive du coût du capital.

Dans les états analysés jusqu'ici, D a été exprimé en fonction de C. L'autre possibilité est de considérer le rapport de D à la valeur, ce qui est différent. Or, il y a deux indicateurs de valeur : V_L et V_G.

La dette peut être exprimée :

- par référence à la valeur globale ou total du bilan V_G
- par référence à la valeur des financements V_L

L'objectif est de déterminer des rapports du type $\frac{D}{V_G}$ ou $\frac{D}{V_L}$

La relation entre V_L et V_G:

Pour aller de $\frac{D}{V_G}$ à $\frac{D}{V_L}$ (ou inversement), il est utile de disposer au préalable d'une relation entre V_G et V_L. Nous proposons la formule suivante: $\frac{D}{V_L} = \frac{D}{V_G} x \frac{V_G}{V_L}$

Le facteur manquant et de liaison est $\frac{V_G}{V_L}$

Le raisonnement conduit à considérer de près le rôle des impôts puisque c'est lui qui, une fois de plus, fait la différence.

La méthode proposée pour établir une relation entre V_L et V_G:

On sait que $V_L = V_G - IS$

T est le taux d'imposition et le problème est de savoir sur quelle base appliquer le calcul de l'IS.

Prenons un cas simple pour commencer: D = 0

Il est utile de considérer, un instant, un premier état à dette nulle pour obtenir une base simple de construction de la relation entre la valeur des titres (V_U sans dette) et V_G.

$V_G = 300\,000$

Il n'y a que des capitaux propres dont la valeur après impôt est $V_U = V_G - V_G$. $T = V_G . (1 - T)$ soit 300 000 x 0,7 = 210 000.

Les impôts sont élevés et le taux T s'applique à plein sur la valeur globale. En effet, ils sont calculés et payés sans déduction sur V_G.

$V_U = V_G$ – impôts sur V_G.

Les conséquences pour le cas étudié: D > 0.

La valeur globale (V_G) est toujours de 300 000. La valeur des titres se note V_L et le raisonnement précédent doit être modifié en conséquence. L'idée est de proposer une écriture intéressante en conservant la formule de base de taxation de V_G, qui demeure valable, mais en l'ajustant.

On conserve $V_L = V_G - IS = V_G$ – impôts sur V_G

Mais avec une dette, les impôts sont moins élevés. En taxant V_G, il faut donc lui appliquer un taux d'imposition réduit.

Les impôts dépendent du taux T et de la quantité de dette.

La formule complète est $V_L = V_G(1 - \frac{V_G - D}{V_G} T)$

L'écart par rapport au cas précédent vient des impôts par ajustement du taux T. $\frac{V_G - D}{V_G}$ indique la proportion de capitaux propres dans la valeur globale (cela apparaît dans la lecture du numérateur $V_G - D$) car eux seuls sont imposés.

En effet, en développant cette partie de la formule exprimant la valeur de l'écart:

$$\frac{V_G}{V_G} - \frac{D}{V_G} = 1 - \frac{D}{V_G} = \frac{C}{V_G}$$

En considérant la formule d'ensemble de calcul de V_L :

Si D = 0, on retrouve bien la formule précédente du taux plein d'imposition.

Si D > 0, on voit apparaître la notion de coefficient réducteur du taux d'imposition. Il témoigne bien du fait que les impôts sont payés sur les capitaux propres.

Le coefficient réducteur s'écrit $1 - \frac{V_G - D}{V_G}T$ ou $1 - \frac{C}{V_G}T$

L'écriture équivaut à réduire le taux d'imposition qui n'est plus égal à T. Ces transformations sont utiles selon les formules utilisées (levier, coût du capital).

La valeur des titres financiers (V_L) découle de la relation directe établie avec la valeur globale (V_G) :

$$V_L = V_G(1 - \frac{V_G - D}{V_G}T)$$

$$V_L = 300.000\left[1 - \left(0,3x\frac{1}{2}\right)\right] = 300\,000 \times (1 - 0,15) = 300\,000 \times 0,85 = 255\,000$$

Le taux réel d'imposition est de 15 % (la moitié de T, en raison de la proportion de dette). La valeur totale des titres financiers V_L est déterminée.

IV. La pondération des financements pour le calcul du coût du capital

La relation entre V_L et V_G étant maintenant connue, il devient possible de déterminer la proportion de dettes par rapport à la valeur.

Le rapport des valeurs s'écrit, à partir de la relation précédente :

$$\frac{V_G}{V_L} = \frac{1}{\left(1 - \frac{V_G - D}{V_G}T\right)}$$

Comme l'objectif est d'exprimer D en fonction de V_L, on peut formuler ce rapport de la manière suivante :

$$\frac{D}{V_L} = \frac{D}{V_G} x \frac{V_G}{V_L}$$

$$\frac{D}{V_L} = \frac{D}{V_G} x \frac{1}{\left(1 - \frac{V_G - D}{V_G}T\right)}$$

Dans l'exemple :

Au départ, on sait que D = 0,5 V_G. Pour exprimer D en fonction de V_L, on applique la formule :

$$\frac{D}{V_L} = 0,5x\frac{V_G}{V_L} = 0,5x\frac{1}{0,85} = 0,5882$$

Pour plus de détail sur le calcul de 0,85 :

$$\left(1 - \frac{V_G - D}{V_G}T\right) = \left[1 - (0,5x0,3)\right] = (1 - 0,15) = 0,85$$

Résumé

Si le taux d'endettement est $\frac{D}{V_G}$ on peut l'exprimer assez aisément par rapport à V_L

$$\frac{D}{V_L} = \frac{D}{V_G}x\frac{1}{\left(1 - \frac{V_G - D}{V_G}T\right)}$$

Par suite, la part respective de capitaux propres découle des formules précédentes. Il est simple de voir que si la part de l'endettement s'élève à 0,5882, celle des capitaux propres est nécessairement son complémentaire. Elle vaut (1 - 0,5882) = 0,4118.

$$\frac{C}{V_L} = 1 - \frac{D}{V_L} = 0,4118$$

L'objectif de ces formulations est d'obtenir des résultats chiffrés sur la structure financière, sans réaliser des calculs détaillés à partir des flux mais en utilisant des relations générales.

Conclusion

Un problème financier courant a été ainsi étudié. Sachant que les évaluations utilisent une pondération de la dette sur la valeur totale des titres, une formule de transformation permet de l'obtenir à partir d'une pondération fournie sur la valeur globale de la société.

L'ajustement du taux de rentabilité exigé des capitaux propres et du coût du capital à une structure financière cible

Fiche **19**

Mots clés

Taux de rentabilité exigé des capitaux propres avec dette. Taux de rentabilité exigé des capitaux propres sans dette. Processus d'endettement et de désendettement. Calcul de la prime de risque par le levier financier. Mise en adéquation de la pondération des financements. Ajustement du coût du capital.

La question abordée porte sur la modification du taux d'endettement d'une société. Il s'agit plus exactement d'effectuer la comparaison entre une situation initiale d'endettement et une autre où la proportion de dette est accrue.

Deux problèmes sont mis en évidence par un changement de structure financière. Ces maillons de la chaîne des transformations sont éclaircis successivement.

En premier lieu, un endettement accru modifie le taux de rentabilité exigé des capitaux propres. L'effet de levier évalue la prime de risque. Or, il n'est pas possible de modifier directement le taux de rentabilité correspondant à une structure d'endettement donnée pour l'adapter à une nouvelle situation où la dette est accrue. Il faut au préalable revenir à un état de dette nulle. Techniquement, l'opération consiste à extraire la prime de risque financier pour en connaître la formule.

En second lieu, il convient de définir les pondérations attribuées à chaque financement dans le calcul du levier.

Dès lors, le problème sera prolongé pour illustrer la réduction du coût du capital obtenue par une modification de la structure financière de l'entreprise. Le choix des pondérations est encore au cœur de l'analyse.

I. La situation initiale d'endettement

Nous partirons d'un exemple déjà utilisé pour faciliter les comparaisons.

A. Détermination du taux d'endettement initial

On considère une société dégageant un résultat annuel d'exploitation constant de 42 000 à l'infini. Le taux d'imposition T est de 30 %.

Dans l'état actuel, la société est déjà endettée à hauteur de 150 000 soit 50 % de VG au taux d'intérêt nominal t = 0,10. Pour homogénéiser les financements avec les caractéristiques de l'actif, on retient l'hypothèse de flux perpétuels sur l'ensemble des éléments de passif.

Les calculs précédents ont déjà permis d'évaluer les flux financiers ainsi que les taux d'actualisation correspondants :

Les frais financiers sont : Dt = 15 000. Le taux d'actualisation est 0,10

Les impôts valent (42 000 – 15 000) x 0,3 = 8 100. Ils sont actualisés au taux de rentabilité exigé par les actionnaires r = 0,18

Le bénéfice net est, par différence, de 18 900 et le taux exigé 0,18.

Par suite, le passif financier s'écrit :

Financements	Valeurs de marché	Coefficients de pondération
Capitaux propres C	105 000	0,4118
Dettes financières D	150 000	0,5882
Valeur des titres VL	**255 000**	**1**
Impôts	45 000	
Valeur globale VG	**300 000**	

Pour la société, le coût du capital est de 0,1153. Le taux d'endettement $\frac{D}{C}$ = 1,4284

B. Calcul du taux de rentabilité exigé des capitaux propres sans dette par la formule du levier financier

La société souhaite évoluer vers un endettement accru pour bénéficier d'une baisse du coût du capital. Mais son calcul ne peut pas être réalisé directement. Il est nécessaire, au préalable, de reconstituer une situation d'endettement nul. Le procédé comporte deux étapes :

- Le calcul du taux de rentabilité exigé des capitaux propres sans dette par le levier
- L'ajustement du coût du capital

En conservant les hypothèses du modèle, on admet la fixité du taux d'intérêt (t = 0,10). En revanche, si la dette disparaît, le risque des actionnaires diminue ainsi que leur exigence de rentabilité. Elle n'est plus égale à 18 % et la formule du levier financier va être utilisée pour retrancher la prime de risque correspondante en quelque sorte.

Il s'agit de calculer la rentabilité exigée des capitaux propres avec une dette nulle. On la notera k. L'avantage de l'exercice précédent est de la connaître déjà : elle est de 14 %. Mais comme cette information préalable est rarement disponible dans la réalité, le processus d'ajustement en arrière est utile à connaître.

Le levier financier et la prime de risque

Dans la majorité des cas, la rentabilité exigée des capitaux propres est connue dans une situation d'endettement. Il faut revenir à une situation initiale sans dette mais aussi avant impôt.

En effet, le risque financier vient du taux d'endettement mais il est étranger à la présence des impôts. En raisonnant hors impôt, la valeur de référence est VG (et non pas VL) et le taux d'endettement est exprimé sur cette base.

Autrement dit, le bilan auquel on s'intéresse se compose de trois postes réunis par une relation :

VG = C + D.

Par conséquent, D est exprimé en fonction de la valeur globale soit D/VG.

L'avantage de cette référence est que VG est stable quel que soit le mode de financement. C'est le seul point fixe de l'évaluation.

Il faut donc abandonner la pondération D/C par rapport à VL, comme elle apparaît encore dans les chiffres du bilan ci-dessus. Pour l'usage du levier et le calcul d'une prime de risque, la bonne pondération est D/C par rapport à VG. Cette correction justifie la reconstitution d'une situation avant impôt en dépit de son caractère souvent jugé irréaliste.

En première approche, la formule de base du levier est de la forme :

$$\text{Taux } r = k + (k - t)\frac{D}{C}$$

Comme on le constate, les impôts ne sont pas considérés car ils n'entrent pas dans la composition d'une prime de risque. En effet, ils n'apparaissent pas comme élément réducteur de la valeur de l'ensemble du second membre, car il n'est pas multiplié par (1 – T). Un taux de rentabilité exigé est déterminé avant impôt.

Mais cette formulation est toutefois inexacte ou plus précisément incomplète. Le facteur T doit apparaître, non pas pour avoir une valeur nette, mais pour obtenir le bon coefficient de pondération de la dette, ce qui est différent.

Les impôts ont donc un impact sur la pondération des financements utilisés dans la formule du levier L, mais pour les retirer lorsqu'ils sont déjà présents.

Le taux d'endettement n'est pas $\frac{D}{C}$, mais $\frac{D}{C}(1-T)$

La bonne formule du levier est donc : $k+(k-t)\frac{D}{C}(1-T)$

Une forme plus lisible serait même :

$$k+(k-t)\frac{D(1-T)}{C}$$

Comme nous l'indiquons plus bas, les capitaux propres sont après impôts et pour les enlever d'une évaluation de la prime de risque, il faut les faire apparaître aussi au numérateur.

Calcul du taux de rentabilité exigé des capitaux propres sans dette (k) :

Avec dette, le taux exigé des actions est 18 %.

0,18 = k + (k – 0,10) x 1,4284 x 0,7 = k + (k - 0,10) x 1

0,18 = 2k - 0,10

0,28 = 2k

On vérifie bien k = 0,14 sans dette

Faute de cette correction, on aurait commis une erreur sur k :

0,18 = k + (k – 0,10) x 1,4284

0,18 = k + 1,4284 k – 0,1428

0,3228 = 2,4284k

On obtiendrait un taux sans dette k = 0,1329 plus faible.

En résumé, les explications du coefficient de pondération :

Du bilan de départ, on a extrait une certaine valeur du rapport $\frac{D}{C}=1,4284$.

Mais elle est établie par rapport à VL, c'est-à-dire par rapport à un dénominateur où les capitaux propres C ont déjà payé l'impôt. Or, l'impôt n'entre pas dans le calcul d'une prime de risque fondée sur le levier. Il faut donc les faire disparaître, c'est-à-dire multiplier le numérateur par (1 – T).

Le cadre à reconstituer pour le calcul du taux de rentabilité exigé des actions sans dette est par conséquent :

Financements	Valeurs de marché	Pondérations
Capitaux propres C	150 000	0,5
Dettes financières D	150 000	0,5
Valeur des financements	**300 000**	**1**

Ratio d'endettement D/C = 1

Les impôts sont absents.

II. L'endettement cible après transformation

Admettons que l'on souhaite maintenant augmenter l'endettement de sorte qu'il représente 60 % (et non plus 50 %) de la valeur globale (et non des financements). La part des capitaux propres diminue à 40 %. Le changement est modéré par rapport à la situation initiale de parité des financements. Le nouveau ratio d'endettement s'établit à :

$$\frac{D}{C} = \frac{0,6}{0,4} = 1,5$$

Les données sont hors impôt et adaptées au calcul direct de la nouvelle prime de risque sur les capitaux propres par la formule du levier :

Taux exigé r = 0,14 + (0,14 – 0,10) x 1,5 = 0,20

On dispose maintenant d'un tableau de la prime de risque en trois points :

Structure d'endettement	Dette nulle	D/C = 1	D/C = 1,5
Taux exigé des actions	R = 0,14	R = 0,18	R = 0,20

Le coût des capitaux propres est ajusté à la nouvelle structure financière, c'est-à-dire au taux d'endettement D/C estimé par rapport à V_G.

III. Le nouveau coût du capital

L'opération suivante consiste à calculer le nouveau coût du capital, dit ajusté ou CCA. Les taux sont disponibles : r = 0,20 et t = 0,10. Il manque les pondérations des capitaux propres et des dettes. Mais on souhaite les connaître directement, sans faire le calcul détaillé des flux financiers.

Pour un calcul direct du coût du capital, il faut disposer des pondérations respectives des deux financements mais par rapport à leur valeur totale qui est V_L.

Nous avons besoin de connaître $\frac{D}{V_L}$ et $\frac{C}{V_L}$ sachant que VL est estimé après impôts.

Petit rappel des formules précédentes :

Pour cela, on connaît maintenant la formule de liaison entre V_L et V_G. On rappelle que la différence entre les deux valeurs vient des impôts et que, par choix de présentation, ils sont estimés par référence à V_G. Cette option conduit à évaluer un coefficient de réduction du taux d'imposition T.

L'écriture est du type : $V_L = V_G$ – impôts sur V_G

Très exactement : $V_L = V_G(1 - \frac{V_G - D}{V_G}T)$

Cette formule permet le calcul d'un taux réduit d'imposition :

T = 0,3 est le taux plein.

La proportion des capitaux propres par rapport à V_G est de 0,4 sachant que celle des dettes est 0,6.

La part de 0,6 correspond pour les capitaux propres à : $\frac{V_G - D}{V_G} = \frac{C}{V_G}$

Par conséquent, le taux réduit d'imposition est : (0,4 x 0,3) = 0,12 au lieu de 0,30. Par suite, le coefficient complet est (1 - 0,12) = 0,88 au lieu de 0,70 avec un taux plein d'imposition.

Pour information, le calcul de V_L est d'ores et déjà possible :

$V_L = 0{,}88 \times V_G = 0{,}88 \times 300\,000 = 264\,000$

Cette valeur est supérieure aux 255 000 dans la structure financière de départ (plus de dette réduit les impôts et augmente la valeur).

Revenons au fil des calculs pour extraire la valeur du taux d'endettement qui intervient dans la détermination du coût du capital :

$V_L = 0{,}88\, V_G$

$$\frac{V_G}{V_L} = \frac{1}{0{,}88} = 1{,}1364$$

Les pondérations en découlent :

$$\frac{D}{V_L} = \frac{D}{V_G} x \frac{V_G}{V_L} = 0{,}6x1{,}1364 = 0{,}6818$$

$$\frac{C}{V_L} = 1 - \frac{D}{V_L} = 1 - 0{,}6818 = 0{,}3182$$

Les mêmes résultats sont obtenus en valeur :

$$\frac{D}{V_L} = \frac{D}{V_G} x \frac{V_G}{V_L} = 0{,}6x\frac{300000}{264000} = 0{,}6x1{,}1364 = 0{,}6818$$

Par suite, la proportion de capitaux propres est :

$$\frac{C}{V_L} = 1 - \frac{D}{V_L} = 1 - 0{,}6818 = 0{,}3182$$

Le coût du capital correspondant à cette nouvelle structure d'endettement est :

CC = (0,2 x 0,3182) + (0,10 x 0,7 x 0,6818) = 0,0636 + 0,0477 = 0,1113

Il est inférieur à celui de la structure initiale d'endettement à 50 % qui était de 11,53 % (mais l'écart est modéré).

Variante

Une variante, celle du coût du capital ajusté, donnait le même résultat par la formule (non démontrée tout de suite) :

$$CCA = CC(1 - T\frac{D}{V_L}) = 0{,}14\left[1 - (0{,}3x0{,}6818)\right] = 0{,}1114$$

Cette méthode permet aussi de vérifier la valeur de V_L :

RE(1 – T) = 42 000 x 0,7 = 29 400

$$V_L = \frac{RE(1-T)}{CCA} = \frac{29.400}{0,1114} = 263.913 \approx 264.000$$

Ces deux méthodes dispensent de longs calculs :

Comme la dette représente 60 % de VG et que VG = 300 000, la valeur nominale de la dette s'élève à 180 000.

Les flux financiers sont :

Frais financiers : 180 000 x 0,10 = 18 000

Impôts : (42 000 – 18 000) x 0,3 = 7 200 (en baisse).

Bénéfice net : 42 000 – 18 000 – 7 200 = 16 800

Les taux d'actualisation :

- Il est de 10 % pour la dette
- Il est de 20 % pour les actions et les impôts.

Les valeurs de marché :

Les capitaux propres : 16 800 actualisé à 20 %, C = 84 000

La dette : D = 180 000

Les impôts : 7 200 actualisé à 20 %, soit 36 000

Le passif financier :

Financements	Valeurs de marché	Pondérations
Capitaux propres C	84 000	0,3182
Dettes financières D	180 000	0,6818
Valeur des financements VL	**264 000**	**1**
Impôts	36 000	
Valeur globale VG	**300 000**	

Le nouveau ratio des dettes sur capitaux propres est 2,1429 > 1,5 en valeur globale.

Fiche 20

La valeur actuelle nette ajustée (VANA) : une autre méthode d'évaluation d'un investissement

Mots clés

VANA d'un investissement. VAN de base. Valeur actuelle des économies d'impôts.

La présentation utilise les données d'un exemple précédent.

Rappel des caractéristiques de l'investissement analysé

L'investissement examiné a un coût initial de 100000. Sur 4 ans, on prévoit les cash-flows nets annuels suivants: 30000, 60000, 30000 et 20000. Le taux d'imposition T est de 30 %.

Le taux d'actualisation est de 8 %. Il s'agit du coût du capital, lequel dépend du coût des financements selon une structure qui n'est pas précisée à ce stade.

Le calcul de la VAN à 8 % donne 17720, ce qui permet de conclure à la rentabilité du projet. Le TIR est de 16,43 %.

Objectifs

Cette partie traite de la VANA. Pour disposer d'une vue d'ensemble du problème avant d'en fournir les détails, les informations utilisées sont les suivantes:

Le taux de rentabilité exigé des capitaux propres sans dette est de 9 %

Le montant de la dette D est de 60000. Le taux d'intérêt t est de 6 % et le remboursement s'effectue par 4 versements constants de 15000. Par suite, l'apport en capitaux propres est de 40000. Ces données sont des valeurs comptables.

Le premier objectif est de calculer la VANA.

I. La VANA ou valeur actuelle nette ajustée

Il s'agit d'une méthode conçue spécialement pour isoler les effets de la fiscalité sur la rentabilité. Le calcul de la VAN présuppose la connaissance du coût du capital, comme taux d'actualisation unique (8 % dans l'exemple). La méthode alternative de la VANA dispense de cette obligation : elle scinde les financements en deux catégories pour faire ressortir celui qui est responsable de l'effet fiscal. Par suite, elle actualise leurs flux séparément. C'est une méthode à deux taux, ce qui implique de les connaître.

La méthode dérive directement d'une relation générale selon laquelle :

Valeur d'une société endettée = valeur sans dette + valeur des économies d'impôts.

Ce qui s'écrit :

$V_L = V_U + TD$

avec T le taux d'imposition et D la valeur de la dette.

Notons que cette écriture simplifiée, faisant apparaître TD, est valide pour des flux perpétuels. En effet, les économies fiscales annuelles t.D.T. sont actualisées à l'infini au taux t, ce qui donne TD.

Comme on le constate, la valeur VU est ajustée au taux d'endettement choisi pour obtenir V_L. L'ajustement est réalisé par les économies d'impôts.

La méthode convient bien à des simulations car il n'est pas nécessaire de recalculer le coût du capital correspondant à chaque niveau d'endettement.

Cette écriture, valable pour une société, est applicable aussi à un projet d'investissement.

L'avantage de cette formule est double :

- elle isole clairement le rôle des impôts sur la rentabilité. Il est lié à l'endettement ;
- elle montre qu'un projet non rentable, s'il est financé par capitaux propres, peut le devenir grâce à la dette.

La méthode comporte deux étapes :

- le calcul de la valeur obtenue par un financement intégral par capitaux propres : elle repose sur des cash-flows nets et sur l'emploi du taux de rentabilité exigé par les actionnaires, tous deux sans dette ;
- l'ajustement de cette valeur à la quantité de dette choisie : l'avantage apporté par la dette est valorisé par les économies d'impôts.

La formule qui suit abandonne l'hypothèse de flux perpétuels. Elle admet un horizon limité, c'est-à-dire le remboursement de la dette.

Plus précisément :

Première étape : le calcul de la VAN de base : VU – I0 dans l'hypothèse d'une dette nulle.

Les symboles sont :

V_U, la valeur sans dette

I0 = le coût initial de l'investissement

Taux r = le taux de rentabilité exigé des capitaux propres avec D = 0.

CFn = Cash-flows nets (exploitation, sans frais financiers)

$$\text{VAN de base} = \sum_{k=1}^{n} \frac{CF_k}{(1+r)^k} - I_0$$

Le coût initial de l'investissement est retranché tout de suite pour savoir si le projet, financé à 100 % par capitaux propres, est rentable. Il supporte des impôts élevés, car ils sont au maximum. La VAN de base est la VAN sans dette.

Seconde étape: le calcul des économies d'impôts:

Elles dépendent des frais financiers (FF) et du taux d'imposition (T). Ces économies sont actualisées au taux d'intérêt de la dette (t), puisqu'elle en est à l'origine.

$$\text{Économies d'impôts} = \sum_{k=1}^{n} \frac{FF_k T}{(1+t)^k}$$

Par suite: VANA = VAN de base + Économies d'impôts.

La principale inconnue du calcul de la VANA est le taux de rentabilité exigé des capitaux propres lorsqu'ils sont seuls (r).

II. Illustration de la méthode de la VANA par l'exemple

Les caractéristiques de base de l'investissement sont conservées: même coût initial et mêmes cash-flows nets d'exploitation.

Pour calculer la VAN de base, il faut disposer du taux de rentabilité exigé pour les capitaux propres lorsqu'ils sont seuls à financer le projet. On donne ce taux r sans dette: 9 %. Il est expliqué plus loin.

Années k	Cash-flows nets annuels CFK	Coefficients d'actualisation (1,09)-k	Cash-flows actualisés CFk (1,09)-k
1	30 000	0,917	27 510
2	60 000	0,842	50 520
3	30 000	0,772	23 160
4	20 000	0,708	14 160

La somme actualisée des cash-flows nets est de 115 350.

VAN de base (9 %) = 115 350 – 100 000 = 15 350 > 0.

Le projet est déjà rentable, même sans dette, mais il l'est moins à cause du taux d'actualisation plus élevé.

Il reste à considérer l'incidence de la dette: elle prend la forme d'économies d'impôts. Admettons que la dette D s'élève à 60 000. Elle est rémunérée au taux t = 0,06 et remboursable au moyen de 4 versements constants de 15 000. Dans notre cas, les économies fiscales sont variables et doivent être calculées par année, ce qui empêche l'usage commode des perpétuités.

Le tableau d'amortissement de la dette est réduit aux informations essentielles :

Valeur résiduelle	Frais financiers FF	Économies FFT	FFT actualisés (6%)
60 000	3 600	1 080	1 018
45 000	2 700	810	721
30 000	1 800	540	454
15 000	900	270	214

La somme actualisée des réductions d'impôt (dernière colonne) est de 2 407. Par suite :

VANA = 15 350 + 2 407 = 17 757

Moyennant la connaissance du coût du capital (8 %), la VAN obtenue par le premier calcul est de 17 720. La méthode de la VANA permet d'aboutir sensiblement au même résultat, mais avec des informations différentes.

Conclusion sur les deux méthodes

La VAN a été calculée au taux d'actualisation de 8 %, c'est-à-dire au coût du capital qui tient compte de la présence d'une dette. Par commodité, on le notera aussi coût du capital ajusté (CCA) dans la mesure où le coût des capitaux propres est ajusté au risque que présente toute dette.

La VANA est la somme d'une VAN de base et des économies d'impôts. Si l'on considère la VAN de base, son calcul requiert la connaissance du taux de rentabilité exigé des capitaux propres lorsqu'ils sont seuls : r sans dette a été donné et il vaut 9 %.

Comment procéder si le taux r sans dette est inconnu ? La réponse consiste à établir une relation entre les deux méthodes qui, en partant des paramètres connus de la VAN permettrait de déduire ceux de la VANA. L'intérêt est aussi de mettre à jour le processus d'ajustement de la valeur, ce qui peut se révéler utile pour identifier l'impact d'une modification de l'endettement.

La partie suivante étudie le passage de la VAN à la VANA tout en se concentrant sur la détermination du taux de rentabilité exigé des capitaux propres utilisés seuls r.

Fiche 21

Un approfondissement, le rapprochement de la VAN et de la VANA

I. Du coût du capital de la VAN au taux de rentabilité exigé des capitaux propres sans dette de la VAN de base

II. Du taux de rentabilité exigé des capitaux propres sans dette au coût du capital ajusté

Mots clés

VAN et VANA. Coût du capital et coût du capital ajusté. Taux de rentabilité exigé des capitaux propres avec et sans dette. Notion d'investissement limite. Notion de dette nécessaire pour la rentabilisation d'un investissement.

L'objectif est d'effectuer des comparaisons par le rapprochement de deux modes de calcul qui conduisent au même résultat (VAN = VANA). Les méthodes ont déjà été présentées séparément et le moment est venu d'analyser leurs relations.

Le premier problème est précisément le suivant : comment calculer la VANA ne connaissant que les paramètres de la VAN ? L'intérêt de cette question est de montrer comment extraire le taux de rentabilité exigé des capitaux propres r sans dette à partir du coût du capital ajusté (CCA).

Le second problème suit la démarche inverse : comment déterminer le taux d'actualisation de la VAN ne connaissant que les paramètres de la VANA ? Il y a deux solutions, l'une indirecte et l'autre directe.

Dans tous les cas, des transformations sont nécessaires pour parcourir un processus d'évaluation qui va se déployer en plusieurs étapes.

Quelques remarques préalables :

Les exemples utilisent des flux variables selon les années et abandonnent autant que possible l'hypothèse des données perpétuelles.

Le raisonnement met davantage l'accent sur la valeur V (moins sur la valeur actuelle nette, ce qui permet de négliger parfois le coût de l'investissement).

Les méthodes visent à être directes en évitant les calculs intermédiaires normalement indispensables à l'obtention du coût du capital (taux, pondérations). Elles évitent aussi de devoir se placer dans un univers avant impôt.

I. Du coût du capital de la VAN au taux de rentabilité exigé des capitaux propres sans dette de la VAN de base

Deux étapes sont présentées :

La VAN permet la construction du bilan en valeurs de marché et la détermination du taux de rentabilité exigé des capitaux propres en présence de dettes.

La transformation du taux de rentabilité exigé des capitaux propres avec dette en taux sans dette de la VANA nécessite normalement l'usage du levier financier. Ce procédé abordé plus haut ne sera pas considéré pour lui préférer une méthode directe d'extraction du taux r à partir du coût du capital ajusté.

A. La VAN permet la construction du bilan en valeur de marché et la détermination du taux de rentabilité exigé des capitaux propres en présence de dettes

Le taux d'actualisation est une donnée qui est fournie le plus souvent de façon exogène. Le premier objectif est d'obtenir une estimation de l'exigence de rentabilité des capitaux propres avec dette (taux r).

La présentation utilise les données d'un exercice précédent.

Rappel des données utilisées : La somme des cash-flows nets actualisés au taux de 8 % est de 117 720. Par différence, sachant que l'investissement coûte 100 000 : VAN (8 %) = 17 720

Le montant des apports initiaux est rappelé pour permettre ensuite de construire le bilan en valeurs de marché :

Apport en capitaux propres : 40 000 (40 % du coût de l'investissement). Mais leur valeur est affectée par la VAN.

Apport de la dette : 60 000 (60 % du coût de l'investissement). Cette valeur reste stable car elle est indépendante de la VAN. Le taux d'intérêt est de 6 %.

Taux d'endettement : D/C = 1,5 sur la base des valeurs d'apport.

La VAN dégagée par l'investissement va sur le compte des actionnaires et la valeur de marché des capitaux propres est portée à : 40 000 + 17 720 = 57 720. On peut ainsi établir le bilan complet en valeurs de marché avec dettes et compte tenu des impôts.

Capitaux propres C	57 720	0,49
Dettes D	60 000	0,51
Valeur V_L	117 720	1

On obtient la valeur des pondérations de chaque financement et on remarque cette fois que D/C = 1,04 sur la base de la valeur de marché des titres (au lieu de 1,5 à partir des valeurs comptables). Ce bilan permet d'aller plus loin.

Sachant que CCA = 8 % et que le coût net de la dette est 0,06 x 0,7 = 0,042, on peut déduire le taux de rentabilité exigé des actionnaires (noté r) en présence de dettes aux conditions indiquées.

0,08 = (r x 0,49) + (0,042 x 0,51) et r = 11,96 % soit 12 %.

Une autre écriture possible fait apparaître la rémunération des capitaux propres comme un solde :

0,08 – (0,042 x 0,51) = (0,12 x 0,49)

L'avantage de la VAN et de la construction du bilan est d'expliquer le coût du capital et de fournir une information supplémentaire : le coût des capitaux propres est de 12 % en présence de dette.

Pour les actionnaires, il est normal que la rentabilité avec dette (12 %) soit supérieure à celle qui serait exigée sans dette, puisque le risque est plus élevé.

L'étape suivante sera de calculer r sans dette et c'est la VANA qui met sur la voie.

B. La détermination du taux de rentabilité exigé des capitaux propres sans dette à partir du coût du capital

La méthode présentée ici est indépendante de la précédente. Elle n'a pas pour objet de déduire le taux de rentabilité exigé des actions sans dette du taux avec dette (ce serait le thème du levier), mais de l'extraire du coût du capital.

La méthode part d'une constatation simple. Qu'il s'agisse de la VAN ou de la VANA, les flux d'exploitation sont actualisés en valeur nette d'impôt et sans incidence de la dette (sans frais financiers). Ils correspondent à RE (1 – T) avec un taux plein d'imposition T = 0,30. Les flux sont les mêmes et ceci constitue un excellent moyen pour isoler des différences de taux d'actualisation attachés à chaque méthode.

On remarquera aussi, qu'en principe, la détermination des taux exigés s'effectue hors impôt (avec la formule du levier). La particularité de la méthode est donc de les conserver dans l'ensemble des calculs.

Les formules

Considérons d'abord la base de calcul de la VAN :

La valeur est obtenue par une formule du type $\frac{RE(1-T)}{CCA}$

Cette formulation, valide pour une rente perpétuelle, ne sert qu'à simplifier provisoirement l'écriture de l'actualisation. Le taux d'actualisation correspond au coût du capital ajusté (CCA) puisqu'il intègre l'effet fiscal de la dette.

Considérons à présent la base de calcul de la VANA :

La valeur dite de base est obtenue par une formule du type $\frac{RE(1-T)}{CC}$

La seule différence entre les deux méthodes réside dans le dénominateur. La dernière formule (valeur de base) contient l'inconnue qui est le taux d'actualisation CC et il correspond précisément au taux de rentabilité exigé des actionnaires r sans dette, c'est-à-dire à ce que l'on cherche à connaître.

L'écart de valeur entre la VAN complète et la valeur de base de l'investissement vient des économies d'impôt procurées par la dette (notées Eco). Celles-ci sont facilement calculables séparément car elles dépendent des caractéristiques de la dette et sont actualisées à ses conditions de taux. Forcément, la valeur obtenue en tenant compte des économies d'impôts est supérieure à celle qui n'en bénéficie pas.

Par conséquent, en raisonnant uniquement sur les valeurs (sans retrancher le coût de l'investissement), la relation entre les deux méthodes s'écrit :

$$\frac{RE(1-T)}{CC} = \frac{RE(1-T)}{CCA} - Eco$$

L'opération consiste, en quelque sorte, à revenir en arrière sur le processus d'évaluation en retranchant l'avantage fiscal de la dette.

Comme les termes du second membre sont connus, le calcul de CC est possible.

CC est obtenu en isolant les économies d'impôt de la formule $\frac{RE(1-T)}{CCA}$. Celle-ci a pour particularité d'être une forme contractée de deux termes.

On sait que :

$$\frac{RE(1-T)}{CCA} = \frac{RE(1-T)}{CC} + \text{valeur actuelle des économies d'impôt}$$

Comme la formule utilisant CC tient l'effet fiscal de la dette à l'écart, il lui faut un taux d'actualisation plus élevé pour avoir une valeur V plus faible : CC > CCA.

Le calcul du coût du capital (CC) dans l'exemple

En utilisant les informations connues et notamment le fait que la valeur actuelle des économies d'impôts est de 2 407 (calcul effectué dans une autre partie) :

$$117\,720 = \frac{RE(1-T)}{CC} + 2\,407$$

$$\frac{RE(1-T)}{CC} = 115\,313 \text{ cette valeur est plus faible}$$

Dans le détail, on cherche CC tel que, en abandonnant la rente perpétuelle et en rappelant la valeur des cash-flows nets sur 4 ans :

$$\frac{30\,000}{(1+CC)} + \frac{60\,000}{(1+CC)^2} + \frac{30\,000}{(1+CC)^3} + \frac{20\,000}{(1+CC)^4} = 115\,313$$

Le calcul donne CC = 9 %, c'est-à-dire le taux r sans dette que nous cherchions.

Le coût du capital est de 9 % lorsque l'effet fiscal de la dette est neutralisé. Ce résultat mérite quelques commentaires.

On constate que 115 313 est la valeur du projet qui sert à l'estimation de la VAN de base. En adoptant la logique de la VAN de base, il s'agit donc de la valeur obtenue par les actionnaires seuls qui exigent 9 % sur des flux nets ayant subi une imposition pleine à 30 % (sans déduction). Ce résultat est normal, puisque l'on néglige l'avantage fiscal de la dette.

Pour résumer, il vient d'être montré comment éviter de procéder en deux étapes pour parcourir le chemin inverse. La première phase aurait nécessité d'utiliser la VAN pour extraire la valeur de r avec dette du CCA avant de sortir, dans un second temps, les effets de la dette pour obtenir la valeur de r sans dette.

Conclusion

La connaissance de la VAN permet de remonter à la VANA. Cet exemple montre comment, en une seule étape, le coût du capital mène directement à r sans dette. De plus, il est possible de calculer des taux sans se placer dans un univers sans impôt.

II. Du taux de rentabilité exigé des capitaux propres sans dette au coût du capital ajusté

Ce second point considère le problème inverse du précédent. Il s'attache à montrer comment la connaissance des paramètres de la VANA (en particulier le taux exigé sans dette) permet de déduire la valeur du coût du capital nécessaire à la détermination de la VAN.

Il y a deux solutions :

- La première fait appel à la notion de projet limite. Elle montre, par le raisonnement, comment le coût du capital ajusté de la VAN (CCA) peut être estimé à partir de la VANA.
- La seconde donne le CCA par raccourci et directement à partir d'une formule.

A. Le coût du capital de la VAN estimé à partir du taux de rentabilité exigé des capitaux propres sans dette de la VANA

La VANA est obtenue sans la connaissance préalable du coût du capital. Mais elle a aussi le pouvoir de le calculer. Cette solution est une alternative à la mesure du coût obtenu par une moyenne pondérée (CMP).

Autrement dit, connaissant le taux de rentabilité exigé des capitaux propres sans dette r utilisé pour la VANA, il s'agit de rechercher le taux d'actualisation de la VAN, c'est-à-dire le CCA. Le sens de la liaison est inversé, puisqu'il s'agit d'aller de la VANA vers l'un des paramètres central d'estimation de la VAN.

On sait qu'il s'agit d'un processus de réduction de taux. En effet, le taux recherché (CCA) est inférieur au taux r sans dette connu. Le facteur explicatif de l'écart de valeur est très précisément le montant des économies fiscales de la dette (Eco).

Cet avantage a la particularité d'être parfaitement connu, car il dépend des caractéristiques de la dette et de l'imposition, et d'être d'origine externe à l'entreprise.

Revenons au calcul en deux étapes de la VANA :

Le taux r sans dette donne la VAN de base

VAN de base + Eco = VANA > 0 positive par hypothèse

L'économie est ajoutée.

Nous allons appliquer la logique inverse en retranchant l'économie. L'économie étant acquise, on peut se demander de combien la VAN de base du projet pourrait diminuer pour qu'il reste juste rentable. Elle peut diminuer à hauteur de l'économie fiscale : c'est une valeur limite.

VAN de base = - Eco

Autrement dit, la VAN de base peut baisser jusqu'à l'annulation de la VANA.

VANA = 0

Selon le principe qui va être établi, le CCA recherché est le taux qui annule la VANA.

L'idée est que, si l'on bénéficie d'un côté d'un avantage et dans la limite de sa valeur, on peut se permettre de l'autre côté d'être moins rentable sur l'investissement, c'est-à-dire de diminuer l'exigence de rentabilité. Côté investissement, cela signifie qu'il peut être moins performant.

La méthode met au point un nouvel investissement, en utilisant pleinement mais sans les dépasser les possibilités procurées par l'avantage fiscal. Il prend le nom d'investissement limite.

La première étape s'intéresse aux caractéristiques de l'investissement limite. Il a le même coût que l'investissement étudié et il est évalué à partir de la même exigence de rentabilité (r sans dette). Il reste à calculer le cash-flow limite tel que VAN de base < 0, c'est-à-dire tel que VAN de base = - Eco. L'économie d'impôts est transformée en baisse de cash-flow.

La seconde étape consiste à calculer l'exigence de rentabilité qui annule la VAN avec le cash-flow limite : c'est le taux d'actualisation recherché (CCA). La baisse de cash-flow est intégrée au taux exigé pour le réduire.

Pour terminer, connaissant ce taux, on peut l'appliquer aux vraies données de l'investissement initial (ses cash-flows) pour vérification de la valeur de la VAN.

Exemple

Nous considérons un nouvel exemple, où les cash-flows sont constants mais sur une durée limitée, de façon à faciliter les calculs d'actualisation (formule des annuités constantes).

Le coût initial d'un investissement est de 2 000. Il dégage un cash-flow brut d'exploitation constant de 458 durant 10 ans. Le taux d'imposition T est de

30 % et le taux de rentabilité exigé par les actionnaires en l'absence de dette est de 10 %.

On remarque que l'horizon est limité (ce qui évite de raisonner à l'infini) et que, d'un autre côté, les flux sont constants. La nature du cash-flow d'exploitation n'est pas précisée : c'est un flux de trésorerie brut, auquel on applique directement le taux d'imposition.

Calcul de la VAN de base

Les calculs sont approchés.

Cash-flow net : 458 x 0,7 = 320,60. La valeur actuelle au taux de 10 % est :

$$320,60 \times \frac{1-(1,10)^{-10}}{0,10} = 320,60 \times 6,145 = 1\,970$$

Par suite : VAN de base = 1 970 – 2 000 = –30 < 0

Financé par capitaux propres, l'investissement n'atteint pas le seuil de rentabilité de 10 %. Autrement dit, il n'y a pas suffisamment de cash-flow pour le taux exigé et l'analyse en attribue la cause au montant des impôts. Leur réduction prendrait la forme d'une restitution de trésorerie.

L'effet de la dette

La société entend adopter un taux cible d'endettement de 50 % (sa politique financière est préétablie). Ce taux peut être appliqué à la valeur comptable du projet (2 000) ou, plus logiquement, à sa valeur de marché (1 970). Comme ces deux valeurs sont proches, on considérera que ce projet permettrait d'augmenter l'endettement à hauteur de 50 % de la valeur comptable, soit 0,5 x 2 000 = 1 000. La dette est légèrement surestimée.

Le taux d'intérêt t = 6 % et le service de la dette donne lieu au paiement de 10 annuités constantes de 135,87 conformément à la formule suivante :

$$\text{Annuité } a = 1\,000 \times \frac{0,06}{1-(1,06)^{-10}} = 1000 \times 0,135868 = 135,87$$

La dette est introduite pour ses effets secondaires et favorables résumés par l'avantage fiscal. Ce dernier provient des intérêts à payer, lesquels sont variables d'année en année. On admet que l'avantage fiscal a le même risque que l'intérêt qui le génère et le taux d'actualisation est de 6 %.

Les frais financiers sont extraits du tableau d'amortissement et rangés ci-dessous par année. Le coefficient d'actualisation est du type (1,06)–k.

Frais financiers FF	Coefficient d'actualisation	Frais financiers actualisés
60	0,943	56,58
55,45	0,890	49,351
50,62	0,840	42,521
45,51	0,792	36,044
40,08	0,747	29,94
34,34	0,705	24,21
28,25	0,665	18,786
21,79	0,627	13,662
14,94	0,592	8,844
7,69	0,558	4,291

Le total des frais financiers actualisés s'élève à 284,229. Comme le taux d'imposition (T) est constant sur la période, la valeur des économies d'impôts est obtenue par une seule opération finale, ce qui évite de les détailler par année :

Total des frais financiers actualisés x T = 284,229 x 0,3.

La somme actualisée des économies d'impôt est de 85,27. Ce gain de trésorerie est le facteur de correction de la VAN de base.

VANA = - 30 + 85,27 = 55,27 > 0.

Le projet devient rentable grâce à la dette. Elle apporte un surcroît de liquidités suffisant en réduisant les impôts.

Résumé des résultats obtenus et prolongements par le calcul du CCA

Aux conditions initiales des capitaux propres, le projet n'est pas rentable au taux r = 0,10.

CF = 320,60 et VAN de base = - 30

Comment augmenter la VAN ? La solution est la dette :

Économie = 85,27 et VANA = 55,27. Elle est positive et la dette est une cause exogène.

Pour poursuivre, un raisonnement construit à la marge permet de savoir dans quelle condition la VANA serait juste égale à zéro, c'est-à-dire sans surplus à la différence du cas présent.

Si l'économie fiscale existe potentiellement, la VAN de base peut baisser jusqu'à – 85,27 c'est-à-dire un niveau tel que la VANA est nulle

Partant d'une VAN de base égale à – 85,27 au taux de 10 %, on peut remonter au calcul du nouveau cash-flow.

L'aboutissement final consiste à incorporer la valeur de l'avantage de trésorerie, exprimé en unité monétaire, dans le taux ; façon habile d'incorporer un effet financier dans un pourcentage pour l'ajuster.

Interprétation des valeurs limites

La VANA est positive et, pour l'interpréter, on va chercher les conditions qui la rendraient juste égale à zéro. Il y a deux façons d'écrire ce problème : en termes de flux limite et en termes de taux limite.

Sur le premier aspect (le flux limite), on sait que l'économie d'impôt est acquise, car elle dépend directement des caractéristiques de la dette et du taux d'imposition. Que peut-on faire d'un avantage de trésorerie ? En considérant la situation de départ du financement par capitaux propres exigeant 10 %, cet avantage permettrait de réduire le montant des cash-flows nets jusqu'à une valeur limite.

Sur le second aspect (le taux limite), connaissant le coût de l'investissement et la valeur du nouveau cash-flow net, on cherche le taux de rentabilité minimum tolérable qui annule la VAN. Ce processus met en évidence une baisse du taux exigé.

L'ensemble de la méthode débouche sur le calcul du CCA. Ce taux est celui qui annule la VANA ou VAN globale.

Calculs des valeurs limites

Grâce à l'avantage fiscal, la VAN de base pourrait être plus faible et à la limite telle que :

VAN de base = –Valeur actuelle des économies d'impôts = –85,27.

Cette écriture veut dire que l'existence d'économies fiscales permettrait d'accepter un cash-flow plus faible, par compensation. Mais il ne doit pas baisser trop bas, ce qui conduit à déterminer le minimum acceptable.

Ce niveau de cash-flow net (CF) s'obtient aux conditions de départ (10 %), car on calcule la VAN de base à 10 %.

$$(CF \times \frac{1-(1,10)^{-10}}{0,10}) - 2\,000 = -85,27$$

$$(CF \times 6,145) - 2\,000 = -85,27$$

$$(CF \times 6,145) = 1\,914,73$$

CF = 311,59 au lieu de 320,60.

Avec un CF réduit à 311,59 la VAN de base à 10 % chuterait à –85,27.

N.B. La relation a une variante. Elle pourrait signifier aussi que les cash-flows actualisés de l'investissement peuvent être plus faibles car ils reçoivent le renfort externe de l'économie d'impôt.

$$CF\frac{1-(1,10)^{-10}}{0,10} + 85,27 = 2\,000$$

Par suite, on vérifie que la VANA à 10 % est bien nulle :

$$\{311,59 \times \frac{1-(1,10)^{-10}}{0,10} - 2\,000\} + 85,27 = -85,27 + 85,27 = 0$$

On en déduit pour terminer la valeur du taux de rentabilité limite exigé de cet investissement et à partir duquel il sera juste rentable en produisant un flux limite de 311,59. Il s'agit d'un taux remarquable : le CCA. Il vérifie que :

$$311,59 \times \frac{1-(1+CCA)^{-10}}{CCA} = 2\,000$$

On en tire : $\frac{1-(1+CCA)^{-10}}{CCA} = \frac{2000}{311,59} = 6,418691$

La lecture de la table financière, pour n = 10, montre que CCA est quasiment de 9 %. Il s'agit donc d'une estimation acceptable du taux : à 9 %, le coefficient d'actualisation est très exactement de 6,417658.

Au taux de 9 % et comme les cash-flows nets sont en réalité de 320,60 on peut vérifier la valeur obtenue de la VAN (résultat proche) :

$$VAN(9\%) = 320,60\frac{1-(1,09)^{-10}}{0,09} - 2000 = 57,61$$

Conclusion : l'estimation de la dette nécessaire

La méthode de la VANA a pour avantage d'isoler l'impact de l'endettement sur la rentabilité des investissements : il provient des économies d'impôt. Pour y parvenir, le processus décompose la VAN globale en deux parties :

La VAN sans dette, obtenue avec les seules ressources propres

La VAN avec dette (ajustée), obtenue par incorporation des économies fiscales.

La méthode établit que la dette peut rentabiliser un investissement tout en indiquant la valeur limite qu'elle doit atteindre.

Si la VAN sans dette est négative, on connaît exactement le montant des économies à réaliser pour atteindre une VAN nulle. Le montant de la dette supplémentaire est déduit.

Dans l'exercice précédent, l'investissement financé par capitaux propres n'était pas rentable. On peut calculer la quantité de dette nécessaire qui lui permettra d'atteindre la rentabilité, ou au moins une VAN nulle.

L'illustration est plus simple avec des flux perpétuels.

Par exemple, si VAN de base = –300, elle ne pourra atteindre 0 que grâce aux économies d'impôts. On en déduit que celles-ci doivent être égales à T.D = 300. Si enfin T = 30 %, la dette doit être égale à 1000. Dans cette hypothèse, la connaissance de t n'est pas requise à ce stade.

L'avantage de la dette est fiscal, ce que la méthode met bien en évidence. Une conclusion antérieure sur la substitution des financements clarifie la situation. Elle indique que les relations entre les apporteurs sont régies en dehors des impôts. En effet, on peut remplacer une ressource coûteuse (C) par une autre qui l'est moins (D), mais cependant le moindre coût de la dette (t) est gommé exactement par une hausse du coût des capitaux propres (r). L'enseignement du levier financier est que le jeu des taux t et r s'annule et que les investisseurs ajustent leurs conditions dans une sphère sans impôt. Il ne reste donc qu'un seul avantage pour la dette : le gain en impôts.

Cette économie n'est pas fictive : ce sont des flux non versés qui restent donc en trésorerie. La réduction d'impôts s'impute sur la dette et s'assimile à des intérêts bancaires non payés.

B. Le coût du capital ajusté (CCA) par une formule générale

Pour terminer, il est possible d'établir une relation directe entre le CCA et le taux de rentabilité exigé des capitaux propres seuls r, c'est-à-dire sans dette. Mais dans ce cadre, les formules actualisent une rente perpétuelle.

L'expression utilisée pour la valeur de la société s'écrit :

Valeur avec dette (VL) = valeur sans dette (VU) + valeur actuelle des économies d'impôts

Cette notation isole l'avantage d'un financement par la dette : des économies fiscales. Le second membre comporte deux parts :

L'une est pleinement imposée et donne la valeur sans dette (VU)

L'autre est la mesure d'une exonération d'impôts

Autrement dit, pour avoir le montant des impôts réellement payés, on fait comme si la totalité du cash-flow était taxée avant d'ajouter la valeur des impôts qui ne sont pas versés grâce à la dette. Cette économie est proportionnelle aux revenus payés à l'extérieur sous la forme de frais financiers (DT en valeur actuelle).

La formule complète de VL s'écrit : $\frac{CF(1-T)}{r} + DT$

Cette écriture de la valeur peut être améliorée, car le taux r n'englobe pas toute l'information, puisque DT est traitée à part. Il faudrait donc une autre évaluation, actualisant l'ensemble des flux sous un dénominateur commun, c'est-à-dire un taux incorporant aussi DT et, par conséquent, la dette et les taxes.

Ce nouveau taux est le CCA. Il intègre toute l'information et n'a pas besoin d'une correction, comme cela est nécessaire pour la formule fondée sur l'usage de r.

Forcément : CCA < r.

Il y a donc une autre présentation. Si la première consiste à ajouter des flux (DT), la seconde vise à réduire un taux, à flux constants.

La formule de VL à laquelle on souhaite parvenir s'écrit : $\frac{CF(1-T)}{CCA}$

La solution peut être imaginée de manière intuitive : r diminue d'un certain pourcentage, lié aux économies réalisées, c'est-à-dire proportionnellement au taux d'endettement (D/V) et au taux d'imposition (T).

On aura : $r - r\frac{D}{V}T$

Cela veut dire que l'on ne cherche pas à rentabiliser la même chose, c'est-à-dire autant. Il n'est plus nécessaire de rentabiliser la somme correspondant aux économies d'impôts ce qui permet de diminuer d'autant le taux de rentabilité exigé r.

La valeur de CCA est extraite de l'égalité entre les deux expressions de VL :

$$\frac{CF(1-T)}{CCA} = \frac{CF(1-T)}{r} + DT$$

Les développements sont les suivants :

Il est possible de multiplier les deux termes par $\frac{rCCA}{CF(1-T)}$

On obtient :

$$\frac{CF(1-T)}{CCA} x \frac{rCCA}{CF(1-T)} = \frac{CF(1-T)}{r} x \frac{rCCA}{CF(1-T)} + DT\frac{rCCA}{CF(1-T)}$$

Il reste :

$$r = CCA + DT\frac{rCCA}{CF(1-T)}$$

Par suite :

$$CCA = r - DT\frac{rCCA}{CF(1-T)}$$

Comme $\frac{CF(1-T)}{CCA} = V_L$

On en déduit la valeur de CCA :

$$CCA = r - DTr\frac{1}{V_L}$$

$$CCA = r(1 - \frac{D}{V_L}T)$$

La méthode permet de ne pas adapter les deux taux entre eux, mais de les garder tels quels. Le coût ajusté est directement extrait du coût initial r.

Fiche 22

L'évaluation d'une entreprise par ses capitaux propres et horizon d'analyse

Mots clés

Politique de distribution des dividendes. Modèle de Gordon et Shapiro dans un cadre infini. Adaptation du modèle sur un horizon limité avec valeur terminale. Surplus de valeur et rapport entre taux de rentabilité réalisé et exigé.

L'évaluation des capitaux propres, c'est-à-dire des actions, repose sur l'établissement d'une équation indiquant comment les investisseurs déterminent la valeur de leurs titres à partir des revenus qu'ils en attendent. Il y a deux écritures possibles selon le point de vue adopté mais elles sont équivalentes.

Pour l'actionnaire, dont on sait que l'horizon de détention est raisonnablement limité dans le temps, les flux de liquidité attendus se composent des revenus périodiques (les dividendes) auxquels s'ajoute la valeur de cession des titres (la valeur résiduelle ou terminale). L'horizon est limité en termes d'années.

Pour l'entreprise, dont la durée de vie est supposée longue et certainement supérieure au temps de présence d'un actionnaire donné, il n'y a pas lieu d'imposer une restriction à l'horizon et les modèles le font tendre vers l'infini. Cela a plusieurs conséquences. La première est l'absence de valeur résiduelle, car l'entreprise ne rembourse pas les actions. En revanche, elle verse des dividendes qui deviennent, pour cette raison, la base pertinente d'évaluation. Ils dépendent des mises en réserve, comme nous le verrons.

En résumé, le phénomène central à analyser dans tous les cas de figure est la politique de distribution. Mais un aspect particulier mérite d'être discuté : il s'agit du choix de l'horizon qui peut être infini ou borné à quelques années. Le problème pose indirectement la question de la valeur résiduelle.

Si l'horizon est ajustable par l'analyse, sa réduction ou son allongement peut être discuté en fonction des performances de l'entreprise dans l'intention de fournir la meilleure valorisation possible des capitaux propres.

La première variable à connaître porte sur la suite des revenus futurs. Ils dépendent de la politique de distribution.

I. La politique de distribution des dividendes

L'évaluation d'une entreprise repose sur le choix d'un mode de calcul dont il faut définir et mesurer les variables. Nous prendrons comme point de départ une approche simple et connue : celle de M. Gordon et E. Shapiro, pour ses aspects à la fois académiques et pratiques. L'étude des deux auteurs sert de cadre de réflexion à de nombreuses recherches : son caractère simplificateur en a fait le succès, mais il l'expose aussi à quelques commentaires.

Le modèle s'adresse aux entreprises en croissance, mais celle-ci s'effectue à taux constant et à l'infini. Cette restriction peut-elle être levée sous la condition de ne pas porter atteinte à la portée générale du modèle ? En utilisant le cadre d'analyse initial, il est possible d'en tirer quelques enseignements particuliers.

L'un est relatif aux effets de la limitation de l'horizon.

L'autre concerne l'intérêt de la politique de réinvestissement des revenus et les conditions d'efficacité de la distribution de dividendes.

Sur le premier point, le modèle résiste à une limitation de l'horizon (on peut utiliser le modèle dans le cadre de plusieurs périodes, où la constance des données est valable à l'intérieur d'une seule période à la fois).

Sur le second point, le problème central est celui de la valeur, car elle ne va pas nécessairement de pair avec la croissance. L'efficacité du réinvestissement est alors à considérer.

Les notations

Les notations sont choisies pour mettre en évidence le rôle du surplus de valeur dégagé par les actions et pour prendre en compte la valeur résiduelle.

A0 est l'actif net corrigé de départ. Il désigne le montant des capitaux investis, mesurés ici par les capitaux propres au bilan et en valeur comptable.

V0 est la valeur actuelle des capitaux propres, lorsque l'on souhaite les évaluer en considérant les flux anticipés à l'avenir. La valeur est dite de marché.

Les deux estimations ne correspondent pas, sauf exception.

La lettre n désigne le nombre de périodes. Il peut être infini ou limité.

La lettre r désigne le taux de rentabilité réalisé par les capitaux propres ; c'est aussi le taux de rentabilité des investissements.

B1 est le bénéfice net dégagé au terme du premier exercice : B1 = A0.r

Le coefficient d désigne le taux de distribution des dividendes. Par suite, les dividendes du premier exercice sont en valeur : D1 = B1.d.

Le coefficient (1 – d) désigne le taux de mises en réserves. Par suite, la mise en réserves du premier exercice est en valeur : MR1 = B1. (1-d).

Le premier dividende dépend du bénéfice dégagé par une année d'activité. On supposera le dividende immédiatement distribué (il n'est pas tenu compte du décalage de quelques mois entre la détermination du bénéfice et la décision de paiement du dividende).

VR est la valeur résiduelle ; elle peut être estimée à tout moment.

La lettre r′ désigne le taux de rentabilité exigé des capitaux propres ou taux d'actualisation : il peut être inférieur, égal ou supérieur à r, le taux de rentabilité réalisé par les capitaux propres.

S est le surplus de valeur ou survaleur. Il y a un surplus positif si la valeur future (V0) est supérieure à la valeur investie à l'origine (A0).

Les paramètres sont supposés constants sur la période considérée. L'approche comporte deux taux (r et r′). Le rapport entre l'un et l'autre revêt une grande importance, comme nous le verrons.

Le processus de valorisation de l'entreprise dans le temps

Quelle peut être l'origine de la valorisation de l'entreprise dans le temps si l'évaluation est fondée sur l'actualisation de flux financiers futurs ? La question sera d'abord abordée sur une seule période avant de considérer la situation sur un horizon plus long.

La mise en évidence du rôle du surplus sur une seule période

Le cadre retenu nécessite l'usage de deux taux comme indiqué plus haut :

Le taux r de rentabilité réalisé par les capitaux propres

Le taux r′ de rentabilité exigé et utilisé comme taux d'actualisation

Notre objectif est de déterminer les conditions auxquelles l'entreprise peut prendre de la valeur dans le temps. Seul un surplus peut en être à l'origine. Le cadre est limité, pour l'instant, à une seule période pour la simplification des développements.

Dans cette optique, le bénéfice net de l'entreprise peut faire l'objet d'une décomposition en deux parts :

Un bénéfice qualifié d'attendu au vu des caractéristiques de l'entreprise et de son secteur d'activité. Il dépend du taux de rémunération r′ exigé des capitaux propres A0. Compte tenu des capitaux investis, le bénéfice ainsi attendu est A0.r′.

Un superbénéfice, issu des compétences particulières détenues par l'entreprise et/ou d'opportunités favorables. Soit h, le taux mesurant le surplus de rentabilité. Le superbénéfice vaut A0.h.

La somme de ces deux composantes donne la valeur du bénéfice global rémunérant les capitaux propres : soit A0.r ce bénéfice.

B1 = A0.r′ + A0.h = A0.r

Le taux de rémunération réalisé s'écrit r = r′ + h. La condition d'existence du surplus est que r > r′.

On peut écrire pour mettre en évidence le surplus sur une seule période (0,1) :

B1 = A0.r′ + (A0.r – A0.r′)

B1 = A0.r′ + (B1 – A0.r′) où (B1 – A0.r′) est comparable à une rente de goodwill.

Discussion

Le surplus, présent dans le bénéfice, l'est aussi dans les dividendes et les mises en réserves par le même principe et comme on peut le montrer.

Au terme d'une année, la valeur des capitaux propres (ou valeur résiduelle) s'écrit, compte tenu des mises en réserves :

VR = A0 + A0.r. (1-d)

Par sommation des sommes encaissées sous forme de dividendes et de la valeur finale des capitaux propres, on obtient :

D1 + VR = A0.r.d + { A0 + A0.r.(1-d) } = A0.(1+r)

La formule A0. (1+r) indique bien que l'on capte toute la rentabilité (distribuée et non distribuée). En valeur d'origine, cela donne :

$$V_0 = A_0 \frac{(1+r)}{(1+r')}$$

On voit toute l'importance du rapport entre r et r′

Si r > r′, il y a surplus de valeur (V0 > A0)

Si r = r′, la valeur est stable, sans surplus (A0 = V0)

Si r < r′, il y a perte de valeur (V0 < A0)

Les résultats sont valables sur un nombre plus élevé de périodes. Sur les trois cas considérés, un seul correspond à un accroissement de valeur.

II. L'évaluation à l'infini par la formule de Gordon et Shapiro

Nous commencerons par quelques rappels sur cette formule déjà étudiée dans une autre perspective : la détermination du coût des capitaux propres.

La démarche proposée repose sur les dividendes, comme source unique de revenus. Dans la mesure où l'horizon est infini, la valeur résiduelle est elle-même repoussée à l'infini et elle disparaît dans le temps. Les dividendes sont en augmentation chaque année. Comme les paramètres utilisés sont constants, le processus cumulatif de croissance est lui-même stable, sans aucune perturbation.

En matière de distribution, le raisonnement est construit sur une situation intermédiaire entre deux extrêmes.

Si d = 1, tout le revenu est distribué et la valeur est stable, faute de réinvestissement

Si d = 0, le revenu est intégralement mis en réserves et le système repose uniquement sur la capitalisation d'une valeur résiduelle, par nature lointaine.

Le fait de prendre 0 < d < 1 est donc tout à fait plausible.

Présentation de la méthode

La méthode passe pour être simple, ce qui est à nuancer. Comme elle est largement diffusée, nous n'insistons que sur les points importants. La valeur de l'entreprise se définit comme égale à la somme actualisée, au taux r', des dividendes annuels en croissance au taux constant g.

La formule d'évaluation des capitaux propres s'écrit :

$$V0 = \frac{D_1}{(1+r')} + \frac{D_1(1+g)}{(1+r')^2} + \ldots\ldots..\infty$$

Comme on peut le remarquer, les termes du second membre sont en progression géométrique. Chacun d'entre eux se déduit du précédent par application du taux de croissance (1 + g). En pratique, chaque dividende est exprimé en fonction du premier de la série.

Le premier d'entre eux est : $\frac{D_1}{(1+r')}$

La raison de la progression s'écrit : $\frac{(1+g)}{(1+r')}$ et la suite comporte n termes, nombre qui tend vers l'infini.

Dans ces conditions, il est possible d'écrire et de simplifier l'expression de la somme en utilisant les propriétés de la progression géométrique, de telle sorte que l'on aboutit à la formule connue :

$$V0 = \frac{D_1}{(r'-g)}$$

Approfondissements

Le taux de croissance anticipé g des dividendes n'est pas une donnée arbitraire. On peut le déterminer à partir des données objectives de l'entreprise, par le produit :

Taux de croissance g = (1 – d). r

Résultat qui peut s'énoncer simplement en disant que la croissance est égale à la part réinvestie du bénéfice (1-d) que multiplie le taux de rentabilité (r) des sommes investies. On retiendra que seul un réinvestissement permet la croissance et que celui-ci provient uniquement des bénéfices, à l'exception de tout apport de ressources nouvelles provenant d'une augmentation du capital social par exemple.

La formule s'intéresse donc à la détermination d'un taux de croissance interne, obtenu par le seul autofinancement de l'entreprise.

Discussion de la formule de base

La formule complète s'écrit à partir de la connaissance de g et du premier dividende :

$$V_0 = \frac{dB_1}{r' - (1-d)r}$$

Elle montre que l'augmentation de valeur provient de la croissance au taux g = (1 – d). r. La croissance est possible si d < 1.

Mais cette condition nécessaire n'est pas suffisante. La discussion se poursuit en comparant r et r'. Grâce aux mises en réserves, la valeur de l'entreprise ne peut augmenter que si r > r'.

Résumé

Si l'on excepte le cas où d = 1, ce qui peut être une version de référence pour les situations où le réinvestissement présente peu d'attrait, et en retenant l'hypothèse d'une mise en réserve :

Si r = r', la distribution n'est pas valorisante

Si r < r', il y a perte de valeur et il n'est pas judicieux de réinvestir lorsque les perspectives sont peu favorables

Si r > r', il y a augmentation de valeur et, si l'on reinvestit, mieux vaut avoir un taux de mise en réserve élevé.

Ces éléments sont utiles pour aider à définir la politique de distribution de dividendes et, à l'opposé, l'attrait des réinvestissements. L'efficacité du modèle apparaît à cet endroit, dans la mesure où il permet d'isoler les conditions d'augmentation de la valeur de l'entreprise.

En fait, le modèle de Gordon et de Shapiro stipule que, moyennant la connaissance des conditions de départ, il est possible de déterminer toute la série des flux futurs par application d'une loi de variation. Le processus d'évolution des dividendes est ensuite continu, compte tenu de l'hypothèse de croissance.

Par la suite, il est vrai, les conditions peuvent changer et c'est là que réside l'intérêt d'une limitation de l'horizon d'analyse. Elle peut servir de base à une nouvelle évaluation, par adaptation des paramètres à la période retenue.

Un prolongement : le traitement de la valeur résiduelle en horizon infini.

La formule de Gordon et Shapiro ne néglige pas la valeur résiduelle, mais le fait est qu'en se volatilisant dans une série de dividendes, elle finit par disparaître. Il importe de voir comment la valeur terminale est intégrée au raisonnement, de façon à pouvoir la mettre en évidence dans un horizon limité, tout en respectant l'esprit du modèle initial.

L'hypothèse de distribution partielle est conservée, ce qui permet d'affecter une part du revenu à la mise en réserves. C'est précisément cette partie qui contribue à augmenter les dividendes ultérieurs : la valeur résiduelle sert de relais de période en période.

La mise en réserves vient d'un revenu qui échappe aux dividendes immédiats, mais qui alimente un fonds de valeur en s'ajoutant aux réserves antérieures selon un processus d'accumulation. Verser une fraction de bénéfice sous forme de dividendes est un revenu, mais c'est aussi un sacrifice utile car il permet le réinvestissement, l'augmentation de l'assiette du revenu ultérieur et donc une plus forte distribution. Encore faut-il que l'opération soit rentable (r > r').

Dans la formule de Gordon et de Shapiro, la conversion qui relie réserves et dividendes s'effectue à l'infini. L'évaluation peut porter sur les seuls dividendes, car ils représentent toute la valeur à eux seuls.

Avec un horizon fini, cette conversion s'interrompt et donne naissance à une valeur résiduelle qui stoppe le processus d'accumulation. La fermeture permet de récupérer, par la valeur finale, les bénéfices non distribués et capitalisés, mais prive de la suite des flux au-delà. En d'autres termes, les dividendes ne rendent plus compte de toute la valeur : il faut leur adjoindre une valeur résiduelle qui engrange les mises en réserve.

III. L'évaluation sur un horizon fini avec valeur terminale

L'hypothèse de croissance à taux constant et à l'infini est critiquable. Le surplus de valeur est plus ou moins précaire et sa persistance ne peut pas être considérée comme illimitée. Si l'horizon d'évaluation est borné et réduit à n années, il importe d'introduire une valeur résiduelle (VR).

En utilisant toujours le principe d'Irving Fischer :

$$\text{V0} = \frac{D_1}{(1+r')} + \frac{D_2}{(1+r')^2} + \ldots\ldots + \frac{D_n + VR}{(1+r')^n}$$

La valeur résiduelle, à l'issue de n année, a les mêmes caractéristiques que la valeur initiale V0 et peut être considérée comme une suite subséquente de dividendes, elle-même fermée par une autre valeur résiduelle.

Le découpage du temps revient à faire l'opposition entre le modèle uni périodique (infini) et les modèles à périodes multiples. Ceci aboutit à modérer l'hypothèse de stabilité des paramètres et il devient possible de les moduler par sous périodes.

L'adaptation de la formule de Gordon et Shapiro en cas d'horizon fini

Sur un horizon limité à n années, l'estimation par la valeur terminale s'effectue de deux manières : une formule additive et une formule soustractive.

La méthode additive procède par l'évaluation directe des flux insérés entre zéro et la date finale. On admet que la valeur globale se détermine à partir de la connaissance des dividendes perçus de 1 à n, à laquelle on ajoute la valeur terminale en n.

$$V0 = D_1 \frac{1 - \left[\frac{1+g}{1+r'}\right]^n}{(r'-g)} + \frac{A_0(1+g)^n}{(1+r')^n} \quad \text{avec } r'>g$$

On retrouverait aisément la formule de Gordon et Shapiro si n tend vers l'infini, car les coefficients du type $(1+t)^n$ s'annulent.

La formule mérite quelques explications. Elle comporte deux parties.

La première partie correspond à la somme actualisée des dividendes allant de 1 à n. Les termes de la suite forment une progression géométrique dont on calcule la somme. Une simplification est possible sur le dénominateur.

Le dénominateur du coefficient de sommation est $1 - \frac{(1+g)}{(1+r')}$. Après simplification, il reste $\frac{(r'-g)}{(1+r')}$. Comme il est multiplié par le premier terme égal à $\frac{D_1}{(1+r')}$, le résultat du produit se note $D_1 \frac{1}{(r'-g)}$

La seconde partie détermine la valeur terminale actualisée. On a vu précédemment que :

VR = A0 + A0 . r . (1 – d)

VR = A0 + A0 . g selon la formule de g

VR = A0 (1 + g)

Par suite, au terme de n années de croissance : VR = A0 $(1 + g)^n$

La méthode soustractive (comparative) est fondée sur une évaluation par réduction de la valeur obtenue à l'infini. En partant de cette valeur, on retranche le seul supplément de valeur non perçu de n à l'infini.

Les deux formules sont identiques, car l'une est le point de départ de l'autre. Pour la démonstration, une simplification d'écriture est introduite par l'usage d'une variable intermédiaire X :

$$X = \frac{(1+g)^n}{(1+r')^n}$$

X représente la valeur actuelle d'un capital de un, en croissance annuelle au taux g et déterminée au taux d'actualisation r'. La formule additive est transformée pour aboutir à une formulation dite soustractive.

Dans le cas présent, on notera que le dividende peut aussi apparaître sous une autre forme. Selon cette variante, si b est le taux de mise en réserves, le taux de distribution est son complément par rapport à 1, soit d = (1 – b). Par suite : D1 = A0 (1 – b).r

$$VO = AO(1-b)r.\ \frac{1-\frac{(1+g)^n}{(1+r')^n}}{(r'-g)} + A_0\frac{(1+g)^n}{(1+r')^n}$$

$$VO = AO\left[dr\frac{(1-X)}{(r'-g)} + X\frac{(r'-g)}{(r'-g)}\right] = AO\left[\frac{1}{(r'-g)}[dr(1-X)+X(r'-g)]\right]$$

$$VO = AO\left[\frac{1}{(r'-g)}(dr - drX + r'X - Xg)\right] = AO\left[\frac{1}{(r'-g)}(dr - drX + r'X - Xbr)\right]$$

$$VO = AO\left[\frac{1}{(r'-g)}\{r(d - dX - X(1-d) + r'X)\}\right]$$

$$= AO\left[\frac{1}{(r'-g)}\{r(d - dX - X + dX) + r'X\}\right]$$

$$VO = AO\left[\frac{1}{(r'-g)}\{r(d-X) + r'X\}\right] = AO\left[\frac{1}{(r'-g)}\{rd - rX\} + r'X\right]$$

$$VO = AO\left[\frac{1}{(r'-g)}\{rd - X(r-r')\}\right]$$

$$VO = AO\left[\frac{rd}{(r'-g)} - X\frac{(r-r')}{(r'-g)}\right]$$

La formule soustractive fait apparaître un facteur de correction qui est enlevé de la valeur obtenue sur un horizon sans limite.

$$VO = AO\left[\frac{rd}{(r'-g)} - X\frac{(r-r')}{(r'-g)}\right]$$

↓ (1er terme) Formule de Gordon-Shapiro à l'infini

↓ (2e terme) Correction pour horizon fini

Cette formule est de portée générale (horizons fini et infini). Elle suggère plusieurs commentaires.

L'expression peut être transformée si l'on souhaite faire apparaître des valeurs au lieu des taux. En effectuant le produit des termes, on obtient :

$$VO = \frac{A_0rd}{(r'-g)} - X\frac{(A_0r - A_0r')}{(r'-g)}$$

$$VO = \frac{B_1d}{(r'-g)} - X\frac{(B_1 - A_0r')}{(r'-g)}$$

$$VO = \frac{D_1}{(r'-g)} - X\frac{(B_1 - A_0r')}{(r'-g)}$$

Le terme B1-Aor′ est l'expression du surplus de valeur ou rente. Celui-ci, comme l'indique le produit avec X, est présumé croître au taux g avant d'être actualisé.

La valeur ne provient que du seul surplus.

On note, à partir de la formule ci-dessus, qu'en partant d'une évaluation fondée sur les dividendes à l'infini, on perd si on restreint l'horizon, non pas des dividendes, mais un surplus. Ce résultat n'est pas paradoxal.

Avec $D_1 / (r' - g)$, toute la richesse est perçue (distribuée et réinvestie). Cette richesse ne provient que de la survaleur. Il est donc normal de retrancher un élément tenant compte de cet avantage perdu. Autrement dit, les dividendes captant tout à l'infini, on retranche le supplément de valeur allant au-delà.

Si cette idée est admise, on peut l'utiliser pour reconstituer pas à pas la formule. Le raisonnement est d'abord conduit sur un capital symbolique de un. L'hypothèse est que la valeur ne provient que du seul surplus, lui-même issu du différentiel de taux (r - r′).

Pour estimer le montant des flux perdus de n à l'infini, il faut le calculer sur la valeur en n, qui est le point de départ. Celle-ci est égale au différentiel de taux capitalisé en n, soit:

$(r - r')(1 + g)^n$.

Comme la richesse perdue est issue de la croissance qui se poursuit à l'infini, aux conditions en vigueur, on obtient par actualisation en n la somme des valeurs que l'on n'obtient pas. Il suffit de multiplier par $1 / (r' - g)$.

$$(r - r').(1 + g)^n.\frac{1}{(r' - g)}.\frac{1}{(1 + r')^n}$$

En réarrangeant les termes, avec un signe négatif pour exprimer les flux perdus, dans nos notations:

$$-X.\frac{(r - r')}{(r' - g)}$$

Ceux-ci sont, enfin, proportionnels à la valeur initiale investie A0.

$$--A0X\frac{(r - r')}{(r' - g)}$$

La formule complète est:

$$V_0 = \frac{D_1}{(r' - g)} - A_0 X\frac{(r - r')}{(r' - g)} \text{ avec } X = \frac{(1 + g)^n}{(1 + r')^n}$$

V0 est la valeur à l'infini de laquelle on retranche le surplus perdu de n à l'infini.

Cette approche donne une double portée à la formule de Gordon et Shapiro. Elle est valable à horizons infini et fini. De plus, elle incorpore le surplus. C'est la valeur placée au différentiel de taux qui disparaît à horizon limité.

Discussion

Dans certains cas précis, les formules finie et infinie donnent le même résultat pour V0. Il est alors indifférent de choisir l'une ou l'autre et le problème de la valeur résiduelle s'efface. Cette identité est vérifiée lorsque r = r'.

La correction pour horizon fini s'annule : X. $\frac{(r-r')}{(r'-g)} = 0$. De plus, on sait déjà que le reste de la formule, dans sa version à l'infini, se réduit à B_1 / r', c'est-à-dire à A0. La valeur est donnée et stable, quel que soit l'horizon. Le borner ne changerait rien.

Les conclusions sont différentes si r ≠ r' et si n est limité. L'horizon fini réduit la valeur obtenue à l'infini. Ceci appelle néanmoins quelques précisions.

Si r > r', le taux réalisé est supérieur au taux exigé. L'écart de taux place l'entreprise dans des conditions favorables à une évaluation à l'infini.

Le coefficient correcteur est positif et, comme on le retranche, la valeur V0 obtenue sur un horizon limité serait inférieure à celle obtenue à horizon infini, dans les mêmes conditions. Borner l'horizon contribue à réduire ce facteur favorable. Il conviendrait donc d'évaluer sur le long terme.

Si r < r', le taux réalisé est inférieur au taux exigé. L'écart de taux place l'entreprise dans des conditions défavorables à une évaluation à l'infini.

Le coefficient correcteur est négatif, mais comme on le retranche – X. $\frac{(r-r')}{(r'-g)}$, la baisse de valeur subie sur un horizon réduit est inférieure à celle qui serait enregistrée en prenant une période infinie. Être sur un espace court permet de limiter ces pertes. Il est donc préférable de limiter le temps pour contenir les effets défavorables.

Le choix de l'horizon n'est pas neutre. La valeur terminale a un effet réducteur des gains comme des pertes enregistrées à l'infini.

L'avantage de la formulation soustractive est d'établir un lien avec les résultats obtenus à l'infini.

Conclusion

Le mécanisme de valorisation d'une entreprise dans le temps obéit à des conditions précises. L'augmentation de valeur est conditionnée par la croissance. Mais celle-ci n'est pas, à elle seule, synonyme de valeur. Il y a lieu de tenir compte, en plus, du taux d'actualisation.

Un modèle simple, comme celui de Gordon et Shapiro, a le mérite d'expliquer la question dans son ensemble. Il souligne le rôle de la survaleur et en donne l'origine : l'existence de conditions favorables de réinvestissement.

Il est rappelé qu'il s'agit d'un modèle à croissance endogène : un capital donné au départ produit un revenu qui, réinvesti, permet d'augmenter la valeur de façon permanente, sans autre apport de fonds externes. Il y a des investissements que les mises en réserve suffisent à financer au fil des années. Le circuit est fermé.

L'un des problèmes majeurs est de déterminer les variables. Deux d'entre elles retiennent particulièrement l'attention : la politique de distribution et le choix de l'horizon. En complément au cadre fixé par Gordon et Shapiro, les conditions requises pour la valorisation s'accordent mieux avec une limitation de la durée de la croissance. Il est, en effet, difficile d'admettre une persistance durable d'opportunités très favorables de développement. À l'inverse, réduire la durée permet de maintenir la valeur dans l'hypothèse où une contre performance n'est pas non plus définitive.

La restriction de l'horizon paraît raisonnable et consacrée par l'ensemble des modèles à plusieurs périodes. Pour en tenir compte, une adaptation de la formule de base est réalisable, dans la mesure où le modèle inclut déjà la notion de valeur terminale, même si elle n'apparaît pas explicitement. Les considérations qui précèdent ont permis de la mettre en relief.

La limitation de l'horizon ne modifie pas les conditions d'efficacité de la politique de distribution déduites du modèle à l'infini.

Conclusion générale

L'entreprise apparaît comme le point de rencontre d'intérêts convergents mais aussi contradictoires, en rapport avec des stratégies d'acteurs.

On ne peut pas se cantonner aux aspects techniques des opérations financières et passer sous silence les désaccords et les problèmes d'origines multiples qui les entourent. Un choix, même rationnel, peut buter sur des obstacles opérationnels et sa pertinence ne s'évalue pas en dehors de son contexte.

Deux attitudes sont possibles face à ces inconvénients : celle qui les neutralise, à connaître indiscutablement en premier, et celle qui les incorpore. Cette seconde approche se soucie de la mise en œuvre des règles de décision dont l'application est incertaine.

Les incertitudes contractuelles

Les facteurs de déphasage sont en majorité de nature intangible, c'est-à-dire difficilement détectables et demandent des efforts particuliers d'analyse. Ils désignent des vulnérabilités aux comportements dans les systèmes complexes. La théorie aide à les cerner, mais l'analyste doit faire preuve d'une habilité spéciale pour savoir si les circonstances sont propices ou non à leurs manifestations.

Ces écarts sont à l'origine de coûts et correspondent à une fraction de valeur perdue et aux dépenses qu'il faut engager pour la récupérer. Des dispositifs spéciaux sont à instaurer pour prévenir, corriger et contrôler. Il apparaît clairement que la valeur réside, certes dans la sélection et la gestion des investissements, mais aussi dans la capacité à organiser les structures de l'entreprise.

Les facteurs responsables des déphasages sont nombreux et seul le choix d'une perspective théorique est de nature à leur conférer une certaine cohérence. Dans la logique adoptée, qui est celle des droits et des contrats, la politique financière intervient comme mode de surveillance et de contrôle.

Deux facteurs d'organisation sont à l'origine des dysfonctionnements. Ils ont trait à la position occupée par les acteurs et à la distance qui les sépare.

L'organisation de l'entreprise est fondée sur la division des tâches et la supervision. Elle est telle que des acteurs confient la gestion de leurs intérêts et de leurs ressources à d'autres qui en déterminent l'usage.

La distance désigne l'éloignement entre catégories différentes dont l'une est un centre de décision pour l'autre. Cet écart se mesure en termes de différences d'objectifs, d'attitudes face aux risques et d'information.

Pour autant, la première démarche qui tend à ne pas considérer ces inconvénients est nécessaire. En posant la nullité des coûts organisationnels elle émet un message fort : celui de la clairvoyance des acteurs et de leur rationalité.

Les premiers modèles sans coût organisationnel admettent qu'aux conditions qui prévalent, il est impossible d'augmenter le risque, même modérément, sans que l'autre partie ne s'en rende compte et durcisse ses exigences de rémunération. On veut précisément éviter que, faute d'une bonne anticipation, l'un endosse davantage de risque sans exiger plus de rentabilité en retour, ce qui équivaudrait à être la victime d'un transfert non compensé de risque.

Ce mécanisme d'ajustement est légitime. Mais les modèles en question ne l'explorent que partiellement en choisissant un facteur unique de risque. Il est financier et s'exerce au travers des aléas de rémunération. La conséquence est manifeste : un raisonnement partiel, ne considérant qu'un des aspects du problème ou l'isolant exagérément, restreint son domaine de validité.

Aller plus loin dans l'argumentation nécessite de prendre en compte un nombre accru de variables. Le problème est de savoir quelles sont les formes que peut revêtir le risque et quelles sont celles que l'on accepte de prendre en considération. Elles ont été identifiées dans les structures et les comportements. Il va de soi que toutes les causes de risque ne jouent pas simultanément ou en tout cas avec la même intensité. L'instauration de primautés est de nature à les pondérer différemment.

La problématique de la politique financière

Pour analyser la structure financière de l'entreprise, le cadre théorique de référence part d'un corpus d'hypothèses fondé sur la perfection.

Il fallait, d'une certaine façon, ce cadre particulier pour mettre en évidence les modes généraux d'ajustement des ressources entre elles. Ils sont connus et quelques points marquants de la logique de présentation sont à souligner :

Les rémunérations exigées par les apporteurs de capitaux sont déterminées pour montrer comment elles servent à la sélection des investissements aptes à les satisfaire (le coût du capital et la VAN).

En présence de plusieurs classes de capitaux, les exigences de rémunération interagissent pour tenir compte des conditions d'accès aux flux financiers. En d'autres termes, les rémunérations requises doivent s'ajuster au risque du montage financier et à ses modifications (le levier financier).

Les dispositifs légaux exercent un rôle décisif dans les préférences de financement. À ce titre, la fiscalité est incorporée dans les modèles de gestion des ressources et justifie le recours à l'endettement.

En toute logique, on s'attache à choisir le montage dont la structure minimise le coût global pour l'entreprise, c'est-à-dire qui satisfait tous les participants avec la plus grande efficacité en augmentant la valeur.

Les limites à ce cadre existent. Mais il paraît souhaitable d'indiquer qu'elles ne sont pas triviales pour autant. La difficulté de la tâche est un gage de qualité et de robustesse du modèle.

Cette partie s'applique à mettre en évidence les facteurs de dysfonctionnement. Plutôt que de revenir en détail sur la question, l'accent est mis sur le contexte qui sert de terreau aux imperfections et sur les différences d'analyse qui le caractérise.

Les limites résident dans l'apparition de circonstances économiques particulières et semblent se concentrer sur les cash-flows des investissements.

Une circonstance de portée extrême, et qui a été la première à être examinée, est la crise fatale de liquidité menant la déclaration de faillite.

Une circonstance à laquelle la littérature accorde un intérêt croissant et qui a fait en grande partie l'objet de ce travail. Elle a trait aux frictions qui gênent le processus normal d'ajustement des ressources au risque. L'attention porte plutôt sur les prélèvements qui affectent les cash-flows dans leur formation. Dans ce cas, on tend à se placer plus volontiers dans un scénario de liquidités excédentaires.

Si ces situations sont maintenant bien identifiées par la littérature, l'approfondissement de chaque perspective viendra des recherches complémentaires.

Les changements dans les conditions financières et les capacités d'adaptation des acteurs

Les modifications du contexte qui affectent les flux d'exploitation sont inhérentes à toute activité. Mais selon leur caractère favorable ou défavorable, les acteurs en présence auront à faire preuve de capacité à les saisir ou à s'en protéger.

La souplesse d'adaptation est indispensable, mais elle n'est pas la même pour tous. Les transformations à réaliser sont conditionnées par des cadres préétablis, légalement ou contractuellement. On peut considérer qu'elles se heurtent à des facteurs de rigidité et de non-réversibilité.

L'un des problèmes les plus cruciaux concerne la perception des changements de risque par les acteurs. La clairvoyance peut être admise, conformément à ce que postule la théorie. Les apporteurs de capitaux sont sensibles au risque et ajustent leurs exigences de rémunération en conséquence.

Mais l'objet de cette étude a montré que la littérature s'est renforcée dans l'analyse des frictions et des phénomènes d'irrationalité. Si, pour une raison quelconque, un accroissement du risque ne s'accompagne pas d'un ajustement adapté de l'exigence de rentabilité, ce défaut de perception équivaut à transférer gratuitement le risque d'un acteur à l'autre.

Les risques touchent prioritairement les relations entre les actionnaires et les dirigeants. Ils proviennent des décisions de gestion au moins de deux façons :